O ROMANCE HISTÓRICO BRASILEIRO CONTEMPORÂNEO (1975-2000)

FUNDAÇÃO EDITORA DA UNESP

Presidente do Conselho Curador
Herman Voorwald

Diretor-Presidente
José Castilho Marques Neto

Editor Executivo
Jézio Hernani Bomfim Gutierre

Assessor Editorial
Antonio Celso Ferreira

Conselho Editorial Acadêmico
Alberto Tsuyoshi Ikeda
Célia Aparecida Ferreira Tolentino
Eda Maria Góes
Elisabeth Criscuolo Urbinati
Ildeberto Muniz de Almeida
Luiz Gonzaga Marchezan
Nilson Ghirardello
Paulo César Corrêa Borges
Sérgio Vicente Motta
Vicente Pleitez

Editores Assistentes
Anderson Nobara
Arlete Zebber
Ligia Cosmo Cantarelli

ANTÔNIO R. ESTEVES

O ROMANCE HISTÓRICO BRASILEIRO CONTEMPORÂNEO (1975-2000)

© 2010 Editora UNESP

Direitos de publicação reservados à:
Fundação Editora da UNESP (FEU)

Praça da Sé, 108
01001-900 – São Paulo – SP
Tel.: (0xx11) 3242-7171
Fax: (0xx11) 3242-7172
www.editoraunesp.com.br
www.livraria.unesp.com.br
feu@editora.unesp.br

CIP – BRASIL. Catalogação na fonte
Sindicato Nacional dos Editores de Livros, RJ

E83r

Esteves, Antônio R.,
    O romance histórico brasileiro contemporâneo (1975-2000) / Antônio R. Esteves. – São Paulo : Ed. UNESP, 2010.
    Anexos
    Inclui bibliografia
    ISBN 978-85-393-0019-8

    1. Ficção histórica brasileira – História e crítica. 2. Literatura brasileira – História e crítica. 3. Literatura e história. I. Título.

10-1512.   CDD: 869.93009
                                        CDU: 821.134.3(81)-3(09)

Este livro é publicado pelo projeto *Edição de Textos de Docentes e Pós-Graduados da UNESP* – Pró-Reitoria de Pós-Graduação da UNESP (PROPG) / Fundação Editora da UNESP (FEU)

Editora afiliada:

A todos aqueles que me acompanharam nessa jornada, dedico.

AGRADECIMENTOS

O presente trabalho é resultado de um projeto de pesquisa bem mais amplo que foi desenvolvido ao longo de praticamente uma década. Com poucas modificações, foi apresentado como parte de um texto que sistematizava minha produção científica, como requisito parcial, durante o Concurso de Títulos e Provas para a obtenção do título de livre-docente em Literatura Comparada, nos termos da legislação da Unesp. Agradeço aos membros da banca examinadora, professores Antonio Celso Ferreira, Mario Miguel González, Sidney Barbosa, Tânia Celestino de Macêdo e Valéria De Marco, a leitura atenta que proporcionou uma rica discussão.

Da mesma forma, agradeço a todos os alunos que frequentaram, ao longo dos anos, a disciplina "Literatura e história: o novo romance histórico hispano-americano", ministrada conjuntamente com a professora Heloísa Costa Milton; e as disciplinas "Literatura e história: o novo romance histórico brasileiro" e "O romance histórico contemporâneo", sob minha responsabilidade, também ministradas em várias ocasiões, como parte do Programa de Pós-Graduação em Letras da Faculdade de Ciências e Letras, Unesp-Assis. Posso afirmar que este trabalho é de alguma forma resultado das proveitosas discussões em sala de aula. Nesse sentido, todos são coautores.

Coautores muito especiais foram Maria Cristina Viecili, Cláudio José de Almeida Mello, Mariléia Gärtner e Maria Helena de Moura

Arias, que desenvolveram pesquisa de doutorado, e Eliane Maria de Oliveira Giacon e Maria de Fátima Alves de Oliveira Marcari, que desenvolveram pesquisa de mestrado, sob minha orientação, na área de "Romance Histórico Brasileiro Contemporâneo". A discussão de suas pesquisas e o processo de orientação foram imprescindíveis para a realização deste trabalho, que contou com a colaboração de todos, conforme fica registrado nas referências.

Finalmente, agradeço a Heloisa, companheira de trabalho e especial interlocutora por duas décadas no Departamento de Letras Modernas.

Muito obrigado a todos. Sem sua participação este trabalho provavelmente não teria sido possível.

Assis, junho de 2009.

Antônio R. Esteves

"[...] la verdad, cuya madre es la historia, émula del tiempo, depósito de la acciones, testigo de lo pasado, ejemplo y aviso lo presente, advertencia de lo por venir".

(Miguel de Cervantes)

"la verdad, cuya madre es la historia, émula del tiempo, depósito de la acciones, testigo de lo pasado, ejemplo y aviso lo presente, advertencia de lo por venir."

(Jorge Luís Borges)

"ahora es la hora [...] de empezar a contar desde el principio [...] antes que tengan tiempo de llegar los historiadores."

(Gabriel García Márquez)

"Ah, quem escreverá história do que poderia ter sido?
Será essa, se alguém a escrever,
A verdadeira história da Humanidade?"

(Álvaro de Campos)

SUMÁRIO

Prefácio   13

1 Narrativas de extração histórica: sob o signo
do hibridismo   17
2 Instauradores de uma nova modalidade narrativa   75
3 O romance histórico conta a história da
literatura brasileira   123
4 Um mosaico de narrativas   169

Conclusão: Interrompe-se a narrativa... (ou concluindo
provisoriamente)   231
Referências bibliográficas   235
Anexos: Romances históricos brasileiros (1949-2000)   247
Nota sobre o texto   287

PREFÁCIO

Gênero prolífico na literatura desde as obras de Walter Scott, Alexandre Dumas e Leon Tolstói, o romance histórico também se difundiu no Brasil do século XIX, sobretudo a partir dos escritos de José de Alencar. Em uma época de ampliação da imprensa e da população letrada, narrativas desse tipo conquistaram rapidamente o gosto do público leitor de folhetins. O que havia de comum entre elas era o enquadramento grandioso e respeitoso da história, muitas vezes recuada a um passado distante ou mítico, que servia como pano de fundo para a ação das personagens ficcionais. As tramas romanescas, ora mais fantasiosas, ora mais realistas, moldaram fortemente o imaginário histórico coletivo, até mesmo mais do que os livros dos historiadores, contribuindo para a afirmação das identidades nacionais. Desempenharam papel proeminente na construção das utopias românticas e impeliram rebeldes e reformistas à luta política e social.

Ao longo do século XX, tal modelo sofreu grandes alterações formais e temáticas nas obras críticas e engajadas de autores como Ernest Hemingway, André Malraux ou John Dos Passos, que, entre outros, transpuseram para a ficção as profundas mudanças e os fatos trágicos ocorridos da Primeira Guerra à Revolução Chinesa. Entre nós, Oswald de Andrade também se arriscou a compor um mural das melancólicas transformações vividas durante a República Velha

14 ANTÔNIO R. ESTEVES

e os primeiros tempos de Vargas. O que se lia nas páginas desses escritores, de qualquer modo, era uma profunda desconfiança em relação aos ideais de progresso histórico típicos do século anterior, marca que igualmente se podia observar em outros campos das Humanidades, como a filosofia e a história. Desconfiança que se acentuou de maneira célere depois da Segunda Guerra Mundial, a despeito da imensa modernização que tomou conta do globo, com suas promessas ilimitadas de bem-estar. Nas três últimas décadas do século ganhou corpo o *novo romance histórico*, outras vezes chamado de *metaficção historiográfica* ou *romance pós-moderno*, um produto literário que coincidiu com a globalização econômica e tecnológica, a supremacia das mídias, a derrocada das utopias, o predomínio das ideologias neoliberais e o consumismo desenfreado, incluindo o consumo do passado histórico como mercadoria simbólica espetacular. Sinal dos tempos.

É dessa safra de romances afinados com a diluição de um sentido histórico, em ambiente brasileiro, que se ocupa Antônio R. Esteves no livro ora editado. Quais são suas características formais e como se distingue do romance histórico tradicional? De que assuntos tratam e como concebem tanto a história quanto a própria literatura? Tais são as perguntas que o autor procura responder em seu trabalho, desde já imprescindível não só para estudantes e profissionais dos cursos de História e de Letras, como também para os leitores curiosos em geral, talvez um tanto atordoados e à procura de orientação literária em face do ritmo vertiginoso de mudanças da atualidade. Originalmente elaborado como tese de livre-docência, mas escrito sem maneirismos acadêmicos, este livro, embora não pretenda solucionar todos os problemas envolvidos, oferece algumas pistas sugestivas.

O primeiro capítulo da obra é dedicado à compreensão do surgimento, da trajetória e dos aspectos formais das narrativas de extração histórica na Europa e na América Latina. Dialogando de modo eficaz com críticos, teóricos da literatura e historiadores, o autor prepara o terreno para propor uma leitura original do novo romance histórico brasileiro entre 1975 e 2000, seu momento marcante. Isso é plenamente realizado no segundo capítulo, com a interpretação das novas modalidades narrativas encontradas em Paulo Leminski, Márcio Souza, João Antonio, Rubem Fonseca e Silviano Santiago. O esforço culmina de modo sagaz na interpretação do novo romance histórico como mosaico de narrativas que abrangem a história das mulheres e a própria história da literatura brasileira. Finalmente, o autor apresenta um apêndice contendo o conjunto de autores e obras dessa vertente, que poderá ser de grande utilidade para os interessados no assunto.

A abrangência da interpretação realizada por Esteves estimula outros desdobramentos e aprofundamentos, como a análise das conexões profundas entre o novo romance histórico brasileiro e as filosofias desconstrucionistas contemporâneas que se espraiam ainda na historiografia, revelando todo um universo de descrença conformista. Embora intencionalmente não ousada pelo autor, essa crítica já se insinua em nosso horizonte. O leitor poderá conferir tal mérito.

Antonio Celso Ferreira
Departamento de História da Unesp,
campus de Assis

1
NARRATIVAS DE EXTRAÇÃO HISTÓRICA: SOB O SIGNO DO HIBRIDISMO

Literatura e história: um diálogo produtivo

Em sua eterna tentativa de captar e entender o passado, o ser humano se vale da linguagem. E a linguagem, como se sabe, por um lado, tem regras fixas, preestabelecidas, e limita as possibilidades do falante; por outro, no entanto, flui sem cessar ao longo do tempo, fazendo que a experiência de uma geração seja diferente da outra. Então, por mais objetividade que tenhamos, estamos sempre fazendo uma releitura dos fatos que, para serem transmitidos, sofrerão uma interpretação de acordo com nossos pontos de vista; dentro de nosso espaço; de acordo com a visão de nosso tempo. A partir da segunda metade do século XX, é quase consenso generalizado que a história e a literatura têm algo em comum: ambas são constituídas de material discursivo, permeado pela organização subjetiva da realidade feita por cada falante, o que produz infinita proliferação de discursos.

Essa situação, entretanto, cria no homem contemporâneo, mais consciente do processo, uma grande dúvida epistemológica: será possível conhecer ou representar a história de maneira exata? Ou tudo não passa de uma questão de ponto de vista? Atualmente muitas respostas são possíveis.

18   ANTÔNIO R. ESTEVES

Vejamos duas delas, muitas vezes tidas como excludentes. Ou a história, como a ficção, com seu discurso narrativamente organizado pelo ponto de vista do historiador, também é uma invenção; ou então pode-se chegar à verdade histórica por meio da literatura, discurso tradicionalmente tido como fruto da criatividade de um escritor historicamente localizado em um determinado tempo e espaço a partir do qual enuncia. Não se trata, entretanto, de substituir a história pela ficção, mas de possibilitar uma aproximação poética em que todos os pontos de vista, contraditórios mas convergentes, estejam presentes, formando o que Steenmeijer (1991, p.25) chama de representação totalizadora. Segundo este último ponto de vista, e usamos aqui a feliz expressão de Heloísa Costa Milton (1992), a literatura pode ser considerada uma leitora privilegiada dos signos da história.

Basta um passeio pela historiografia ou pela historia da literatura para se confirmar que a literatura e a história sempre caminharam lado a lado. Até quando parecia que o conflito era sério, era questão de pouca monta: questão de aparência, pode-se dizer. Houve muitos períodos em que o discurso literário e o discurso histórico se misturavam. Então ficava muito difícil saber quem era quem. E nem tinha tanta importância. Embora Aristóteles tenha estabelecido que cabe ao historiador tratar daquilo que realmente aconteceu, e ao literato, daquilo que poderia ter acontecido, ficando o primeiro circunscrito à verdade e o segundo, à verossimilhança, foi apenas no século XIX que a separação entre ambos os discursos parece ter ocorrido de fato. E mesmo assim, tal divórcio nem sempre foi muito claro ou de longa duração.

Desde a Antiguidade, e apesar da vala que o filósofo grego interpôs para um e outro campo, foi muito difícil deslindar fronteiras. Boa parte da história grega chegou até nós por meio dos versos de Homero, que canta em suas epopeias a história dos povos gregos. O mesmo ocorre com a história dos romanos, divulgada, entre outros, pela *Eneida*, de Virgílio. Na Idade Média não foi diferente: obras como o *Cantar de mío Cid*, poema fundador da literatura espanhola, ou a *Chanson de Roland*, épico da literatura francesa, são, ao mesmo

O ROMANCE HISTÓRICO BRASILEIRO CONTEMPORÂNEO (1975-2000) 19

tempo, textos literários e documentos históricos, apenas para citar dois exemplos. Nesse mesmo período era difícil separar os relatos das vidas dos santos e seus milagres, em muitos dos quais predominavam o fantástico e o imaginoso, dos relatos da vida dos reis e seus feitos heroicos. Os textos relativos à conquista da América, escritos pelos primeiros europeus que aqui colocaram os pés e foram responsáveis pela integração desse vasto território ao mundo europeu, são estudados como literatura e ao mesmo tempo como história. E a lista seria praticamente infinita.

Sabe-se também que, na maioria das vezes, fica bastante difícil separar o que realmente aconteceu do que poderia ter acontecido. Depois de certo tempo a memória falha. O ser humano passa a misturar o que realmente aconteceu com o que pensa ter acontecido; ou com aquilo que desejaria que tivesse ocorrido ou, sobretudo, com o que convém que se pense que aconteceu. Então as coisas se embaralham e é praticamente impossível determinar o que "realmente" aconteceu. O que é fictício? O que é histórico? Difícil saber. Se não, vejamos. Tomemos a palavra de alguns escritores acostumados a tratar diretamente a espinhosa e instigante questão no ato da escritura de seus romances históricos.

Um deles é Mario Vargas Llosa, um peixe dentro d'água nessas questões. O escritor peruano, além de ter tentado infrutiferamente ser presidente de seu país, escreveu alguns dos mais importantes romances da literatura hispano-americana. Na longa lista de suas obras encontramos um romance histórico cuja ação acontece no Brasil em fins do século XIX, em tempos da Guerra de Canudos. Trata-se de *A guerra do fim do mundo*, que faz um belo contraponto com *Os sertões* de nosso Euclides da Cunha.

Vargas Llosa (1996) pensa bastante as relações entre a literatura e a história. Não apenas para produzir sua ficção, mas especialmente quando discute o ofício da escritura. Em "La verdad de las mentiras", incluído no volume homônimo, o autor de *La fiesta del chivo* tenta colocar alguma luz em tão polêmica questão. As complexas relações entre literatura e história estão presentes desde o título do ensaio: discute-se a verdade que pode ser dita por meio de mentiras,

20 ANTÔNIO R. ESTEVES

ou seja, da ficção. Todos sabemos que os romances mentem, mas é por meio dessa mentira que eles expressam uma curiosa verdade que só pode expressar-se assim dissimulada, encoberta, disfarçada daquilo que não é.

Ao abrir as portas do mundo da fantasia, e nós leitores sabemos disso; ao iniciar a leitura de um romance, estabelece-se o pacto fictício, o romancista nos introduz nesse mundo enfeitiçado onde todos encontramos os fantasmas que necessitamos alimentar para podermos viver. E essa é a verdade que expressam as mentiras da ficção: as mentiras que somos; que nos consolam e nos salvam de nossas nostalgias e frustrações. A ficção é um sucedâneo transitório da vida. O retorno à realidade sempre sofre um empobrecimento brutal: a comprovação de que somos muito menos do que sonhamos. As mentiras dos romances, então, nunca são gratuitas: preenchem as insuficiências da vida (Vargas Llosa, 1996, p.12).

A literatura, enfim, trabalha o reino da ambiguidade. Suas verdades são sempre subjetivas: verdades pela metade, verdades relativas que nem sempre estão de acordo com a história. Nesse sentido, a recomposição do passado que a literatura faz é quase sempre falsa, se a julgamos em termos de objetividade histórica. Não há dúvidas de que a verdade literária é uma e a verdade histórica é outra. No entanto, embora recheada de mentiras – e talvez por isso mesmo –, a literatura conta histórias que a história escrita pelos historiadores não sabe, não quer ou não pode contar. Os exageros da literatura servem para expressar verdades profundas e inquietantes que só dessa forma poderiam vir à luz. Só a literatura – e poderíamos concluir assim as reflexões de Vargas Llosa no referido ensaio – dispõe das técnicas e poderes para destilar esse delicado elixir da vida: a verdade que se esconde nos corações humanos.

O argentino Abel Posse, por seu lado, também possui em seu currículo uma longa série de romances publicados e alguns dos mais conceituados prêmios da literatura hispano-americana. No conjunto de sua obra chama a atenção uma trilogia de romances históricos que tratam do período da colonização da América e que têm como protagonistas personagens contraditórios da história americana,

O ROMANCE HISTÓRICO BRASILEIRO CONTEMPORÂNEO (1975-2000)

como o navegante descobridor do continente, Cristóvão Colombo; o conquistador que se rebelou contra a coroa espanhola no século XVI, Lope de Aguirre; ou um dos conquistadores que mais caminharam com seus próprios pés pelo recém-descoberto continente, Alvar Núñez Cabeza de Vaca. São eles *Los perros del paraiso, Daimón* e *El largo atardecer del caminante*. Mais recentemente publicou *La pasión según Eva*, romance que tem como protagonista essa mítica e ao mesmo tempo polêmica personagem da recente história argentina que foi Eva Duarte, a Evita de Perón.

As relações entre história e literatura sempre aparecem no cerne das preocupações de Posse. Um ano antes da publicação do livro de Vargas Llosa, o escritor argentino, em uma entrevista publicada na *Revista Iberoamericana* (García Pinto, 1989), discutia a questão. Falando de seus romances *Daimón* e *Los perros del paraiso*, ele afirmava não ter sido intenção sua escrever romances históricos. Para ele, tais romances, que tratam de questões polêmicas da colonização do continente americano, são uma espécie de meta-história para tentar compreender nossa época e nossas raízes. Seu trabalho literário tinha necessariamente que se valer da historiografia para poder negá-la quando fosse preciso, modificá-la ou reinterpretá-la.

Ao criar e fantasiar a partir de personagens históricos, Abel Posse explicitamente tenta fazer uma revisão da história oficial da América, que na maior parte das vezes foi escrita pelos vencedores, pelos dominadores. A literatura tem, segundo ele, a clara função de desmitificar a história para tentar descobrir uma versão mais justa. Essas ideias reiteram o que já havia dito em um texto apresentado, um ano antes, em um simpósio sobre "Conquista e ocupação da América no século 16", realizado na Alemanha e publicado em 1992, no contexto das comemorações do V Centenário do Descobrimento da América.

De acordo com Posse (1992), houve um encobrimento consciente e inconsciente da realidade histórica americana. Compete aos escritores des-cobrirem a versão mais exata da história americana, para dar voz aos esquecidos, excluídos, oprimidos, vencidos. Nesse sentido, a literatura latino-americana, e é esse o termo usado por Posse, além do estritamente estética, cumpre uma função desmitificadora. A obra dos grandes escritores americanos, ao longo da história, vem realizando um papel revisor e readaptador das interpretações históricas com a finalidade de encontrar as raízes ocultas ou quebradas, que fazem a América uma realidade não resolvida, adolescente. Cabe à literatura, enfim, a tarefa fundadora que a transforma em uma grande usina de criação de realidades novas. Por meio de seu fazer legitima-se o espaço humano americano que antes se interpretava sob o ponto de vista puramente europeu.

Mais ou menos na mesma linha de pensamento de Posse está outro famoso escritor hispano-americano, o mexicano Carlos Fuentes, que também vem se preocupando há algumas décadas com o papel da literatura na discussão da problemática latino-americana, não apenas em conhecidos romances históricos, como *Terra Nostra* ou *Cristóbal Nonato*, mas também em seus vários livros de ensaios. Para Fuentes (1992, p.293), a literatura conquistou o direito de criticar o mundo após ter demonstrado a capacidade de se criticar a si própria: ela propõe a possibilidade da imaginação verbal como uma realidade não menos real que a narrativa histórica. Assim, a literatura se renova constantemente, anunciando um mundo novo. Depois de tantas incertezas e violências do século XX, a história converteu-se em mera possibilidade, em vez de certeza. A literatura, no entanto, pode ser o contratempo e a segunda leitura da história.

Dessa forma, para o autor de *Gringo velho,* como violação narrativa da certeza realista e seus códigos, por meio da hipérbole, do delírio e do sonho, o romance ibero-americano é a criação de outra história, que se manifesta na escritura individual, mas que também propõe a memória e o projeto de nossa comunidade em crise.

Originalmente jornalista, o argentino Tomás Eloy Martínez é outro importante escritor hispano-americano contemporâneo. Especialmente por uma série de obras situadas nessa zona sombria localizada entre a literatura e a história, que ele, no entanto, faz questão de classificar como literatura. Tanto *La novela de Perón* como *Santa Evita*, romances que trouxeram fama ao escritor, tratam desse que talvez tenha sido o principal fenômeno da história argentina recente: o peronismo. Como os próprios títulos já dizem, o primeiro livro tem

O ROMANCE HISTÓRICO BRASILEIRO CONTEMPORÂNEO (1975-2000)   23

como protagonista o próprio Juan Domingo Perón. Já o segundo, também publicado no Brasil, tem Eva Duarte como personagem central. No entanto, o próprio autor (Martínez, 1996) faz questão de apontar uma diferença básica entre os dois romances. Enquanto *La novela de Perón* foi escrita dentro da crença de que o escritor podia reescrever a história, *Santa Evita* representa o reconhecimento quase topográfico de um mito nacional.

Para o escritor argentino, os tempos mudaram, e já não faz mais sentido desentranhar as mentiras da memória criando uma contramemória. Não existe mais a necessidade de se estar a todo instante denunciando que a história oficial foi manipulada pelo poder dominante, que cassou a palavra dos dominados, e que é necessário reescrevê-la, reconquistando essa palavra. Escrever já não é opor-se aos absolutos, porque neste mundo já não há absolutos. O que sobreviveu a tantas crises – políticas, econômicas e de representação, principalmente – foi o vazio. Esse grande vazio que começa a ser preenchido não apenas por uma versão dos fatos que se opõe, digamos, a outra versão oficial, mas por uma série de diferentes versões de um determinado fato histórico, que mudam constantemente de acordo com o enfoque adotado.

Nesse sentido, para Tomás Eloy Martínez (1996), a equação romance/história deixou de ser um paradoxo nos últimos tempos. Suas fronteiras são cada vez mais tênues. A ilusão envolve tudo, e o gelo dos dados que pretendiam ser objetivos vai derretendo e formando um único caldo sob o sol quente da narração. Hoje, poucas dúvidas restam de que ambas, história e ficção, são escritas não mais para modificar o passado, mas sim para corrigir o futuro, para situar esse porvir no lugar dos desejos, afirma Martínez. No entanto, tanto uma quanto a outra se constroem com fragmentos do passado, criando um mundo já perdido, que só existe na memória.

Atualmente, segue afirmando o autor de *Santa Evita*, já não se dialoga com a história como verdade, mas como cultura, como tradição. Nesse sentido, o romance sobre a história tende a reconstruir, e reconstrução quer dizer recuperação do imaginário e das tradições culturais de uma determinada comunidade, que depois de se apro-

24 ANTÔNIO R. ESTEVES

priar desses valores lhes dá vida de outra forma. A entidade autor, nesse contexto, é uma simples convenção. Trata-se de um mediador parcial, subjetivo, limitado, que raras vezes consegue transcender o limite de suas experiências; raras vezes pode alçar voo além de suas carências pessoais. É claro que ele pode transformar tais carências em riqueza discursiva, mas é inevitável que sua obra esteja permeada pelo que sabe, e também pelo que não sabe. Quanto mais claramente enxerga o horizonte do que não conhece, maior será a intensidade que colocará naquilo que sabe.

É claro que recriar um mito da cultura na história para tentar descobrir quem somos nós e o que existe em nós do *outrem* não é nenhuma novidade. A novidade está em conseguir encontrar a linguagem exata. O mito, então, se enriquece e alarga os horizontes daquilo que costumamos chamar de imaginário. Ao mesmo tempo, estabelecer a verdade em termos absolutos é uma empresa quase impossível. Parece que nos tempos atuais a única verdade possível é um relato da verdade, relativa e parcial, que há na consciência e nas buscas do narrador.

Escrever e refletir sobre a escritura, enfim, continua Martínez, sempre foi uma tensão extrema na América Latina, onde até a história e a política nasceram como ficção. Todo romance e todo relato ficcional, em suma, são um ato de provocação, pois tratam de impor ao leitor uma representação da realidade que lhe é alheia. Nessa provocação há um eu que quer se impor; um eu que quer perdurar narrando-se a si mesmo. Nesse sentido, a escritura é, ao mesmo tempo, uma profecia e uma interpretação do passado. O discurso histórico, no entanto, não é uma aporia: é uma afirmação. Onde há uma incerteza, ele instala (ou finge instalar) uma verdade. Onde há uma conjectura, acumula dados.

Ficção e história também são, no entanto, apostas contra o futuro. Se bem que o fato de escrever a história como romance e escrever romances com os fatos da história já não signifiquem apenas a correção da versão hegemônica da história, tampouco um ato de oposição ao discurso do poder constituído, não deixam de continuar sendo ambas as coisas. As ficções sobre a história reconstroem versões, opõem-se ao poder e, ao mesmo tempo, apontam para adiante. Mas o que significa apontar para o futuro? Não significa certamente ter a intenção de se criar uma nova sociedade por meio do poder transformador da palavra escrita. Significa que se escreve apenas para forjar o leito de um rio pelo qual navegará o futuro no lugar dos desejos humanos.

Retomando a palavra dos escritores, não pretendemos encerrar aqui essa polêmica questão. Uma coisa, no entanto, é certa: a história faz-se bastante presente na literatura nos últimos tempos. Seja sob a forma de clássicos romances históricos, escritos segundo o modelo de Walter Scott; seja sob as variadas formas do que alguns críticos mais cartesianos catalogaram com a etiqueta de "novo romance histórico"; seja sob a forma de narrativas híbridas, como biografias e histórias romanceadas; seja sob a forma de crônicas, autobiografias e memórias; ou até mesmo sob a forma de narrativas televisivas ou cinematográficas de caráter histórico. Isso vem ocorrendo sistematicamente com maior intensidade nos países hispano-americanos, mas o Brasil não está isento.

Podemos dizer, enfim, que, como leitora privilegiada dos signos da história, a literatura é cerne de renovação. Com ela, no que diz respeito a esse intricado circuito de dupla relação formado pela América e pela Europa, os escritores anunciam sempre novos caminhos que garantam a pluralidade das culturas organizadas em um mundo multipolar. Essa é a melhor garantia da viabilidade de um futuro para a América Latina, nela incluída, evidentemente, o Brasil.

Na aproximação entre literatura e história e o modo como cada uma das duas representa aquilo que se chama realidade ou que se define como "fato histórico", muito já se escreveu, especialmente nos dois últimos séculos. Grosso modo, pode-se afirmar que o século XIX, com sua ânsia de aproximar-se da verdade, elevou o discurso histórico à categoria de ciência, afastando-o de seu parente próximo, a narrativa ficcional. Já o século XX, sob o domínio da relatividade, tentou aplanar as valas abertas no século anterior, e partindo do princípio de que ambos são construtos narrativos, semeou aquilo que os historiadores mais tradicionais veem como caos epistemológico. Não pretendemos aqui resenhar os vários passos dessa polêmica, que

26 ANTÔNIO R. ESTEVES

ganhou fôlego a partir de Roland Barthes, Hayden White ou Paul Ricoeur, entre outros.

Como lembra Hayden White (1990 e 1994) em *Meta história: a imaginação histórica no século XIX*, ou em *Trópicos do discurso: ensaios sobre a crítica da cultura*, até o início do século XIX, a historiografia era considerada uma arte narrativa, reconhecendo-se, em geral, sua natureza literária. A partir do século XIX, entretanto, passa a ser normal entre os historiadores identificar a verdade com o fato histórico, delegando-se à ficção o papel de fantasia ou invenção, o que, se não negava a própria história, pelo menos dificultava seu entendimento. Nesse contexto, o romance, de acordo com a premissa aristotélica, é apenas a manifestação da possibilidade: não mantém nenhuma relação direta com a realidade.

Já Paul Ricoeur (1994), em várias obras em que estuda a categoria do tempo no discurso, especialmente em *Tempo e narrativa*, aponta para o intercruzamento entre história e ficção a partir da temporalidade. Tudo que se conta acontece no tempo, e o que aconteceu no tempo é passível de ser contado e, portanto, faz parte da categoria temporal na medida em que se articula na forma discursiva do enredo. Nesse sentido, tanto a narrativa histórica quanto a narrativa ficcional seriam formas simbólicas.

As transformações na forma de conceber a história, no entanto, também ocorrem no campo dos estudos históricos. Pode-se dizer que tenham começado com o *new historicism* norte-americano, mas com certeza tiveram seu ponto mais alto na chamada Escola dos Annales, em torno da revista francesa *Annales*, surgida já no final da década de 1920, e que exigia maior integração da história com outras ciências humanas, especialmente a Sociologia e a Geografia, e até mesmo com as artes. Trata-se de um processo que, segundo o historiador Peter Burke (1992, p.10), se contrapõe à historia positivista tradicional rankiana vigente no século XIX. Para o historiador alemão Leopold Ranke (1795-1886), a história deveria contar o que realmente aconteceu, e isso estava associado basicamente aos acontecimentos políticos. A nova proposta, por sua vez, partia do princípio de que tudo tem história, e considerava o relativismo cultural. De acordo com Burke

O ROMANCE HISTÓRICO BRASILEIRO CONTEMPORÂNEO (1975-2000)   27

(1992, p.11), "a base filosófica da nova história é a ideia de que a realidade é social ou culturalmente constituída". A escrita da história deixa então de tentar oferecer uma verdade ou uma solução única para os problemas, reconhecendo que o que o historiador apresenta, no fundo, é uma versão dos fatos, aquela que ele acha mais de acordo com seu ponto de vista ou com os métodos que utiliza. Historiadores mais tradicionais, especialmente de formação marxista, como o inglês Eric Hobsbawm (1998, p.203), no entanto, apesar de não negarem o caráter narrativo da história, atacam o que consideram o excessivo alargamento do campo da história, caracterizado pela ascensão da história social, "esse recipiente amorfo para tudo, desde mudanças no físico humano até o símbolo e o ritual, e sobretudo para as vidas de todas as pessoas, de mendigos a imperadores".

Historiadores como Peter Gay, em *O estilo na história*, de 1974; Paul Veyne (1998), em *Como se escreve a história*, de 1971; ou mesmo Peter Burke (1992), na coletânea *A escrita da história: novas perspectivas*, publicada no Brasil em 1992, têm discutido a questão, tentando apontar direções possíveis para o trabalho do historiador. Veyne (1998, p12), nesse polêmico, em seu tempo, e já clássico livro, tentando responder à pergunta básica de o que seja a história, faz algumas afirmativas repetidas em epígrafes de trabalhos no âmbito dos estudos literário e culturais, como "os historiadores narram os fatos reais que têm o homem como ator: *a história é um romance real*" (grifo nosso).

Apesar, porém, de centralizar seu texto no fato de a história estar assentada na narrativa, e fazendo afirmativas do tipo "A história nunca será científica" ou "Apenas uma narrativa verídica", como são alguns dos subtítulos de seus capítulos, Veyne reafirma a velha premissa aristotélica. Para ele, as diferenças entre história e literatura são claras e óbvias, da mesma forma que as diferenças entre história e ciência: "A história parte, ao contrário [da ciência], da trama que ela dividiu em partes e tem como tarefa fazê-la compreender inteiramente, em vez de talhar um problema sob medida" (ibidem, p.137-8).

Segundo afirma, no entanto, Antônio Celso Ferreira (1996, p.37) em elucidativa resenha sobre a questão, publicada na revista *Pós-*

História, é "difícil, no caso da historiografia, mapear as inúmeras e nuançadas tendências atuais de tratamento do intercâmbio história-literatura, localizando-se suas contribuições e diferenças". A história cultural, entretanto, tem abrigado várias dessas tendências, que se traduzem em "múltiplas facetas teóricas, assentando-se como um veio inovador, comparativista e interdisciplinar" (ibidem, p.41).

Isso não quer dizer, porém, conclui o historiador, que não haja "efeitos reativos, que se manifestam no interior da própria *nova história*, num embate não resolvido entre duas forças: de um lado, a que tenta garantir sobrevivência aos cânones fundamentais da disciplina; e de outro, a que advoga a mobilidade das fronteiras do conhecimento, das formas de expressão e representação" (ibidem, p.42).

Da mesma forma, no campo da literatura nos últimos anos no Brasil, vários críticos retomaram as ideias básicas desenvolvidas por White ou Ricoeur sobre as relações discursivas entre literatura e história. Destacam-se Luiz Costa Lima (1989), com "A narrativa na escrita da história e da ficção", primeira parte de seu livro *A aguarrás do tempo*; os vários textos de *Narrativa: ficção e história,* organizados por Dirce Cortes Riedl (1988); os textos de *Gêneros de fronteira*: cruzamentos entre o histórico e o literário, organizado pelo Centro Angel Rama, da Universidade de São Paulo (1997); a coletânea organizada por Leenhard & Pesavento (1998), *Discurso histórico e narrativa literária,* ou o número 22 da revista *Itinerários*, dedicado à "Literatura e história", organizado por Leonel & Volobuef (2004); entre muitos outros.

Nesse número de *Itinerários*, por exemplo, o texto de Márcia Valéria Z. Gobbi (2004, p.39), "Relações entre ficção e história: uma breve revisão teórica", é uma resenha exemplar da trajetória desses conturbados encontros e desencontros. A autora traça, em poucas páginas, um histórico das relações entre literatura e história, fundada no conceito de representação, desde Aristóteles, já que para Platão "o poeta não é capaz de atingir a verdade, sequer *conhecer* a realidade".

A visão aristotélica e seus desdobramentos das relações entre a história e a literatura seguirão vigentes até o século XIX (em certos setores e em alguns aspectos ainda seguem vigentes até hoje), embasando o pensamento dos filósofos idealistas a partir dos quais a

história será definida como ciência, principalmente de Hegel (1770-
-1831). Para o filósofo alemão, o surgimento da historiografia se deu
com o desaparecimento da época heroica, e coincide, dessa maneira,
com uma forma significativa no modo de ver e representar a realidade.
A distinção entre o historiador e o ficcionista opera-se no modo de
criação: o historiador deve narrar o que existe, e tal como existe,
positivamente, sem as deformações arbitrárias da criação poética.

Nesse ambiente cultural, surge o romance histórico, teorizado
um século mais tarde por György Lukács (1885-1971), seguindo os
princípios básicos do marxismo, uma das vertentes do idealismo.
Mais adiante trataremos tanto do surgimento do romance histórico
tradicional, dentro dos princípios românticos, quanto de sua teorização, realizada a partir da filosofia marxista pelo pensador húngaro.

Contemporâneo de Lukács, e de certo modo também oriundo do
marxismo, mas herdeiro de uma sólida formação formalista, Mikhail
Bakhtin (1895-1975) talvez represente o ponto alto da teorização do
romance no século XX. Ao contrário de seu confrade húngaro, que
preferia escrever a história do romance enlaçando suas origens na
epopeia e que chegou a definir o romance moderno como uma espécie de epopeia da burguesia, o pensador russo prefere caracterizá-lo
"como oposição à épica, narrativa do passado absoluto, mítico, fechado e imutável" (Gobbi, 2004, p.51). Ao contrapor *epos* e romance,
Bakhtin define o romance como gênero que tem na instabilidade, no
não acabamento semântico e na luta com outros gêneros e consigo
mesmo seus traços básicos. Na relação específica com a história,
ao surgir da sátira menipeica, o romance será uma reinterpretação
ideológica do passado. A "contemporaneidade e sua problemática
são o ponto de partida para a representação de qualquer época,
mesmo do passado heroico" (ibidem, p.52) Assim, a modernidade
do pensamento de Bakhtin em sua visão do romance, ao trazer à tona
seu plurilinguismo, transforma-o em um gênero permeável, que se
deixa penetrar por outras linguagens de modo dissimulado, estiliza-
do e geralmente paródico. Tal multiplicidade de vozes que ressoam
nessa construção híbrida é o que marca seu traço de inferioridade, de
rebaixamento com relação ao gênero épico. Isso é, no entanto, o que

permite, no campo da representação, a atualização do objeto. Não no sentido de sua modernização, mas ao destruir a distância épica, contribui para com sua dessacralização.

Por sua vez, os estruturalistas, a partir de Barthes, entre outros, antecipam e permitem as reflexões dos pós-modernistas, que passam a encarar a história como discurso, ou construção discursiva e cultural. "A abordagem do fato histórico enquanto produto de um processo de significação é fundamental para a definição e delimitação das relações entre história e literatura, tal como são entendidas pela crítica e praticadas na produção ficcional da contemporaneidade" (ibidem, p.56). Tal forma de ver essas relações, popularizadas nos últimos anos por críticos como Linda Hutcheon (1991), por exemplo, como o leitor já deve ter notado, é a que vai nortear, em linhas gerais, as leituras propostas neste trabalho.

O romance histórico: origem e percursos

Segundo Mikhail Bakhtin (1990, p.110), o romance é um gênero híbrido. Híbrido porque nele duas vozes caminham juntas e lutam no território do discurso. Dois pontos de vista não se misturam, mas se cruzam dialogicamente. Essa construção híbrida tem uma importância capital para o romance, uma vez que "pertence a um único falante, mas onde, na realidade, estão confundidos dois enunciados, dois modos de falar, dois estilos, duas 'linguagens', duas perspectivas semânticas e axiológicas" (ibidem, p.110). Trata-se, assim, de um pluridiscurso no qual não há nenhuma fronteira formal, sintática ou composicional entre os componentes díspares: "a divisão das vozes e das linguagens ocorre nos limites de um único conjunto sintático [...] as duas perspectivas se cruzam numa construção híbrida, e, por conseguinte, têm dois sentidos divergentes, dois tons" (ibidem).

Muito mais que o romance *tout court*, o que chamamos de romance histórico é um gênero narrativo híbrido, surgido de um processo de combinação entre história e ficção. Trata-se de um gênero bastardo e ambíguo, de acordo com o crítico espanhol García Gual (2002, p.11).

O ROMANCE HISTÓRICO BRASILEIRO CONTEMPORÂNEO (1975-2000)   31

E embora desperte mais interesse no homem contemporâneo que quaisquer outras formas mais objetivas de linguagem, não se deve esquecer de que o substantivo nessa expressão é o romance. Assim, por mais que ele se sustente em fatos ou personagens históricos, trata-se de romance, ou seja, de ficção.

Embora narrativas fictícias tratando de fatos ou de personagens históricos tenham existido praticamente desde a Antiguidade, costuma-se apontar o nascimento desse gênero no início do século XIX, durante o romantismo, pelas mãos de Walter Scott (1771-1832). Foi resultado de uma série de eventos históricos, como a Revolução Francesa e as consequentes campanhas napoleônicas, que levou o homem da época ao despertar de certa consciência de sua condição histórica. E coube a Scott, no processo de afirmação do romance como epopeia da burguesia, criar essa nova variante narrativa, cujos personagens, ao mesmo tempo que estão profundamente inseridos no fluxo da história, atuam de modo que seu comportamento explicite as peculiaridades da época apresentada.

György Lukács (1977) estuda minuciosamente o gênero fixado por Scott e seus seguidores, na obra *O romance histórico*, aparecida originalmente entre 1936 e 1937, assinalando a publicação de *Waverley*, em 1814, como marco de inauguração do romance histórico. A consolidação e popularização, no entanto, ocorrerá pouco depois, com a publicação de *Ivanhoe*, em 1819. "Na Europa inteira, os romances históricos brotaram como cogumelos depois da chuva: e havia mais os poemas narrativos históricos, baladas históricas, ciclos históricos" (Carpeaux, 1987, p.1158). Nos anos seguintes a febre propagou-se também à América. Dentre seus seguidores vale a pena destacar dois nomes: o italiano Alessandro Manzoni (1785-1873), com seu célebre *I promessi sposi* [*Os noivos*], publicado entre 1825 e 1827; e o norte-americano James F. Cooper (1789-1851), autor do famoso *O último dos moicanos*, de 1826.

O esquema do romance histórico criado por Scott, que acabou por se impor como modelo, obedece a dois princípios. O primeiro deles é que a ação ocorre em um passado anterior ao presente do escritor, tendo como pano de fundo um ambiente rigorosamente reconstruído,

32   ANTÔNIO R. ESTEVES

onde figuras históricas ajudam a fixar a época. Sobre esse pano de fundo situa-se uma trama fictícia, com personagens e fatos inventados pelo autor. Além disso, como segundo princípio, os romances de Scott e seus seguidores, bem ao gosto romântico, costumam introduzir na trama ficcional um episódio amoroso geralmente problemático, cujo desenlace pode variar, ainda que, na maioria das vezes, termine na esfera do trágico.

Uma preocupação do romance histórico romântico foi manter equilíbrio entre a fantasia e a realidade, configurando-se como espaço discursivo em que os jogos inventivos do escritor, aplicados a dados históricos, produzissem composições que oferecessem aos leitores, simultaneamente, ilusão de realismo e oportunidade de escapar de uma realidade insatisfatória.

Como bem observa o crítico espanhol Amado Alonso (1984, p.26), a técnica própria do romance e a atitude romântico-positivista se alternaram ou se juntaram ao longo do século XIX para produzir e fixar importantes características nesse novo gênero. Assim, embora o romance histórico não tenha mudado substancialmente ao longo do século XIX, já que os escritores realistas praticamente seguiram o modelo romântico, modificando apenas a forma de descrever o ambiente, mais minucioso e detalhado, algumas transformações devem ser destacadas.

A principal delas ocorre ainda em 1826, quando Alfred de Vigny (1797-1863), pertencente a certa ala conservadora do romantismo francês, publica *Cinq-Mars*, obra cujo protagonismo, ao contrário do que pregava o modelo scottiano, cabe a personagens históricos. O conceito de história por ele apresentado funda-se mais na ação individual que no movimento coletivo. Esse mesmo tipo de ruptura também estará presente em algumas obras de Victor Hugo (1802--1885), que exaltam heróis reais e pretendem tirar lições morais do passado para aplicá-las ao presente, considerado caótico. Sua concepção de história, no entanto, é mais progressista que a de Vigny, já que o autor de *O corcunda de Notre Dame* (1831), ao mesmo tempo que eleva certos heróis, também oferece às massas um papel que não se encontra na produção de outros autores.

O ROMANCE HISTÓRICO BRASILEIRO CONTEMPORÂNEO (1975-2000)   33

Já dentro do realismo, Gustave Flaubert (1821-1880) impõe importantes mudanças na concepção do romance histórico. Em *Salambó* (1862), a ação localiza-se na Cartago antiga, mas a ideologia presente é típica do século XIX, pois aparecem reivindicações típicas das lutas de classe sob o signo do capitalismo. Além disso, a reconstrução do ambiente histórico se faz por meio de minuciosas descrições, bem dentro do espírito realista. A principal inovação desse romance de Flaubert, no entanto, é o deslocamento da ação, que no modelo scottiano se localizava em geral na Idade Média e no próprio país do escritor, e agora contempla lugares e tempos distantes e exóticos, sem nenhuma relação direta com a experiência do escritor.

Outro grande inovador do romance histórico é o russo Leão Tolstói (1828-1910), que publicou *Guerra e paz* entre 1864 e 1869, uma das obras-primas do gênero, de acordo com Lukács. No escritor russo, o entrecruzamento entre ficção e história produz uma narrativa muito mais fluída e vital. É provável que a influência de Scott em Tolstói tivesse sido mínima, se é que existiu, e que o autor de *Guerra e paz* tivesse traçado sozinho seu próprio caminho, mas o fato é que, após sua obra-prima, os caminhos do romance histórico já não serão os mesmos.

Lukács (1977, p.100) não duvida em considerá-la a moderna epopeia da vida popular, de um modo ainda mais decisivo que em Scott ou Manzoni, pois a descrição da trajetória do povo é bastante mais rica, sendo muito mais consciente, portanto, a ênfase na esfera coletiva como verdadeiro fundamento do processo histórico. Para o pensador húngaro, Tolstói escolhe de modo brilhante o momento histórico representativo: a crise causada pela invasão napoleônica na Rússia. Esse momento de crise histórica aparece bem situado em situações domésticas, familiares e amorosas. As personagens fictícias são ressaltadas em seu perfil comum, sem grandes gestos heroicos ao mesmo tempo em que o núcleo de personagens históricos aparece em posição secundária, embora seja significativo, procedimento que compõe um realismo eminentemente visceral.

Ainda segundo Lukács (1977), os grandes momentos históricos de crise favorecem o surgimento de uma reflexão sobre os sentidos da história, um dos núcleos dessa modalidade de romance. Muitos dos preceitos estabelecidos pelo crítico húngaro ainda podem ser utilizados na leitura crítica do romance histórico, tanto na maioria daqueles escritos no século XIX como em muitos dos publicados no século XX, que não consideraram a evolução dos dois conceitos associados ao gênero, o conceito de história e sua capacidade de representação da realidade e o conceito de romance e suas relações com a sociedade.

De modo geral, pode-se afirmar, de acordo com vários estudiosos, que o romance histórico vive em crise desde suas origens, embora tenha sobrevivido e se renovado, se considerarmos sua evolução ao longo dos últimos dois séculos. As transformações pelas quais passou estão relacionadas, no fundo, com sua essência híbrida. Segundo mudam as concepções do romance e suas relações com a sociedade, também muda o romance histórico, da mesma maneira que ele se vê afetado pelas mudanças epistemológicas que se verificam na concepção de história.

Assim, a grande reviravolta na concepção do gênero romanesco, advinda das vanguardas do início do século XX, e as transformações do discurso histórico e das concepções envolvendo o próprio saber histórico, ocorridas na primeira metade do século passado, acabaram por dar uma feição diferente à narrativa ficcional.

A autorreferencialidade do romance contemporâneo, ao colocar em xeque a possibilidade de conhecimento de um objeto exterior ao texto, apresenta o autor como uma espécie de criador de mundos, dentro dos quais ele estabelece as normas que os regem e as relações existentes entre as diversas partes que o compõem. Quebra-se, desse modo, o pacto realista, e nenhum tipo de romance sofre mais intensamente tal ruptura que o romance histórico, já que, segundo Alcmeno Bastos (2007, p.13), "nenhuma outra modalidade de romance coloca tão claramente o problema fundamental da *referencialidade*, isto é o problema das relações da narrativa de ficção, com a realidade empírica", como o romance histórico. O autor contemporâneo não se sente obrigado a copiar ou refletir o mundo externo e, assim, cria seu próprio universo sem se sujeitar nem ao pacto da veracidade, que impõe o discurso histórico, nem ao pacto da verossimilhança, que mantinha, de certa forma, o discurso ficcional mais tradicional.

O ROMANCE HISTÓRICO BRASILEIRO CONTEMPORÂNEO (1975-2000)   35

Ao estudar as manifestações do romance histórico na América Latina a partir da segunda metade do século XX, alguns críticos como González Echevarría (1984), Raymond Souza (1988), Fernando Aínsa (1991 e 1997), Alexis Márquez Rodríguez (1991), Seymour Menton (1993), Marilene Weinhardt (1994, 1998 e 2004), Peter Elmore (1997), Célia Fernández Prieto (1998), Gloria da Cunha (2004), María Antonia Zandanel (2004), André Trouche (2006), Magdalena Perkowska (2008), entre outros, apontam várias características que as separam da matriz fixada por Scott.

Entre as mudanças mais significativas no âmbito do romance histórico, apontadas por Aínsa (1991), reorganizadas e sintetizadas por Menton (1993), retomadas por Célia Fernández Prieto (1998) e Magdalena Perkowska (2008), destacamos aqui o fato de que o "histórico" deixou de ser pano de fundo, ambiente apenas, e vem se tornando o cerne mesmo dos romances históricos desde as últimas décadas do século XX. A visão romântica de mundo, do modelo de romance histórico de Scott, cedeu lugar a um profundo questionamento e busca de identidade no fato histórico em si, que, sob a óptica do romancista, é reconstruído ficcionalmente. O crítico venezuelano Márquez Rodríguez (1991, p.47) defende tal reconstrução ficcional como direito conquistado pelo romancista de reinterpretar os fatos, os acontecimentos e os personagens históricos, independentemente dos julgamentos anteriormente a eles atribuídos pelos assim chamados historiadores oficiais.

Em *La nueva novela histórica de América Latina: 1949-1992*, Seymour Menton (1993, p.29) faz uma breve resenha do surgimento do que ele considera ser um novo subgênero do romance histórico, batizado como Novo Romance Histórico Latino-americano. O pioneiro a usar tal nome teria sido Ángel Rama, em 1981, e desde então o conceito foi se aperfeiçoando, especialmente a partir do artigo "El proceso de la nueva narrativa latinoamericana. De la historia y de la parodia", de Fernando Aínsa (1988), publicado em *El Nacional*, de Caracas.

Aínsa chama a atenção para as profundas mutações pelas quais vem passando a narrativa hispano-americana nos últimos anos,

36   ANTÔNIO R. ESTEVES

observando-se uma peculiar forma de tratar a história. É importante, nesse processo, a utilização da paródia que escorrega para a sátira e para o grotesco, na maioria das vezes, como formas peculiares do novo gênero. Ele aponta, ainda, uma série de características dessa narrativa histórica que serão melhor sistematizadas em ensaios posteriores.

Um desses ensaios é o artigo "La nueva novela latinoamericana", onde Aínsa (1991, p.83-5) aponta que a análise de uma série de obras de autores latino-americanos, a partir da década de 1980, permite constatar que tais obras apresentam a ruptura com um modelo estético único. Trata-se de uma inovação com relação às obras dos períodos anteriores, seja o romance histórico romântico, forjador e legitimador da nacionalidade; seja o romance histórico do realismo, crônica fiel da história; seja, ainda, o romance histórico modernista, de elaborado esteticismo. Os novos romances em questão apresentam uma polifonia de estilos e modalidades baseada, especialmente, na fragmentação dos signos de identidade nacionais, realizada a partir da desconstrução dos valores tradicionais.

O referido artigo apresenta uma série de dez marcas que o separam dos antecessores. O aspecto primordial, no entanto, é tratar de encontrar entre as ruínas de uma história desmantelada o indivíduo perdido atrás dos acontecimentos; descobir e elevar o ser humano a sua dimensão mais autêntica, mesmo que ele pareça inventado, mesmo que ele seja de algum modo inventado (ibidem, p.85). Vale a pena transcrever essa dezena de características:

1 – O novo romance histórico caracteriza-se por fazer uma releitura crítica da história.

2 – A releitura proposta por esse romance impugna a legitimação instaurada pelas versões oficiais da história. Nesse sentido, a literatura visa suprir as desficiências da historiografia tradicional, conservadora e preconceituosa, dando voz a todos os que foram negados, silenciados ou perseguidos.

3 – A multiplicidade de perspectivas possíveis faz com que se dilua a concepção de verdade única com relação ao fato histórico. A

ficção confronta diferentes versões, que podem ser até mesmo contraditórias.

4 – O novo romance histórico aboliu o que Bakhtin (1990, p.409) chama de "distância épica" do romance histórico tradicional, pelo uso de recursos literários como o emprego do relato histórico em primeira pessoa; monólogos interiores; descrição da subjetividade e intimidade das personagens. Deste modo, o romance, por sua própria natureza aberta, permite uma aproximação ao passado numa atitude dialogante e niveladora.

5 – Ao mesmo tempo em que se aproxima do acontecimento real, esse romance se afasta deliberadamente da historiografia oficial, cujos mitos fundacionais estão degradados.

6 – Há, nesse tipo de romance, uma superposição de tempos históricos diferentes. Sobre o tempo romanesco, presente histórico da narração, incidem os demais.

7 – A historicidade do discurso ficcional pode ser textual, e seus referentes documentar-se minuciosamente, ou, pelo contrário, tal textualidade pode revestir-se de modalidades expressivas do historicismo a partir da invenção mimética de textos histotiográficos apócrifos, como crônicas e relações.

8 – As modalidades expressivas dessas obras são muito diversas. Em algumas, as falsas crônicas disfarçam de historicismo suas textualidades. Em outras, se valem da glosa de textos autênticos inseridos em textos onde predominam a hipérbole ou o grotesco.

9 – A releitura distanciada, carnavalizada ou anacrônica da história, que caracteriza esta narrativa, reflete-se numa escritura paródica. No interstício deliberado da escritura paródica surge um sentido novo, um comentário crítico de uma textualidade assumida, no qual a história reaparece sob uma visão burlesca ou sarcástica. Dessa forma, o discurso histórico é despojado do absolutismo de suas verdades a fim de construir alegorias e fábulas morais;

10 – A utilização deliberada de arcaísmos, *pastiches* ou paródias, associada a um agudo sentido de humor pressupõe uma maior preocupação com a linguagem que se transforma na ferramenta fundamental desse novo tipo de romance, levando à dessacra-

38 ANTÔNIO R. ESTEVES

lizadora releitura do passado a que se propõem. (Aínsa, 1991, p.83-5)

Em outros termos, Seymour Menton (1993, p.42-4) sintetiza tais diferenças entre o novo subgênero de romance histórico e o modelo tradicional scottiano de modo bastante didático e operacional:

1 – A primeira dessas diferenças está associada a uma concepção filosófica, segundo a qual seria praticamente impossível captar a verdade histórica ou a realidade. Da mesma maneira, muda-se a concepção tradicional de tempo, passando a história a ser vista como formação cíclica. Paradoxalmente, seu caráter de imprevisibilidade faz com que possam ocorrer os acontecimentos mais absurdos e inesperados. Essa forma de pensar, embora assentada em princípios filosóficos comuns no século XX, foi amplamente divulgada a partir da obra do escritor argentino Jorge Luís Borges (1899-1986);

2 – Outra marca é a distorção consciente da história, mediante anacronismos, omissões ou exageros;

3 – A ficcionalização de personagens históricos bem conhecidos, ao contrário da fórmula de Scott, que os relegava ao pano de fundo;

4 – A utilização da metaficção ou comentários do narrador sobre o processo de criação;

5 – A intertextualidade atua nos mais variados níveis;

6 – Tal intertextualidade está principalmente vinculada aos fenômenos estudados por Mikhail Bakhtin como dialogia, carnavalização, paródia e heteroglossia.

A carnavalização, conforme o conceito que Mikhail Bakhtin (1987) desenvolveu em *A cultura popular na Idade Média e no Renascimento*, é marcada pelo riso, pela subversão dos valores oficiais, pelas exagerações humorísticas, pelo caráter renovador e contestador da ordem vigente, pela ênfase nas funções do corpo, desde o sexo às necessidades fisiológicas, que em determinados momentos chega a confundir-se com o grotesco e a caricaturização. Apesar de bas-

O ROMANCE HISTÓRICO BRASILEIRO CONTEMPORÂNEO (1975-2000)   39

tante frequente nos romances hispano-americanos, é provável, no entanto, que boa parte dos escritores latino-americanos anteriores aos anos 1970 nunca tivessem ouvido falar de Bakhtin, popularizado no Ocidente a partir das traduções francesas do final da década de 1960. Trata-se de uma teoria de uso bastante didático para analisar tais obras, mas, como muito bem aponta o próprio Menton (1993, p.44), seu uso se deve mais a obras como *Cem anos de solidão*, de Gabriel García Márquez, publicado em 1967, ou aos romances de Alejo Carpentier, o criador do real-maravilhoso, do que à leitura de Bakhtin propriamente dita.

Muitas vezes associada à carnavalização, a paródia, como forma de apropriação do discurso alheio, encontra-se presente com grande frequência nos romances latino-americanos. Nesse sentido, a paródia, retomando textos anteriores, em uma relação transtextual, diferencia-se na medida em que essa retomada objetiva não apenas estabelece as relações com textos precedentes, mas as reinterpreta pela sua reescritura. Essa reelaboração paródica pode inverter padrões, desestabilizar, desconstruir, distorcer, ridicularizar ou simplesmente dar aos textos primeiros uma nova e surpreendente versão, efeito alcançado pela cuidadosa seleção dos signos linguísticos e pela dimensão simbólica das palavras. Uma prática constante, especialmente para o escritor latino-americano, que, como revela Silviano Santiago (2000, p.20), "brinca com os signos de um outro escritor, de uma outra obra". Deste modo, a reescritura paródica torna-se um ato de prazer, já que "as palavras do outro têm a particularidade de se apresentarem como objetos que fascinam seus olhos, seus dedos e a escritura do segundo texto é em parte a história de uma experiência sensual com o signo estrangeiro" (ibidem, p.20).

Menton (1993, p.42) também adverte que não é necessária a presença das seis características para que uma obra seja considerada um novo romance histórico. Na verdade, há obras em que algumas dessas características são amplamente visíveis e outras são mais sutis. Esse aspecto leva Célia Fernández Prieto (1998, p.154-9) a ser muito mais concisa, reduzindo as características do novo romance histórico a apenas duas:

40 ANTÔNIO R. ESTEVES

1 – Há uma distorção do material histórico (acontecimentos, personagens e cronologia estabelecidos pela historiografia oficial) ao ser incluído na diegese ficcional, através de três procedimentos narrativos: proposta de histórias alternativas, apócrifas ou contrafáticas; exibição de procedimentos de hipertextualidade; e multiplicação de anacronismos, cujo objetivo é desmontar a ordem "natural" da historiografia;

2 – A presença da metaficção como eixo formal e temático é o traço mais relevante, revelando-se tanto nas técnicas narrativas quanto no sentido global do texto. Ao valer-se dos mecanismos da metanarração, essa metaficção usa-os para questionar ou apagar os limites entre a ficção e a realidade, ou seja, a ficção e a história.

O grau de ruptura com relação aos modelos do século XIX varia de autor para autor e até mesmo de obra para obra. Alguns rompem totalmente com o modelo tradicional, produzindo obras bastante experimentais, enquanto outros ainda mantêm alguns dos elementos tradicionais desse tipo de composição. Há, ainda, os que preferem seguir o modelo clássico, de leitura bem mais fácil, como forma de garantir um grande público.

De todas as maneiras, é evidente o desejo de realização de uma releitura crítica da história, seja impugnando as versões oficiais, seja abolindo a distância épica do romance tradicional, seja invertendo os paradigmas clássicos para dar voz àqueles que foram, ao longo do tempo, excluídos, silenciados ou simplesmente mantidos à margem da história. Assim, os autores que escrevem romances históricos, a partir da segunda metade do século XX, orientam-se por concepções mais abrangentes desse gênero, até mesmo no que se refere às possibilidades de exploração do signo poético, tentando relatar o passado com plena autonomia de invenção. Em razão da sua forte carga plurissignificativa, a linguagem acaba por realizar, nesse contexto, uma missão dessacralizadora na releitura da memória.

O surgimento, o desenvolvimento e a proliferação dessa modalidade de narrativa, que possibilita outras visões dos eventos registrados pela história hegemônica, contribuem, por exemplo, para

O ROMANCE HISTÓRICO BRASILEIRO CONTEMPORÂNEO (1975-2000)   41

a consolidação de uma consciência latino-americana e, ao mesmo tempo, para a afirmação de uma nova forma narrativa que expressa o desejo de pensar criticamente a realidade, suas versões e interpretações e suas múltiplas possibilidades de representação no âmbito literário. Contestando as convenções da historiografia e da composição romanesca tradicional, o romance contemporâneo ultrapassa as fronteiras entre teoria e prática, produzindo uma espécie de simbiose entre uma e outra.

Essa prática literária está inserida naquilo que se conhece, apesar das impropriedades teóricas e práticas do termo, como pós-modernidade, conforme afirmam vários estudiosos, entre os quais Larios (1997, p.135), mesmo que por pós-modernidade se entenda uma atitude de incredulidade dos latino-americanos ante a história e, especialmente, ante a forma de representá-la. Sem essa marca funcional não se pode falar atualmente em novo romance histórico. Pode-se até considerar, com Linda Hutcheon (1991, p.21), que essa nova narrativa histórica latino-americana, com as devidas ressalvas, é metaficção historiográfica, ou seja, a vertente narrativa que inclui "aqueles romances famosos e populares que, ao mesmo tempo, são intensamente autorreflexivos e mesmo assim, de maneira paradoxal, também se apropriam de acontecimentos e personagens históricos". Tratam-se de obras em que se cria um imenso tecido textual constantemente dominado por uma espécie de jogo narrativo no qual os protagonistas parecem ser os próprios elementos textuais. Alguns recursos estilísticos aflorarão com maior intensidade, tais como a intertextualidade, a paródia, o *pastiche*, proporcionando maior interpenetração entre as mais variadas linguagens artísticas. Em tais narrativas distintas e inovadoras, a paródia assume o papel principal, ainda de acordo com Linda Hutcheon (1985, p.13), como "uma das formas mais importantes da moderna autorreflexividade, uma forma de discurso interartístico".

Esse tipo de literatura, em especial aquela produzida nas regiões centrais, é passível de várias críticas, avindas de setores oriundos do pensamento marxista. Assim, pode-se afirmar que as obras alinhadas sob o conceito de metaficção historiográfica possuem algo de paradoxal. Ao mesmo tempo que podem veicular aspectos de oposição à exploração e alienação proporcionadas pelo sistema capitalista, em sua versão globalizada, também deixam transparecer desencanto com relação à possibilidade de mudanças ao não abordarem as contradições do sistema capitalista contra as quais essa corrente estaria, em princípio, voltada. Fica a impressão de que tal modalidade de literatura estaria presa nas malhas da paródia, da relativização, da desconfiança com relação ao relato fundador e a sensação de se estar encerrado em um labirinto de significantes sem significados, composto, em última instância, pelo próprio discurso.

Uma das principais marcas apontadas pela crítica canadense, que interessa para os resultados deste trabalho, é, no entanto, a possibilidade de recuperar figuras marginalizadas, periféricas ou "ex-cêntricas", esquecidas ou desprezadas pelas narrativas hegemônicas. Nesse contexto, o presente trabalho pretende realizar a leitura, comparada no que couber, de vários romances brasileiros publicados no último quartel do século XX, cujo eixo comum é situar sua ação em um passado distante, além de ter como protagonistas personagens que poderiam ser incluídos na categoria de "ex-cêntricos".

Independentemente do fato de se traçar uma genealogia para esse tipo de romance, buscando suas origens no romance histórico do século XIX, como fazem os vários estudiosos anteriormente referidos; ou de se circunscrever o fenômeno diretamente na pós-modernidade, usando o conceito de metaficção historiográfica de Hutcheon (1991); não se pode negar a importância dessa releitura da história proposta pelo romance. Da mesma forma, tem pouca relevância classificar esse tipo de narrativa em subcategorias como "novo romance histórico", como o fazem Aínsa (1991), Menton (1993) ou Perkowska (2008); "romance histórico" simplesmente, como preferem muitos; "narrativa de extração histórica", seguindo André Trouche (2006); "narrativa histórica", como o faz Glória da Cunha (2004); "ficção histórica", de acordo com Weinhardt (1998, 2002, 2004); ou simplesmente repetir a expressão de Hutcheon (1991), "metaficção historiográfica".

A discussão continua aberta, conforme mostram as várias leituras que se seguem. Vale a pena fazer referência ao fato de que

O ROMANCE HISTÓRICO BRASILEIRO CONTEMPORÂNEO (1975-2000) **43**

dois críticos de reconhecida projeção universal, como o são Fredric Jameson e Perry Anderson, ambos familiarizados com a discussão das produções literárias e culturais na pós-modernidade, foram convidados recentemente a manifestar-se sobre essa "forma literária que lida com a história" (Anderson, 2007, p.205). Cada qual seguindo um percurso teórico próprio, eles chegaram a conclusões bastante parecidas. Ambos estão de acordo que após dois séculos de seu surgimento e milhares de obras produzidas, o romance histórico não apenas é possível, como segue bem vivo e cheio de forças. A história, por mais que tenham anunciado os apocalípticos, não chegou ao seu fim, e assim conclui Jameson o seu texto: "no que toca ao romance histórico a necessidade irá produzir mais invenção, de modo que insuspeitadas novas formas do gênero inevitavelmente irão abrir seus caminhos" (ibidem, p.203).

A palavra final, como sempre, em razão de uma atitude dialógica e plurissignificativa, cabe ao leitor. E, ainda de acordo com Vargas Llosa (1996, p.12), também cabe ao leitor, em seu regresso à realidade, após a viagem pelo universo da ficção, aplacar a insatisfação que a realidade imperfeita causa. As mentiras da ficção nunca são gratuitas: elas devem preencher as insuficiências da vida. A ficção deve superar a insatisfação que a realidade causa; deve enriquecer e completar a existência; compensar o ser humano de sua trágica condição, a de desejar e sonhar com o que não pode realmente atingir. Assim, os romances não são escritos para contar a vida, mas para transformá-la após o processo de leitura.

O romance histórico brasileiro: uma trajetória

Alguns anos depois de consolidar-se em seus centros de origem, o romance histórico assentou suas raízes também no Brasil. E da mesma forma, seu surgimento aparece associado à consolidação do próprio romance moderno como gênero, com a instalação em terras americanas dos princípios do romantismo e da forma de divulgação dessa literatura, o folhetim.

44 ANTÔNIO R. ESTEVES

No Brasil, além disso, essas primeiras manifestações literárias coincidem com o período ligeiramente posterior à Proclamação da Independência. Estão, portanto, associadas à necessidade de instalação do conceito de nação brasileira e também da construção de um cânone cultural e literário que reafirmasse as diferenças do novo país ante a antiga metrópole lusitana.

Nesse contexto, as primeiras décadas do Brasil independente veem surgir uma série de narrativas híbridas, divulgadas em forma de folhetins pelos nascentes periódicos, que podem ser consideradas como uma espécie de proto-história tanto do romance como gênero quanto do romance histórico no Brasil, antes de sua consolidação pela pena do cearense José de Alencar (1829-1877).

Assim, Francisco Adolfo de Varnhagen (1816-1878), o visconde de Porto Seguro, "erudito de estofo germânico e educação portuguesa" (Bosi, 1979, p.109), personagem fundamental na fundação e consolidação da historiografia nacional brasileira e divulgador das ideias românticas no País, publica, em 1840, em *O Panorama*, periódico lusitano dirigido pelo escritor romântico Alexandre Herculano (1810-1877), uma *Crônica do descobrimento do Brasil*, que aparece no mesmo ano no Brasil com o título ligeiramente alterado. Trata-se, segundo Massaud Moisés (1984, p.62), de "um voluminho de escassas 60 páginas" que "respira o clima medievalizante" do periódico lusitano. "Misto de ficção e história, mais esta que aquela, o texto relata, à luz da carta de Pero Vaz de Caminha, os dias de Cabral e seus companheiros" (ibidem). Não falta sequer o idílio fictício entre a índia Ypepa e o navegante Braz Ribeiro, sob influência evidente de Scott, via Herculano. O próprio Varnhagen publicaria mais tarde (1852) um "romance histórico", na linha da tradição ibérica, com o título de *Caramuru*, que revive "à custa dos hábitos nativos, as intenções apologéticas de Santa Rita Durão" (Bosi, 1979, p.109). Trata-se, entretanto, nesse caso, de uma composição em versos, que segue a tradicional forma do "romance", que desde a Idade Média relatava feitos heroicos na Península Ibérica.

Na imprensa brasileira recém-surgida, o folhetim adquiria espaço, e os textos publicados misturavam crônicas históricas e ficção,

O ROMANCE HISTÓRICO BRASILEIRO CONTEMPORÂNEO (1975-2000)   45

salpicados do sentimentalismo vigente na Europa, algumas vezes acrescido de exaltações à natureza local. Dentre os vários periódicos dos anos 1830, merecem destaque: *O cronista*, que circulou na capital do Império entre 1836 e 1839, ou o *Jornal dos Debates* e o *Jornal do Comércio*, que circularam entre 1837 e 1838. Neles escreveram, entre outros, Justiniano José da Rocha (1812-1862) e João Manuel Pereira da Silva (1819-1898), nomes pouco conhecidos do cânone literário brasileiro. A eles, no entanto, deve-se a divulgação dos princípios românticos europeus e a produção de narrativas incipientes, muitas vezes traduzidas do francês, que poderiam ser consideradas como antecessoras do romance histórico brasileiro.

O primeiro, por exemplo, traduziu romances históricos franceses, como *O conde de Monte Cristo*, de Alexandre Dumas, em 1845, e *Os miseráveis*, de Victor Hugo, em 1862. Em 1839, publicou, nas páginas do *Jornal do Comércio*, *A paixão dos diamantes,* que sairia no mesmo ano em um volume de cerca de trinta páginas com o título de *Os assassinatos misteriosos ou A paixão dos diamantes*. Relato de estrutura novelesca, melodramático e de suspense, cuja ação ocorre na Paris do tempo de Luís XIV, é recheado de suspense e crimes, bem ao gosto folhetinesco, e tem como personagem secundário Madame de Scudéry (1607-1701), além de alusões a Madame de Maintenon (1637-1719), personagens que circulavam pelos romances históricos franceses do século XIX.

Já Pereira da Silva, "êmulo de Garrett e de Herculano" (Moisés, 1984, p.61), escreveu vários romances históricos: *O aniversário de D. Miguel* (1839); *Jerônimo Corte Real* (1840); *D. João de Noronha* (1840); *Manuel de Morais* (1866); *Crônicas brasileiras do século XVII* (1866) e *Aspásia* (1873). Pelo fato de a ação de suas obras situar-se em Portugal, ele não é considerado como autor do primeiro romance histórico brasileiro (Cândido, 1971, p.123; Moisés, 1984, p.61). *Jerônimo Corte Real*, "Crônica portuguesa do século XVI", no entanto, rompe com algumas das premissas básicas do gênero. Seu protagonista é o escritor português quinhentista homônimo, participante da batalha de Alcácer Quibir ao lado de D. Sebastião, e em suas páginas aparece um Camões que denuncia a loucura da empresa

46 ANTÔNIO R. ESTEVES

que o soberano português está prestes a empreender. Trata-se de um livro bastante lido na época em que foi publicado, e talvez valesse a pena sua releitura depois de tantos anos de esquecimento. Além disso, excluí-lo da história da literatura brasileira pelo fato da ação de sua narrativa não estar localizada no Brasil, pode-se dizer que seja um conceito no mínimo ultrapassado, além de pouco convincente.

Por isso, Antonio Cândido aponta como primeiro romance histórico brasileiro *Um roubo na Pavuna*, de Luís da Silva Alves de Azambuja Suzano (1791-1873), publicado em 1843. No entanto, outras narrativas, embora curtas, no limiar entre novela, romance e narrativa histórica, gêneros híbridos cuja zona fronteiriça é de difícil delimitação, foram publicadas antes dele. Um exemplo é *Virginia ou a vingança de Nassau*, de João José de Souza e Silva Rio (1810-1886), que saiu em 1840.

Joaquim Norberto de Souza e Silva (1820-1861), importante historiador e crítico ligado ao Instituto Histórico e Geográfico Brasileiro, publicou, em 1841, *Duas órfãs*, que alguns críticos classificam como novela e outros como conto (Moisés, 1984, p.64). A ação também ocorre no tempo de Nassau, embora "nenhuma relação guarda com o pano de fundo histórico, salvo o fato de as duas órfãs lutarem bravamente contra os holandeses", segundo afirma Massaud Moisés em seu manual de literatura. Ora, segundo o modelo estabelecido por Scott, poderíamos dizer que o romance histórico do século XIX usa o momento histórico apenas como pano de fundo. Nesse caso, apesar de ser uma história de amor, há que considerar que as duas irmãs lutam contra o invasor estrangeiro, dentro de um pano de fundo bem de acordo com o momento de exaltação nacional construído por Norberto e seus confrades do Instituto Histórico.

Em todo caso, parece não haver dúvida de que o iniciador do romance brasileiro, apesar de seus folhetins ainda pouco resolvidos, seja Antônio Gonçalves de Teixeira e Souza (1812-1861), cujo primeiro romance é *O filho do pescador*, de 1843, embora Massaud Moisés insista em classificar suas obras como novelas, usando critérios pouco convincentes. Entretanto, Antonio Cândido (1971, p.126) que também o coloca com qualidade de "terceira plana", chama a atenção para sua importância histórica, menos por sua qualidade artística que por "representar no Brasil, maciçamente, o aspecto que se convencionou chamar *folhetinesco* do Romantismo" (ibidem). Tampouco hesita em classificar suas obras como romances.

Quatro dos seis romances de Teixeira e Souza podem ser considerados históricos, já que sua ação ocorre no século XVIII: *Tardes de um pintor ou As intrigas de um jesuíta* (1847); *Gonzaga ou a Conjuração de Tiradentes* (1848-1851); *Maria ou A menina roubada* (1852-1853); e *A providência* (1854). Segundo Antonio Cândido (1971, p.133), "se apenas Gonzaga é um romance histórico no sentido estrito, os outros se aproximam do gênero, tanto pela localização temporal e a tentativa de reconstruir os costumes, quanto pelo recurso a fatos ou personagens históricos". Vale destacar, ainda segundo Cândido, a simpatia que o autor devota, ele mesmo mestiço, para com negros e mestiços: a maioria dos escravos é fiel; há um botocudo herói; e especialmente, talvez caso único na literatura de sua época, uma beldade negra.

A vinculação da obra, mesmo que frouxa, de Teixeira e Souza com o romance histórico de Scott faz-se por intermédio dos portugueses Herculano e Garrett. Vale a pena ressaltar, no entanto, a consciência que o escritor tem da importância da utilização da história na obra literária, bem de acordo com os corolários scottianos, o que fica evidente na "Introdução" do *Gonzaga*:

> Quando o romancista toma por fundo de sua obra um fato já consignado na História, e de todo sabido, conquanto esse fato ocorresse revestido de tais, ou tais circunstâncias, nem por isso o romancista está obrigado a dá-lo pela mesma conta, peso e medida, missão esta que só ao historiador compete. A História é a representação dos fatos tais, e quais ocorreram, é o retrato da natureza tal, e qual ela é; e seu fim é, *no presente, a lição do passado para prevenção do futuro,* isto é, instruir; embora os fatos ali consignados deleitem, ou não. O fim, porém do romancista é (se o fundo de sua obra é fabuloso) apresentar quase sempre o belo da natureza, *deleitar, e moralizar.* Se nesse fundo há alguma coisa, ou muito de histórico, então melhorar

as cenas desagradáveis da natureza, corrigir em parte os defeitos da espécie humana; [...] Assim a História [...] oferece o assunto sobre o qual pode o romancista discorrer o seu livre-arbítrio, sem que imponha-lhe o menor freio. (apud Moisés, 1984, p.75, grifos nossos)

No projeto de construção da nacionalidade, deve-se ressaltar ainda o mérito do autor em trazer para o centro da ação de sua ficção, com todos os limites que lhe são peculiares, a questão da Inconfidência Mineira com seus "heróis", cuja construção terminaria consolidando-se apenas depois da Proclamação da República: Gonzaga e Tiradentes.

A maturidade do romance brasileiro, histórico e não histórico, no entanto, finalmente chega menos de uma geração depois, com a figura do principal romancista do período romântico: José de Alencar. Bebendo nas fontes de Scott, o cearense de Mecejana, em sua volumosa obra narrativa, consolida não apenas o ideal nacionalista por meio do indianismo, como também o romance histórico no Brasil, em obras como *O guarani* (1857), *As minas de prata* (1862-6), *Iracema* (1865), *Guerra dos Mascates* (1871) e *Ubirajara* (1874).

Antonio Cândido (1971, p.221) apresenta-o como leitor não apenas de Scott, mas também de Cooper, referindo-se ao famoso manuscrito de *Os contrabandistas,* obra de sua juventude que o próprio escritor divulgou ter-se perdido quando ainda estudava em São Paulo. A variedade saudosista do romance histórico scottiano teve, segundo Otto Maria Carpeaux (1987, p.1166), seus maiores seguidores na América, entre os quais se destacam Cooper e o próprio Alencar. O indianismo de Cooper, no entanto, não pode ser interpretado como um anseio de trazer para o burguês norte-americano o ideal de nobreza por meio da idealização do indígena. Tal anseio está mais bem representado na obra dos escritores latino-americanos, em que as elites, não sendo puramente europeias e nobres, procuravam fora da nobreza europeia esse ideal. "Eis por que o brasileiro José de Alencar, político conservador, autor do notável romance scottiano *As minas de prata,* idealizou em *O guarani* e *Iracema* os índios de sua terra" (ibidem, p.1.168).

O ROMANCE HISTÓRICO BRASILEIRO CONTEMPORÂNEO (1975-2000)   49

Apesar do que possa trazer de verdadeiro, dentro do gênero de intenções ambíguas que é o romance histórico, a afirmação do ilustre crítico austríaco radicado no Brasil deve ser matizada. Antonio Cândido (1971, p.223), que vê em Alencar "o único escritor de nossa literatura a criar um mito heroico, o de Peri", aponta a riqueza da obra do escritor a partir da tentativa de superar uma série de desníveis e desarmonias que produzem em sua obra várias fissuras, que acabam sendo produtivas, construindo sua principal qualidade. A primeira dessas desarmonias é tentar conciliar, fascinado como Scott por castelos e cavaleiros, a curta e frágil história do novo país com uma ancestral tradição, que no fundo pretendia negar. Trata-se do desejo de submeter a realidade contraditória de um país de aventureiros escravistas que veem a exuberante natureza apenas como fonte de exploração e lucro fácil, à vontade de construir uma nação com fortes vínculos, também ambíguos, com a natureza e com a tradicional nobreza de caráter, também idealizada pelo romantismo, que não aceitava as mudanças trazidas pelos ventos da industrialização.

Assim, conclui o ilustre crítico, a arte de José de Alencar é mais consciente e bem estruturada do que se poderia imaginar à primeira vista. Seu estilo fabuloso, descoberto e desenvolvido já em *O guarani*, compõe "uma atmosfera de cores, formas e brilhos para celebrar a poesia da vida americana [...] construindo, por vezes certas visões sintéticas de um luminoso impressionismo" (Cândido, 1971, p.233). Enfim, "a poesia e a verdade de sua linguagem, permitiram-lhe adaptar-se a uma larga escala de assuntos e ambientes" (ibidem, p.234), "contrabalançada por boa reflexão crítica" (ibidem, p.235). Como resultado ele consegue "exprimir, o mais proximamente possível, a beleza inexprimível da terra e da gente rude que prolongava sua fascinante poesia" (ibidem, p.365); e produz uma literatura nacional "como expressão da dialética secular que sintetiza em formas originais e adequadas a posição do espírito europeu em face da realidade americana" (ibidem, p.368).

Rodríguez Monegal (1984), em um lúcido ensaio sobre o romance histórico latino-americano, aponta *As minas de prata* como uma das obras mais importantes do escritor brasileiro. Nessa obra, que traça um panorama complexo da vida colonial brasileira de princípios do século XVII, Alencar bebe diretamente nas fontes de Scott. No entanto, ao contrário de seu mestre, que é parco em digressões, concentrando a ação em poucos fios narrativos e em um espaço restrito, o romancista brasileiro dispersa a matéria narrativa, procedimento comum nos folhetins. O modelo de Alencar aqui certamente é o francês Eugène Sue (1804-1857), em cuja obra *Le juif errant* (1845) também se encontra uma visão exageradamente negativa, quase diabólica, dos jesuítas.

Rodríguez Monegal observa, ainda, que não passou despercebido de Alencar em sua obra um fato sobre o qual boa parte dos críticos silencia: o fato de Scott reconstruir a história britânica desde a perspectiva de uma cultura marginal, como escocês que era. O escritor brasileiro, consciente da importância da dialética cultural implícita em seu mestre, que situa a ação de seu clássico *Ivanhoe* em um instante de crise histórica, acaba transportando o mesmo fato para *As minas de prata*. Desse modo, ele coloca como protagonista de seu romance Estácio, um jovem pobre a quem a sociedade havia designado um papel secundário e que por sua inteligência, valor e virtude, é alçado à categoria de herói e triunfa sobre rivais socialmente mais importantes. Isso se dá, de acordo com Rodríguez Monegal, pelo fato de que o próprio Alencar se enxergava como um escritor periférico. Oriundo da longínqua e pobre província do Ceará, ele era filho natural de um sacerdote católico de clara atuação liberal, ao contrário do filho que sempre foi conservador. A clássica polêmica com o imperador teria ajudado a azedar ainda mais o sentimento de não pertença do amargo escritor com relação à sociedade de seu tempo, organizada em torno da corte e das benesses distribuídas por Sua Majestade.

Sobre o romance histórico de Alencar, o trabalho definitivo até o momento parece ser *A perda das ilusões: o romance histórico de José de Alencar*, de Valéria De Marco (1993). Mediante uma leitura perspicaz em que se vale da análise estilística dos textos literários com a contextualização histórica de sua produção, a autora traça o que chama de "história de perda das ilusões" do escritor. E seguindo a trajetória de seus romances históricos, de *O guarani* (1857) a *Guerra*

O ROMANCE HISTÓRICO BRASILEIRO CONTEMPORÂNEO (1975-2000)   51

dos Mascates (1871), passando por *As minas de prata* (1862-1866), explicita a "dissolução das expectativas heroicas" presente nesse percurso.

Desse modo, dentro da peculiar visão conservadora alencariana, fica claro que *O guarani*, "narrando um passado tão heroico que caminha para o mito, ele quer cicatrizar as fendas abertas pelos conflitos..." (De Marco, 1993, p.91). Harmonizar tais contradições, no entanto, é possível apenas no nível discursivo, e o próprio escritor, intelectual atuante e lúcido, acaba conscientizando-se, com o passar do tempo, de que "tomar o passado heroico, premiar virtuosos e encontrar projeto capaz de conciliar grandes forças divergentes era enredo romântico, que andava em baixa cotação na bolsa de valores e críticos." (ibidem, p.220). Daí por que o tom de *Guerra dos Mascates* é claramente satírico, "um enredo sem final feliz e sem eventos históricos, que remete à desilusão do autor e à degradação do possante romance histórico romântico" (ibidem, p.218).

A consciência dessa degradação, já presente em Alencar, tardará, entretanto, a ser alcançada. E assim os escritores brasileiros, em geral, seguirão escrevendo romances históricos heroicos até bem adentrado século XX. Uma vez consolidado o gênero pela pluma de Alencar, a produção de romances históricos segue a todo vapor. Conciliando duas vertentes de seu romance: o romance histórico, de raízes scottianas, mas com a questão da nacionalidade em pauta, reforçada pela eficaz descrição da natureza local; e o romance regionalista, que desloca a ação para o interior ou para regiões periféricas do império, reforçando a ideia de uma unidade nacional costurada a partir de uma série de fragmentos locais; alguns de seus seguidores produzem um romance histórico de cunho regionalista.

Entre eles, vale a pena citar o mineiro Bernardo Guimarães (1825-1884), autor de *O ermitão de Muquém* (1864), *Maurício ou Os paulistas em São João d'El Rei* (1877), ou *O bandido do Rio das Mortes* (1905), romances cuja ação ocorre normalmente no interior das Minas Gerais do século anterior. Mais que a reconstituição do momento histórico, predomina nessas obras a descrição de quadros naturais bastante rústicos.

52   ANTÔNIO R. ESTEVES

Já o cearense Franklin Távora (1842-1888), que a partir de 1870 promove uma intensa campanha em defesa do regionalismo, publica três romances históricos. O primeiro deles, e o mais conhecido, é *O Cabeleira* (1876), que conta a história do cangaceiro José Gomes (1751?-1776), o Cabeleira, no contexto da seca do sertão nordestino. Em *O matuto* (1878) e *Lourenço* (1881), o escritor transfere a ação para a Recife do tempo da Guerra dos Mascates. Segundo Lúcia Miguel-Pereira (1957, p.50), "o romancista histórico terá que ser ao mesmo tempo um colorista, para dar relevo ao ambiente, e um analista, para comunicar às figuras, reações humanas que se sobreponham às peculiaridades do tempo". Ao escritor cearense faltaria a segunda qualidade, na qual residiria sua principal carência, impedindo que seus romances sejam considerados obras-primas do gênero.

Por quase um século ainda, os romances históricos seguem mantendo a preferência do público, certamente impulsionados pela característica mais importante associada a seu surgimento: a tentativa explícita de agradar o leitor, uma das marcas do folhetim. Nesse período, no entanto, nenhuma grande obra surgiu. Mesmo tendo adotado algumas das marcas do realismo-naturalismo, como certo preciosismo utilizado na reconstituição dos ambientes, alguns dos elementos básicos usados por Alencar seguiram vigentes, como a exaltação da natureza ou a construção de heróis idealizados de modo exagerado.

Um "subterfúgio empregado pelos escritores para obterem maior liberdade de movimentos consistiu no recurso a episódios históricos, cuja reconstituição não ferisse susceptibilidades", informa Lúcia Miguel-Pereira (1957, p.37) em seu clássico ensaio no qual analisa a produção em prosa na literatura brasileira do período. É o caso, entre outros, de Araripe Júnior (1848-1911) com *O reino encantado* (1878), que trata dos acontecimentos de Pedra Bonita, no interior nordestino, imortalizados ademais por outros autores; e *Quilombo de Palmares* (1882), sobre a rebelião de escravos mais conhecida no Brasil colonial. Essas obras, bem como praticamente toda a ficção de Araripe, acabariam caindo no esquecimento, tendo seu autor se perpetuado como crítico e historiador.

O ROMANCE HISTÓRICO BRASILEIRO CONTEMPORÂNEO (1975-2000)   53

Pode-se afirmar que Júlio Ribeiro (1845-1890) seja um caso ímpar na literatura brasileira. Tendo escrito uma das obras mais polêmicas de seu tempo, o popular romance *A carne*, publicado em 1888, normalmente ele é relegado ao limbo pelos manuais de literatura. Seguindo o canônico José Veríssimo, Alfredo Bosi (1979, p.217), caso extremo, chega a dizer que sua obra deve ser considerada "mero apêndice do Naturalismo", na brevíssima nota de rodapé que dedica ao autor e a Horácio Carvalho, depois de tê-la caracterizado como distorção psicológica grosseira (ibidem, p.193). Massaud Moisés (1984, p.437), no entanto, refutando tanto José Veríssimo quanto Álvaro Lins, afirma com Manuel Bandeira que a obra de Ribeiro, um dos livros mais lidos da literatura brasileira, não merece ficar fora do cânone literário, "uma vez que desconhecê-lo seria empobrecer o nosso espólio literário e colaborar para uma visão deficiente do Naturalismo entre nós".

Deixando de lado a polêmica sobre a história das campestres aventuras amorosas entre Lenita e Manuel, que não interessa ao tema deste trabalho, há que apontar que o abolicionista e anticlerical Júlio Ribeiro começou sua breve carreira literária com um romance histórico. O *Padre Belchior Pontes* (1876), considerado o primeiro romance histórico paulista por Antônio Celso Ferreira (2002, p.175), "foi publicado em parte, originalmente, nos moldes dos folhetins, em um jornal de Sorocaba dirigido pelo escritor e só depois saiu em livro, em 1876".

O romance está a meio caminho entre o naturalismo que daria fama a seu autor e os princípios românticos, tanto tomados de José de Alencar, com certeza seu modelo, quanto de Alexandre Herculano, cujo *Eurico, o presbítero* marcou o idílio entre Branca Taques e o jesuíta que dá nome à obra. Boa parte de sua ação transcorre durante o episódio da Guerra dos Emboabas (1708-1709), travada entre paulistas e portugueses pela posse da recém-descoberta riqueza aurífera na região das Minas.

Embora as descrições da exuberante natureza ocupem destacado papel de acordo com o modelo alencariano, a riqueza principal desse romance de Júlio Ribeiro está na exaltação da ação dos paulistas no processo de colonização de Minais Gerais. Isso lhe dá, como muito bem aponta Antonio Celso Ferreira (2002), um lugar de destaque no processo de construção da "epopeia bandeirante", iniciado na segunda metade do século XIX e consolidado nas primeiras décadas do século XX. Desse modo, da mesma forma que Alencar, algumas décadas antes, tinha ajudado a consolidar com seus romances históricos a nacionalidade brasileira, Ribeiro, seguindo seus passos, faz o mesmo com São Paulo.

Em sua bela leitura de *Padre Belchior Pontes,* Ferreira (2002, p.179-94) aponta a presença do modelo alencariano, entre outros tópicos, por meio da luta entre o homem e a natureza, imortalizada no episódio da luta entre Peri e a onça em *O guarani.* Diferentemente de seu mestre, no entanto, Ribeiro coloca um bandeirante (Rui Gonçalo) e não um nativo para lutar com a suçuarana, além de enriquecer o episódio com elementos científicos. Mas, se em Alencar a luta serve para manifestar o amor de Peri por Ceci, Ribeiro fará que Rui Gonçalo lute com a fera para salvar seu filho. O propósito de salvar a genealogia, assim, se explicita de modo exemplar.

José Antônio Pereira Ribeiro (1976), em *O romance histórico na literatura brasileira,* tenta traçar uma trajetória do romance histórico brasileiro desde suas origens. Trata-se de um trabalho tortuoso e sem nenhuma metodologia, embora o autor se valha de obras canônicas, como o trabalho de Lukács sobre o romance histórico; a *Formação da literatura brasileira,* de Antonio Cândido; ou o clássico ensaio de Lúcia Miguel-Pereira. O objetivo maior do livro é, certamente, louvar a produção de Paulo Setúbal (1893-1937), um dos mais populares escritores paulistas da primeira metade do século XX. Para fazer isso, entretanto, Ribeiro traça um histórico do gênero no País e comenta uma série de autores pouco conhecidos ou desprezados pelo cânone, oferecendo informações de difícil acesso.

Chama a atenção nessa visão panorâmica uma série de romances históricos que se referem a episódios históricos durante muitas décadas relegados ao esquecimento pela historiografia hegemônica, como são os vários movimentos revolucionários ocorridos durante o século XIX, especialmente durante o período da Regência, que colocam em

O ROMANCE HISTÓRICO BRASILEIRO CONTEMPORÂNEO (1975-2000)   55

xeque a ideia de unidade territorial e cultural apregoada pela história oficial centralizada na corte. São, em geral, obras de escritores locais ou obras secundárias de escritores canonizados pela historiografia literária. Embora o modelo seguido seja aquele instaurado pela obra de José de Alencar e seus epígonos, tais obras negam o cânone alencariano, preocupado em criar e fortalecer um ideal de nação que incluía a unidade em torno a alguns elementos básicos, uma vez que acabam por exaltar de certa forma o nacionalismo centralista.

Seguindo a ordem cronológica de publicação, o primeiro desses romances citados por Ribeiro (1976) é *Os farrapos* (1877), de Luís Alves Leite de Oliveira Bello (1851-1914). Publicado originalmente em folhetim no jornal *A reforma* (Assis Brasil et al., 1999, p.137), essa obra teve edição em livro no ano seguinte. Trata-se de um dos primeiros romances históricos publicados sobre esse movimento que agitou o extremo sul do País por uma década e que talvez seja o principal movimento contra a centralização imposta pela monarquia sediada no Rio de Janeiro.

Vida e morte de Natividade Saldanha (1932), de Argeu Guimarães, "outro excelente romance histórico que, para alguns, não passa de um livro biográfico" (Ribeiro, 1976, p.54), conta a história de Natividade Saldanha (1796-1832), que participou da Revolução de 1817 e da Confederação do Equador de 1824, morrendo no exílio, na Colômbia, para onde teria viajado para solicitar o apoio de Simón Bolívar para os revoltosos brasileiros.

Viriato Correia (1884-1967) foi um nome conhecido na primeira metade do século XX graças às narrativas históricas, especialmente crônicas históricas e historietas, destinadas ao leitor comum e em especial aos estudantes. Em 1927, entretanto, publicou *A Balaiada*, "Romance do tempo da Regência" que trata do movimento popular ocorrido no Maranhão entre 1838 e 1841, também contra o governo central. Ainda sobre as rebeliões do Maranhão, Ribeiro cita *A Setembrada* (1931), de Dunshee de Abranches, que trata da Revolução Liberal de 1831 naquela província.

Da mesma forma, o romance histórico tem um papel primordial na exaltação da epopeia paulista traçada no período áureo da integração dessa região, até então periférica, ao centro do processo econômico e político do Brasil. Esse processo histórico ocorreu na segunda metade do século XIX e seu fato mais relevante talvez seja a supressão do regime monárquico e a instalação da República. Nesse processo, estudado por Ferreira (2002), destaca-se a obra do escritor paulista Paulo Setúbal (1893-1937). Sua grande popularidade deve-se a suas obras iniciais: *A marquesa de Santos* (1925), *O príncipe de Nassau* (1926) e *As maluquices do imperador* (1927). Os romances diretamente associados à construção da identidade paulista são posteriores: *A bandeira de Fernão Dias* (1928); *Os irmãos Leme* e *Ouro de Cuiabá* (1933); *O El-Dorado* (1934); *O romance da prata* e *O sonho das esmeraldas* (1935).

A obra mais lida de Setúbal, *A marquesa de Santos*, foi escrita no âmbito das comemorações do Centenário da Independência que movimentaram o País. A pujante São Paulo soube aproveitar a efeméride, uma vez que em seu território ocorreu o célebre grito de sete de setembro. Nesse contexto, os paulistas buscaram integrar "a 'comunidade imaginária' paulista numa mesma representação, dramatizando o ato fundador da nacionalidade como parte de um feito coletivo em que São Paulo desponta como presença nuclear da história brasileira" (Ferreira, 2002, p.270).

Pode parecer contraditório, mas o ano de 1922, que acabou passando à história literária como o ano da introdução nas vanguardas no País, viveu da apropriação do episódio até então mais importante da história do País: a Independência. Não apenas pela inauguração, mesmo sem concluir, do imponente, e ao mesmo tempo polêmico, como toda obra pública costuma ser neste país, Monumento da Independência, com seu museu anexo, às margens do riacho do Ipiranga, no mesmo lugar onde teria sido emitido o grito pátrio, mas também pelo relato açucarado e ao mesmo tempo apimentado da história da mulher paulista mais famosa de sua história, Domitila de Castro Canto e Melo (1797-1867), futura marquesa de Santos, amante do primeiro imperador brasileiro e, mais tarde, esposa do brigadeiro Rafael Tobias de Aguiar (1785-1857), patrono da Polícia Militar de São Paulo.

O ROMANCE HISTÓRICO BRASILEIRO CONTEMPORÂNEO (1975-2000)

Motivado pelas dezenas de milhares de exemplares vendidos, como nos folhetins do século anterior, Setúbal decidiu continuar as aventuras do régio casal, dessa vez mudando o foco para o proclamador da Independência do Brasil, em *As maluquices do imperador*. Apesar do tom até certo ponto oficialista dos romances de Setúbal, deve-se considerar que a popularização e até mesmo a banalização da vida privada do primeiro imperador do Brasil ajudavam a dessacralizar os protagonistas da história oficial, humanizando-os e trazendo-os para mais perto da população. Da mesma forma, ajudava-se a perpetuar certos estereótipos do homem brasileiro, presentes em D. Pedro I e em seus auxiliares mais próximos, como o conselheiro Gomes, o Chalaça: a picardia, a liberdade sexual e a exaltação da infidelidade conjugal. Tais elementos seriam aproveitados, posteriormente, em produções históricas, como o romance *O Chalaça* (1994), de José Roberto Torero, transformado em seriado de televisão, ambos assentados no livro de Setúbal.

Já "a epopeia da nossa raça, a epopeia das Bandeiras e da descoberta do ouro" (Ribeiro, 1976, p.106), traçada por Setúbal em uma série de romances a partir de 1928, parece seguir em direção oposta. Essa exaltação do mito bandeirante surge em um momento em que São Paulo começa a sofrer os primeiros sintomas da decadência da cultura cafeeira. A crise econômica das elites cafeeiras do estado, de certa forma, era mais retórica que real, já que a monocultura cafeeira, baseada inicialmente em mão de obra escrava e mais tarde na exploração dos imigrantes, dependia dos fortes subsídios estatais que a crise mundial de 1929 havia feito escassear.

A perda do poder no Rio de Janeiro e a mudança de rumo do novo governo, do qual São Paulo tinha perdido o controle, fizeram que a classe política local embarcasse no fiasco da revolução de 1932, derrotada pelo governo central. Aos paulistas não restou nada mais que lamber as feridas, fechando-se em uma exaltação cega de sua superioridade bandeirante. Observe-se que cinco dos livros de Setúbal sobre esse tema são posteriores a essa data, evidentemente com o objetivo de levantar o orgulho paulista, ferido pela derrota de 1932. Trata-se de uma das velhas premissas do romance histórico scottiano, já estudada por Lukács: trazer as glórias (construídas discursivamente, é claro) do passado para ajudar a superar as crises do presente.

Na mesma categoria dos romances de Setúbal incluem-se obras como o *Jaraguá* (1936) ou o *Amador Bueno, o rei de São Paulo* (1937), de Alfredo Ellis Júnior (1896-1974), "principal ideólogo da raça paulista" (Ferreira, 2002, p.246). O primeiro deles, cuja ação ocorre em sua maior parte no período colonial, entre 1721 e 1723, fase gloriosa da exploração paulista do ouro do interior por intermédio de suas bandeiras, é um exemplo disso. Nele a ação salta, depois, exatamente para o período de 1930 a 1932, para concluir no desastre da revolução constitucionalista. O livro, totalmente extemporâneo, é posterior às obras da primeira fase do modernismo vanguardista e contemporâneo às grandes narrativas nordestinas dos anos 1930. Aferra-se, segundo Antônio Celso Ferreira (2002, p.337), ao modelo romântico, podendo "até mesmo, prestar-se a leituras intertextuais, se cotejadas às páginas de José de Alencar, mestre do gênero, ou de Júlio Ribeiro, pioneiro na temática do sertanismo paulista".

Romances históricos mais ou menos tradicionais continuaram sendo publicados ao longo de praticamente todo o século XX. Boa parte deles, no entanto, rompe com um dos pressupostos básicos apontados por Lukács para o modelo fixado por Scott: a ficcionalização de personagens históricos. E seguindo o parâmetro instaurado pelos sucessores de Alencar, muitos deles transferem a ação para as diversas regiões, seguindo os passos do regionalismo. Entretanto, poucos dos grandes escritores regionalistas que deram consistência a essa forma de escrita que marcou o segundo momento do modernismo brasileiro escreveram romances históricos. E quando utilizaram esse gênero, essas não foram suas obras principais. É o caso de José Lins do Rego, cujas obras *Pedra bonita* (1938), que trata do mesmo episódio já romanceado por Araripe Júnior no século XIX, e *Cangaceiros* (1953), que trata do tema já visitado por Franklin Távora, também no século XIX, não figuram entre suas obras mais importantes. As demais obras do escritor, embora apresentem painéis históricos bem elaborados da decadência do ciclo da cana-de-açúcar na Paraíba, por exemplo, não poderiam ser consideradas romances históricos.

O mesmo ocorre com Jorge Amado e seu ciclo de romances sobre a produção cacaueira da região de Ilhéus e Itabuna. Embora a ação de *Terras do sem fim* (1942) e de *São Jorge dos Ilhéus* (1944) retroceda ao início do século e o painel histórico esteja animado pelo tom épico da luta entre os coronéis e exportadores (Bosi, 1979, p.457), normalmente o criador de Gabriela não é apontado como autor de romances históricos. A crítica hesita em incluí-lo no cânone, preferindo ver nele "apenas um baiano romântico e sensual" (ibidem, p.455), quando não um escritor panfletário cuja boa parte de sua obra "se dissolve no pitoresco, no 'saboroso', no 'gorduroso', no apimentado do regional" (ibidem, p.457). Uma obra mais recente, no entanto, pode ser considerada um romance histórico: *Tocaia grande*, de 1984.

Não há dúvida de que a obra-prima do romance histórico com traços regionais seja o imenso painel composto pela trilogia *O tempo e o vento*, do gaúcho Érico Veríssimo (1905-1975), publicada entre 1949 e 1961. O primeiro volume, *O continente*, publicado em 1949, traça as origens e trajetória da família Terra-Cambará desde o início da ocupação do território do Rio Grande do Sul, no século XVIII, até a Revolução Federalista de 1893. O segundo volume, de 1951, *O retrato*, segue a narrativa até 1945, com a caída de Getúlio Vargas, embora centralize a ação nas primeiras décadas. O terceiro volume, *O arquipélago*, publicado dez anos mais tarde, praticamente retoma o período do volume anterior, reiterando o fim do período Vargas. Trata-se, no entanto, de uma espécie de metaficção, já que nele se descobre que Floriano Cambará está escrevendo a saga familiar que o leitor tem diante dos olhos.

> A história de duas famílias [...], atravessando dois séculos de vida perigosa é o fio romanesco que une os episódios do ciclo e embasa as manifestações de orgulho, de ódio, de amor e de fidelidade; paixões que assumem uma dimensão transindividual e fundem-se na história maior da comunidade. (Bosi, 1979, p.460)

Mais que a história de uma comunidade, a história de uma região, a história do próprio País.

60   ANTÔNIO R. ESTEVES

Sobre a obra-prima de Veríssimo e consequentemente da literatura gaúcha, que pode ser considerado o romance histórico mais importante da literatura brasileira do século XX, muito se tem escrito ao longo dos últimos cinquenta anos. Merece especial destaque o volume *Érico Veríssimo: o romance da história*, escrito em conjunto por Sandra Jatahy Pesavento, Jacques Leenhardt, Lígia Chiappini e Flávio Aguiar, publicado em 2001.

O Estado de S. Paulo de 29 de novembro de 1958 trazia uma interessante matéria em que Otto Maria Carpeaux (2005, p.446-51), a propósito da publicação do romance *João Abade*, de João Felício dos Santos, faz uma reflexão sobre o romance histórico. O romance em questão, publicado naquele ano, traz como protagonista o jagunço João Abade, participante da Guerra de Canudos, e propõem uma revisão histórica, por meio da ficção, do tão discutido episódio da história brasileira, imortalizado pela escrita de Euclides da Cunha. A obra de Felício dos Santos, no entanto, ao contrário de muitas das obras que tratam do episódio e que tendem a colocar o foco narrativo no branco civilizado, pretende inverter esse foco, dando voz ao vencido.

Chama a atenção, nesse ensaio, a lucidez do crítico austríaco sobre o gênero, que, segundo muitos historiadores da literatura, começava a assimilar importantes modificações, advindas não apenas da mudança da concepção da história ocorrida ao longo da primeira metade do século, mas também da forma de se encarar o próprio gênero romance, ocorrida na transição do século XIX para o XX, especialmente após as vanguardas. Embora o crítico apresente praticamente o mesmo panorama do romance histórico que inclui no capítulo de sua *História da literatura ocidental* ao tratar de Scott e da fundação do gênero, aponta para as características do gênero que predominariam na segunda metade do século XX. A principal delas aparece no romance de João Felício dos Santos: "O autêntico romance histórico realiza uma 'revisão de valores', ressuscitando os vencidos, dando uma voz aos que a História, essa *fable convenue*, silenciou" (Carpeaux, 2005, p.449).

Nesse contexto, vale a pena destacar as obras de João Felício dos Santos, cuja lista de romances é ampla e aparece arrolada no Apêndice deste trabalho. Todas elas pretendem trazer para o centro das discussões, por meio da literatura, momentos históricos ou personagens históricos que a história convencional, ou hegemônica, fez questão de ignorar e, em muitos casos, até mesmo de silenciar.

Da mesma forma, podem encaixar-se na mesma categoria as obras de Agripa de Vasconcelos (1900-1969). Embora ainda preso a alguns dos velhos cânones alencarianos, como as descrições de ambientes locais, o escritor mineiro traçou em vários romances um interessante painel da história de seu Estado, trazendo para o centro da ação personagens como Xica da Silva, Chico Rei, dona Beija, ou outros excluídos sociais, raciais ou "de gênero".

Para concluir esse rápido passeio panorâmico pela trajetória do romance histórico no Brasil, desde suas origens até os anos 1970, é necessário fazer algumas observações sobre o romance histórico de autoria feminina. Embora o romance histórico seja um gênero associado à escrita masculina desde suas origens, pode-se encontrar também nesse campo uma progressiva presença feminina. Cristina Sáenz de Tejada (2004, p.69-98) oferece um interessante panorama dessa trajetória, dividindo-o em três momentos.

O primeiro, circunscrito ao século XIX, trata das obras que fundam a nacionalidade e teria começado já em 1859, quando Ana Luíza de Azevedo Castro (1823-1869) publicou o primeiro romance histórico de autoria feminina de que se tem notícia na literatura brasileira. *Dona Narcisa Vilar: legenda do tempo colonial* trata do início da colonização brasileira, seguindo o modelo scottiano.

Ao segundo momento, a partir dos anos 30 do século XX, pertencem obras que ainda seguem o modelo tradicional, e embora construam um pano de fundo histórico no qual ocorre a ação dos romances, a história adquire maior importância no enredo ficcional. Dele fazem parte obras como *Diamantes pernambucanos* (1933), de Josefa Farias, que faz uma releitura da Inconfidência Mineira por meio da ficção; *A infanta Carlota Joaquina* (1937), da feminista Cecília Bandeira de Mello (1870-1940); *Florinda, a mulher que definiu uma raça* (1938), de Cacilda de Resende Pinto, com ação no Maranhão do século XIX; ou *Luz e sombra* (1944), de Maria José Monteiro Dupré (1905-1984).

Já o terceiro momento é aquele que inicia na década de 1950. Merecem destaque duas obras. A primeira é *Seara de Caim* (1952), de Rosalina Coelho Lisboa (1900-1975), diplomata e jornalista, militante feminista nos anos 1930, escritora, premiada pela Academia Brasileira de Letras em 1921 pela sua obra *Rito pagão*. A outra é *A muralha* (1954), de Dinah Silveira de Queirós (1917-1982), escrito no contexto das celebrações do IV Centenário da Cidade de São Paulo e que recebeu o Prêmio Machado de Assis da Academia Brasileira de Letras nesse mesmo ano. Esse romance pode ser enquadrado na categoria das epopeias paulistas, dessa vez vista sob o olhar feminino. Em 2000, no contexto do V Centenário do Descobrimento do Brasil, a Rede Globo de Televisão transformou com sucesso esse romance em um seriado televisivo.

O romance histórico brasileiro contemporâneo: aspectos gerais

Um mar de narrativas: versões antagônicas

Apesar de centralizar as análises em obras da literatura hispano--americana, Seymour Menton (1993, p.15-27), em *La nueva novela histórica de América Latina, 1979-1992*, não exclui o Brasil do fenômeno que ele chama de "novo romance histórico". No início do trabalho aparece uma lista com mais de trezentos romances publicados na América Latina nesse período, obras que ele classifica como "mais tradicionais" (ibidem): 62 delas são brasileiras. Da mesma forma, entre os 58 romances que ele acredita preencher as características de "novo romance histórico", sete são brasileiros. São eles: *Galvez imperador do Acre* (1976), *Mad Maria* (1978) e *O primeiro brasileiro* (1986), do amazonense Márcio Souza; *Em liberdade* (1981), do mineiro Silviano Santiago; *Viva o povo brasileiro* (1984), do baiano João Ubaldo Ribeiro; *A casca da serpente* (1989), do goiano José J. Veiga e *Memorial do fim (A morte de Machado de Assis)* (1991), do paraense Haroldo Maranhão. Cinco delas serão analisadas nos capítulos seguintes.

O ROMANCE HISTÓRICO BRASILEIRO CONTEMPORÂNEO (1975-2000) 63

Mais de uma centena de títulos, no entanto, poderia complementar tal lista, conforme relação completa anexa a este trabalho. Tratam-se de algumas obras não citadas pelo crítico canadense, publicadas no período abarcado por sua pesquisa, nas duas categorias. Outros 120 títulos, entretanto, referem-se a publicações posteriores a 1992, ano em que ele encerra sua lista. Isso apenas corrobora a tendência do crescimento do gênero em terras brasileiras. Por uma questão prática, encerramos nossa pesquisa no ano 2000, mas um rápido passeio pelas livrarias, catálogos de editoras ou sites de venda comprova que a lista poderia continuar. Mesmo assim, a referida lista não pretende ser definitiva, já que a extensão territorial do País e a grande quantidade de editoras que surgem a cada ano, muitas delas de porte pequeno e distribuição restrita, dificultam a catalogação dos romances publicados.

Dessa forma, mesmo que o fenômeno da nova modalidade de romance histórico não tenha atingido no Brasil as mesmas proporções que em seus vizinhos de língua espanhola, não se pode ignorar sua existência. Nota-se nos últimos anos uma excepcional proliferação de romances históricos. Enquanto de 1949 até o final da década de 1970 encontramos 92 publicações; nos anos 1980 o número passa para 77 publicações, mais que o dobro de publicações. Na década de 1990, chega-se à cifra de 147 publicações, superando a média de uma publicação mensal.

Muitas dessas obras transformaram-se em grandes sucessos de venda e várias receberam importantes prêmios. Marilene Weinhardt (2006), estudiosa do romance histórico brasileiro contemporâneo, aponta, em um ensaio recente, 16 romances históricos que receberam o Prêmio Jabuti, entre 1981 e 2000, alcançando a média de quase um romance histórico por ano. Também é considerável a relação desses livros que ultrapassaram as fronteiras nacionais, tendo sido traduzidos a várias línguas, em um espaço de tempo relativamente curto. Há mesmo o caso de alguns transformados com sucesso em filmes ou seriados de televisão. É curioso notar que até mesmo uma figura conhecida da mídia nacional, como o humorista Jô Soares, ao escolher a forma de seu primeiro romance, acabou optando pelo romance

64 ANTÔNIO R. ESTEVES

histórico. E foram duas as obras por ele escritas, no período, logo transformadas em sucesso de vendas: *O xangô de Baker Street* (1995), que já passou às telas, e *O homem que matou Getúlio Vargas* (1998). "Nunca me passou pela cabeça escrever um romance histórico", declarava com veemência João Silvério Trevisan, numa entrevista ao jornal *O Estado de S. Paulo*, em 1995, pouco depois do lançamento de *Ana em Veneza*. "Não gosto de romances históricos e não considero que *Ana em Veneza* seja um romance histórico" (Castello, 1995). Seu romance, no entanto, um dos mais importantes publicados na década de 1990, tem o músico brasileiro Alberto Nepomuceno (1864-1920) como um dos protagonistas, e por suas páginas desfilam personagens que saíram diretamente das páginas da história e discutem temas fundamentais para a cultura brasileira do final do milênio: o que é modernidade e pós-modernidade; qual a relação entre a arte e a realidade; qual a identidade do brasileiro; qual o papel da mestiçagem cultural em nossa história; qual o papel do intelectual em um país periférico como o Brasil; entre outras.

Talvez por tratar de temas tão universais, o escritor não aceite que seu livro seja classificado como romance histórico. Ou talvez, especialmente, pelo fato de que em seu entendimento o romance histórico deve obedecer ainda aos parâmetros estabelecidos por Sir Walter Scott no início do século XIX.

A narrativa de Trevisan, no entanto, está permeada por uma minuciosa reconstituição histórica tão cheia de detalhes que muitas vezes beira um barroquismo exagerado, ou se aproxima da reconstituição arqueológica, tão comum nos romances do final do século XIX. Mantém, ainda, um claro diálogo com uma enorme quantidade de textos históricos e literários, em um tom altamente paródico e carnavalizado, dentro daquilo que se convencionou chamar de pós-modernidade.

Outros escritores da mesma safra, no entanto, não se amedrontam com a pecha negativa que o rótulo de romance histórico poderia trazer a suas obras e tentam explicar a nova tendência apoiando-se, sobretudo, na boa recepção por parte do mercado. Isaías Pessotti é um deles. Professor universitário na área de Psicologia, já foi considerado

O ROMANCE HISTÓRICO BRASILEIRO CONTEMPORÂNEO (1975-2000)

inventor do *thriller* erudito no Brasil, sendo comparado a Umberto Eco. Conheceu o êxito como romancista a partir da publicação, em 1993, de *Aqueles cães malditos de Arquelau*, cuja ação ocorre na Idade Média europeia, obra que mereceu o Prêmio Jabuti de Melhor Livro de Ficção. Depois vieram *O manuscrito de Mediavilla* (1995) e *A lua da verdade* (1997), onde se repete a receita do sucesso aprendida no primeiro romance: ação em um tempo distante e muita aventura.

Pessotti (1994), na mesma direção do historiador Peter Burke (1994), também acredita que uma das explicações para o sucesso editorial dos romances históricos seja o "turismo temporal". Como ainda restam poucos lugares desconhecidos na face da terra, o homem atual tenta saciar sua sede do exótico em viagens temporais realizadas por meio da leitura. Daí a proliferação de livros de memórias, biografias, autobiografias, narrativas históricas romanceadas ou romances históricos: gêneros híbridos relacionados com a história. No romance histórico, de acordo com Pessotti, o passado pode ser vivido como uma aventura já consumada e inofensiva. Evita-se, de um lado, a angústia de reviver o cotidiano desagradável ou, de outro, a insegurança da fantasia ilimitada, ameaça de uma separação definitiva com a realidade, que pode levar ao delírio. Para que o prazer da aventura não se desgaste na ansiedade, é necessário que não se perca a sensação de poder regressar com segurança à racionalidade. A viagem propiciada pelo romance histórico, continua o psicólogo Pessotti, garante a segurança, inconsciente, de que tudo retornará ao plano do sublime ou do racional em qualquer momento, pois o passado é vivido como uma aventura já consumada. Em vez de uma viagem ao desconhecido, é como se o leitor fizesse uma viagem ao sótão dos avós, onde se podem reviver pessoas, diálogos e episódios, mesmo aqueles mais dramáticos, com a segurança de que, fechada a porta, ou seja, fechado o livro, tudo voltará ao normal.

Embora não haja muitos estudos dedicados a discutir as possíveis causas do crescente aumento de publicações de romances históricos, os estudos existentes são unânimes em apontar o desejo de fuga no passado como um dos fatores que levam os leitores a se interessar, uma vez mais, pelos romances cujas ações se desenvolvem *in illo tempore*.

O êxito que goza o romance histórico na atualidade, não só no Brasil, mas em todo o mundo, encontra na história parte de sua origem. Isso se deve ao fato de que o romance histórico ainda cumpre com uma de suas mais importantes funções, tão bem explicitada por Carlos Mata Induráin (1995, p.60), que vê no gênero uma forma essencial de recuperação da memória coletiva, além de fonte de aprofundamento da liberdade. Isso possibilita ao leitor a compreensão de que as ações humanas no tempo e no espaço podem ser registradas sob diferentes formas, corroborando a forma contemporânea de exergar a própria história como um conjunto de verdades diferentes e não necessariamente excludentes.

De todos os modos, pairam poucas dúvidas de que o momento histórico atual, e pode-se estendê-lo para as últimas décadas não apenas no Brasil, não é dos mais otimistas. Isso leva não apenas o leitor, mas também o escritor a voltarem-se para a utopia do passado, o que poderia explicar, pelo menos parcialmente, o aumento das publicações dessas obras nas últimas décadas. É evidente que para tão complicado processo há explicações complexas, mas certa categoria de romance explicitamente de fuga poderia enquadrar-se nessa categoria.

Tal regresso ao passado não se limita, no entanto, em tentar reconstruir as ilusões perdidas no momento atual de crise. A falta de perspectivas claras para o futuro pode levar o brasileiro a mergulhar em seu passado, mas esse mergulho pode não ser somente mera fuga. Pode-se, também, tentar buscar no passado tanto explicações coerentes para o presente em crise, quanto soluções que ajudem a superar a crise do momento histórico contemporâneo. Dessa forma, outra explicação plausível para os romances históricos, especialmente aqueles que situam sua ação na história brasileira, e que constituem a imensa maioria, seria a busca de heróis, mitos ou outros modelos nos quais possamos enxergar melhor nossa própria realidade. Resgatando-se e preservando-se a tradição, sua continuidade pode fornecer elementos para a construção ou a reconstrução da identidade abalada pelo momento de crise. O reencontro de heróis e modelos permite a superação da crise e a continuidade da luta pela conquista da identidade. Isso já estava no clássico modelo de Scott, e tanto à

O ROMANCE HISTÓRICO BRASILEIRO CONTEMPORÂNEO (1975-2000)   67

direita quanto à esquerda, há pensadores que apostam no retorno ao modelo do passado para corrigir o presente e projetar o futuro. Marilene Weinhardt (1998, p.104), estudando o contexto do incremente dos romances históricos nas últimas décadas, lança a hipótese de que essa proliferação se conjuga com a volta ao centro das preocupações dos discursos identitários e fundacionais, "é verdade que com resultados desiguais". Nos anos 1980 e 1990, essa preocupação retorna, "ainda que talvez para constatar a fluidez dos contornos de identidade" (ibidem).

A tentativa de reconstruir a partir do velho, no entanto, é uma faca de dois gumes, como muito bem assinala Letícia Malard (1996, p.144), em um lúcido e pioneiro artigo sobre o romance histórico brasileiro contemporâneo. Se, de um lado, representa uma saudável busca de identidade nacional, de outro, tal busca pode estar assentada na crença liberal e saudosista de que existe uma nação concebida como de todos e para todos os brasileiros. Corre-se o risco, nessas reconstruções das utopias do passado, de transmitir uma ideia falsa do momento ficcionalizado. Isso ocorre, especialmente, em certas obras impregnadas por um forte tom didático. Ao querer denunciar as arbitrariedades cometidas ao longo de nossa história, que não foram poucas, pode-se estar idealizando certos personagens ou acontecimentos históricos, especialmente aqueles personagens que se rebelaram em determinado momento e foram vencidos. Por não terem vencido, não se pode imaginar o que teria ocorrido se seu modelo de sociedade tivesse prevalecido, e a tendência é mitificá-los.

Em seu artigo, a professora mineira lembra o exemplo de *Rei branco, rainha negra* (1990), de Paulo Amador, um dos vários romances publicados nas últimas décadas que narram a vida de Xica da Silva, na Diamantina do século XVIII. A leitura desatenta do romance pode induzir o leitor a crer em uma situação de democracia racial e de igualdade de sexos que nunca existiu no Brasil colonial. Entre muitas outras obras, nessa mesma direção, pode-se citar o caso de Georges Bourdoukan, paulista de origem libanesa, que em seu romance *A incrível e fascinante história do Capitão Mouro* (1997) reconstrói, sob o signo do ideal multiculturalista, a vida no quilombo

68 ANTÔNIO R. ESTEVES

de Palmares, onde convive pacífica e democraticamente toda uma grande gama de marginalizados da sociedade colonial brasileira: não apenas negros, índios, brancos pobres e vários tipos de mestiços, mas também judeus, mouros e homossexuais perseguidos não apenas pelas autoridades portuguesas, mas também pela Inquisição.

De todos os modos, o romance histórico contemporâneo, seja brasileiro, seja hispano-americano ou universal, adota uma atitude crítica ante a história: ele reinterpreta o fato histórico, usando para isso de todas as técnicas que o gênero narrativo dispõe. Para isso usa uma série de artimanhas ficcionais: inventa situações fantásticas; distorce conscientemente os fatos históricos; coloca lado a lado personagens históricos e ficcionais; rompe com as formas convencionais de tempo e de espaço; alterna focos narrativos e momentos de narração; e especialmente se vale, às vezes até de modo exagerado, da intertextualidade em suas diferentes formas de manifestação, sobretudo a paródia e a forma carnavalizada de ver o mundo.

Dentro dos princípios da pós-modernidade, o romance histórico contemporâneo rompe com as grandes narrativas totalizadoras, consciente da individualidade e de sua forma fragmentada de ver e representar o mundo e, consequentemente, o fato histórico. Na consciência da percepção fragmentada e particularizada que caracteriza o mundo contemporâneo coloca-se em dúvida até mesmo a noção de autoria. O narrador, sabendo-se voz de tantas outras vozes, apresenta uma ou mais versões da história. Coerente com a globalização que rompeu as fronteiras tradicionais e estilhaçou as formas clássicas de relações econômicas e sociais, esse narrador faz desaparecer também as fronteiras espaciais e especialmente temporais. Na tentativa de romper também com as relações tradicionais de poder e controle, ou pelo menos invertê-las, o homem contemporâneo investe contra as verdades absolutas e contra as impostas pela história oficial. Nesse processo, transformar a história em um conjunto de relatos exóticos particularizados pela voz que conduz o relato não condiz com o espírito dos tempos atuais.

Nessa imensa massa informativa das comunicações globalizadas que tendem ao simulacro, de vez em quando o indivíduo vê-se sozinho. Desesperado, tenta buscar no labirinto dos discursos um modelo

O ROMANCE HISTÓRICO BRASILEIRO CONTEMPORÂNEO (1975-2000)   69

de identidade, individual e coletiva, às vezes sem a consciência de que identidades são construções sociais e, sobretudo, discursivas. Evidentemente, nessa situação apocalíptica há narrações que apontam para todas as direções: cabe ao leitor, dentro do pacto de leitura imposto pela obra, construir suas verdades particulares e desconstruir as verdades alheias que não lhe convencem. Ou que não lhe convêm.

Uma proposta de leitura

Analisando-se, ainda que de modo superficial, as publicações de romances que tratam de material histórico nas últimas décadas no Brasil, o que chama a atenção é sua grande variedade. Diversidade em todos os aspectos, desde o fato de seus autores serem nomes canônicos da literatura brasileira, como Jorge Amado, Rachel de Queirós, Rubem Fonseca, João Ubaldo Ribeiro, Autran Dourado ou Nélida Piñón, entre outros, ou jovens estreantes, praticamente desconhecidos. São praticamente quatro gerações de escritores, desde os octogenários, recentemente falecidos, como os referidos Rachel de Queiroz ou Jorge Amado, até jovens de cerca de trinta anos, como Luís Carlos Santana, Beto Mussa, ou José Roberto Torero. São narrativas curtas, de cerca de cem páginas ou romances de várias centenas de páginas. Alguns alternam períodos históricos separados no tempo; outros se fixam em um único período histórico claramente delimitado. Alguns apresentam um anacronismo claramente disparatado; outros mantêm um tempo bastante linear. Em alguns casos a representação do passado acoberta comentários em que se nota explicitamente uma crítica ao presente; noutros o passado praticamente nada tem a ver com o presente. Alguns são detetivescos, muitas vezes paródias bem armadas de romances policiais; outros são verdadeiros *thrillers*; outros ainda pretendem ser *thrillers*, sem consegui-lo. Há romances psicológicos ou introspectivos, nos quais por vezes é difícil descobrir que a ação acontece em épocas distantes no tempo; há romances em que predomina a ação; em outros, a descrição da paisagem. Alguns são imensos murais, mostras panorâmicas de longos períodos da

70 ANTÔNIO R. ESTEVES

história; outros concentram a ação em um único dia. A maior parte trata da história do Brasil ou relaciona-se com ela. Há casos, no entanto, em que a ação ocorre na Idade Média. Há até mesmo um caso em que a ação ocorre no Peru incaico. Muitos desses romances são bastante tradicionais, a maior parte deles, com certeza, presa ainda à estrutura do modelo scottiano. Outros apresentam rupturas suficientes para serem considerados pós-modernos: metaficção historiográfica, de acordo com Hutcheon (1991). Em uma série deles podem-se aplicar as características apontadas por Aínsa (1991) ou por Menton (1993) como marcas do "novo romance histórico".

É impossível atribuir a proliferação desses romances a apenas uma causa ou mesmo a uma série de causas específicas. O presente estudo, mais que oferecer alguma solução para a questão, propõe-se a abrir a discussão. Oferece uma lista de romances e apresenta algumas hipóteses que possam explicar seu surgimento. Trata-se de um campo aberto à investigação, e o presente texto não pretende ser mais que um convite a que o leitor se anime a penetrar nessa ampla zona entreaberta, imenso terreno movediço que marca os borrados limites entre a história e a ficção.

Nas páginas seguintes apresentamos a leitura de uma série de romances históricos brasileiros contemporâneos. Em um primeiro momento, agrupamos os romances que introduziram no Brasil, a partir dos anos 1970, as rupturas no modelo tradicional de romance histórico. Mesmo tendo participado de um processo de mudanças que vem desde o século XIX, o romance histórico, em geral, ainda mantinha muitos elementos do modelo scottiano, estando preso também à estrutura narrativa do século XIX.

Embora as rupturas tenham começado com as vanguardas do início do século, sua consolidação ocorre, no Brasil, a partir dos anos 1970. As obras estudadas na sequência são perfeitamente adequadas ao que Menton (1993) chama de "novo romance histórico" ou ao que Linda Hutcheon (1991) prefere chamar de metaficção historiográfica. Compartem, sobretudo, de um momento histórico especial, o declínio da ferrenha ditadura militar instalada com o golpe de 1964.

O ROMANCE HISTÓRICO BRASILEIRO CONTEMPORÂNEO (1975-2000)   71

Na segunda metade dos anos 1970, após o fim do chamado "milagre brasileiro", a inflação galopante e a estagnação econômica ajudaram a desvelar o autoritarismo dos militares, que nos anos anteriores pretendia disfarçar-se sob a fantasia da pujança econômica. Essas obras, de modo ainda camuflado, pois a censura permanecia ativa, discutem o autoritarismo e as relações entre o intelectual e o poder.

Dois desses romances estão arrolados na lista de Menton como "novos romances históricos": *Galvez, imperador do Acre* (1976), de Márcio Souza, e *Em liberdade* (1981), de Silviano Santiago. Os demais, por algum motivo, passaram despercebidos pelo professor canadense. Pode-se dizer, entretanto, que *Catatau* (1975), de Paulo Leminski, e *Calvário e porres do pingente Afonso Henriques de Lima Barreto* (1977), de João Antônio, sejam autênticas obras pós-modernas, dentro do que Hutcheon (1991) chama de metaficção historiográfica. Na mesma categoria está o conto "H. M. S. Cormorant em Paranaguá", de *O cobrador* (1979), de Rubem Fonseca.

No capítulo posterior, apresentamos a leitura de uma série de romances agrupados por um elemento comum: todos trazem escritores como protagonistas. Embora eles sejam bastante desiguais com relação à estrutura, sua leitura permite traçar um panorama da literatura brasileira esboçado pela própria literatura. Optamos, em sua apresentação, pela ordem cronológica dos protagonistas, acatando a premissa de que a história literária pretende ser didática e pedagógica, seguindo o objetivo de ordenar e dar sentido ao grupo de escritores escolhidos para representar suas várias fases.

Trata-se de uma dezena de romances, publicados entre 1989 e 2002, período em que, concluído o processo de transição democrática que durou vários anos, as liberdades estavam plenamente institucionalizadas a partir da nova Constituição Federal de 1988. A recuperação econômica, entretanto, não chegava. A discussão central em praticamente todos os âmbitos girava em torno das causas da estagnação econômica e social e propiciava um clima favorável para se repensar a questão da identidade nacional ou a função da cultura em um país subdesenvolvido que, no entanto, se crê portador de grande riqueza cultural. Assim, esses romances pretendem

72 ANTÔNIO R. ESTEVES

refletir sobre a literatura brasileira e seus cânones, e o papel destes na construção e manutenção da identidade nacional. Alguns tentam humanizar aqueles escritores considerados monumentos literários; outros pretendem trazer para o centro do cânone nomes muitas vezes deixados à margem. Vozes periféricas e dissonantes são incorporadas nessa discussão, enquanto outras, em especial aquelas associadas à reivindicação de alguma minoria ou de algum regionalismo, preferem manter certo tom utópico de exaltação do passado no intuito de oferecer modelos para o futuro, especialmente naqueles romances que se pretendem instrumentos educativos.

O último capítulo apresenta um mosaico de leituras de romances históricos que aborda um variado conjunto de escritores, protagonistas e pontos de vista. Todos, no entanto, propõem uma revisão crítica da história: seja reivindicando o protagonismo da formação da cultura brasileira para os vencidos, como no caso de *Viva o povo brasileiro* (1984), de João Ubaldo Ribeiro, seja discutindo a identidade nacional a partir do exílio e abordando, uma vez mais, o lugar da cultura brasileira na discussão da identidade nacional, o papel do intelectual na construção desse imaginário cultural ou as relações entre a cultura periférica, o Brasil no caso, e o centro, a Europa, como o faz João Silvério Trevisan em *Ana em Veneza* (1994).

Um item apresenta, também, um enfoque que vem ocupando um espaço que tradicionalmente lhe era negado: o ponto de vista feminino. Escritoras, por meio do romance histórico, propõem-se a discutir o lugar da mulher na sociedade colonial por meio da ficção. Luzilá Gonçalves Ferreira, em *Os rios turvos* (1993), dá voz a Filipa Raposa, a esposa assassinada pelo primeiro poeta brasileiro, Bento Teixeira, cuja história sempre foi contada pelo próprio assassino. Ana Miranda, em *Desmundo* (1996), devolve a voz à mulher no início do processo de colonização, fazendo-a descobrir-se enquanto descobre a nova terra. Heloisa Maranhão traz para o centro da cena uma escrava mística, ex-prostituta, perseguida pela Inquisição em *Rosa Maria Egipcíaca da Vera Cruz* (1997) no período colonial.

Uma das causas apontadas para a proliferação de romances históricos, em especial aqueles de qualidade estética duvidosa, resultado

O ROMANCE HISTÓRICO BRASILEIRO CONTEMPORÂNEO (1975-2000)   73

de belas campanhas midiáticas apenas interessadas em vender, é a aproximação de uma eféméride. Nesse fim de milênio as comemorações do V Centenário do Descobrimento do Brasil, mais interessadas em fazer circular mercadorias que discutir os sentidos do descobrimento, movimentaram os meios culturais do País, e evidentemente também o mercado editorial. Nesse contexto, os livros comentados na quarta seção do quarto capítulo deste trabalho são bastante dissimilares. A discussão central, mais que sua análise específica, é o fenômeno das comemorações, às quais o romance histórico brasileiro sempre se associou. Desde Xavier Marques, premiado pela Comissão do IV Centenário do Descobrimento do Brasil, com o melodramático *Pindorama* (1907), sobre o descobrimento do Brasil; de *A marquesa de Santos* (1925), de Paulo Setúbal, gestado no âmbito do Centenário da Independência; ou de *A muralha* (1954), de Dinah Silveira de Queirós, exaltando a epopeia paulista no IV Centenário da fundação da cidade, as comemorações produzem narrativas históricas.

A manipulação da memória, promovendo de forma deliberada o esquecimento, apaga da lembrança situações constrangedoras. Assim, em boa parte das comemorações dos 500 Anos do Descobrimento do Brasil desaparecem os massacres indígenas, a escravidão negra e as violências da história: privilegiam-se os mitos fundadores e utopias nacionais, como o paraíso tropical ou a ideia de país do futuro (Silva, 2003, p.438). Dessa forma, a maior parte dos romances comercializados nesse contexto reproduz esse lugar-comum. São honrosas exceções os livros de Cardoso Gomes, Sinval Medina e Torero & Pimenta, cada qual se valendo de uma forma particular de urdir o tecido narrativo.

Fecha essa parte uma leitura do *Mad Maria* (1980), de Márcio Souza. Embora não possua as qualidades narrativas da aventura acreana de *Galvez*, publicada alguns anos antes, esse romance também discute de maneira bastante crítica a tentativa da inclusão das riquezas amazônicas no capitalismo universal, com a construção da Estrada de Ferro Madeira-Mamoré, no início do século XX, em terras do atual estado de Rondônia.

2
INSTAURADORES DE UMA NOVA MODALIDADE NARRATIVA

O *Catatau*, de Paulo Leminski: ou da incompatibilidade da lógica cartesiana com o espaço onírico ao sul do Equador

Segundo o próprio autor, o núcleo que faria germinar a ideia de *Catatau*, romance de estreia de Paulo Leminski, teria surgido em 1966, em uma aula sobre a presença holandesa no Brasil no século XVII. Durante quase uma década, o então professor de História do Brasil, que mais tarde viria a se transformar em um dos principais escritores brasileiros de sua geração, ruminou a ideia que acabaria se tornando o romance publicado em edição do autor, em 1975. O primeiro estágio do processo foi um relato inscrito no 1º Concurso de Contos do Paraná, em 1968, no qual, em razão de um mal-entendido, acabou não sendo premiado. Em "Descartes com lentes" (Leminski, 1998, p.XLIV), entretanto, já está o núcleo do romance. O início e o final praticamente são os mesmos; o enredo é semelhante, apenas aparece mais bem desenvolvido no romance.

Catatau é uma obra de difícil leitura, já que o enredo é obscuro, a ação é indefinida e os personagens tampouco estão claramente delineados. O resumo seria simples. Constitui um imenso monólogo de um personagem chamado Renatus Cartesius, no jardim botânico de

Vrijburg, cidade construída pelo príncipe Mauricio de Nassau para ser a capital do estado instalado pelos holandeses no Brasil no século XVII. Enquanto espera a chegada de seu amigo, o general polonês Kritovf d'Artischau Arciszewski, ele fuma maconha e reflete sobre uma série de questões. A principal delas é a incapacidade de a lógica cartesiana europeia explicar a onírica realidade americana.

A ideia que sustenta o romance é a distorção consciente de um fato histórico: a visita imaginária do filósofo francês René Descartes (1596-1650) ao Brasil holandês governado por Nassau. Embora não verdadeiro, é verossímil, já que o criador da lógica cartesiana passou vários anos de sua juventude em aprendizado militar na corte de Nassau. Também é de conhecimento geral que, ao ser transferido para governar o território que a Companhia das Índias Ocidentais mantinha em Pernambuco e adjacências, o príncipe de Nassau trouxe consigo uma série de intelectuais. Artistas, filósofos, naturalistas e pintores estabeleceram, então, nos trópicos pernambucanos, a primeira corte ilustrada americana, que se mantinha em contato direto com a vanguarda do pensamento europeu de seu tempo.

Ao traduzir para o latim o nome do filósofo francês, transformando-o em Renatus Cartesius, o escritor paranaense está aplicando uma regra comum nesse tempo: as obras filosóficas, incluindo o nome de seus autores, costumavam aparecer na língua de Roma, que embora nunca tivesse deixado de ser a língua dos livros, havia ressurgido com toda a sua força no Renascimento.

O romance se abre com um trocadilho da famosa premissa cartesiana: "ergo sum, aliás, Ego sum Renatus Cartesius, cá perdido, aqui presente, neste labirinto de enganos deleitáveis, – vejo o mar, vejo a baía e vejo as naus" (Leminski, 1989, p.13). Apresenta-se, assim, o protagonista, em um discurso em primeira pessoa, a partir da contraleitura americana da célebre divisa *"Cogito ergo sum"*, de Descartes. O que poderia instaurar uma certeza; o que no pensamento ocidental instaura a certeza da lógica cartesiana, no texto de Leminski instaura a dúvida.

A primeira questão surgida associa-se à identidade, identidade do narrador, em primeiro lugar. O narrador também fixa o espaço:

O ROMANCE HISTÓRICO BRASILEIRO CONTEMPORÂNEO (1975-2000) **77**

"aqui". É claro que o dêitico impõe para o leitor o lugar de onde se fala, que é seu próprio espaço. Se, por um lado, pode parecer explícito o lugar de onde fala o narrador, e é onde deve estar o leitor a que se destina a obra, a crise vem em seguida. O "aqui", apesar de bem definido espacialmente, "o parque do príncipe", refere-se a um lugar de transição: está localizado diante do mar, uma espécie de entrelugar (Santiago, 2000) na móvel Mauriceia, construída em território tomado às águas, como as cidades holandesas.

A terra, até então aparentemente firme, deixa de ser sólida diante das naus; naus vistas por meio da luneta: "CONTEMPLO A CONSIDERAR O CAIS, O MAR, AS NUVENS, OS ENIGMAS E OS PRODÍGIOS DE BRASÍLIA" (Leminski, 1989, p.13). As maiúsculas aparecem quando o narrador usa as lunetas para aproximar seu objeto de análise: produz uma espécie de ampliação, o significante por si mesmo, o que aparecerá várias vezes ao longo do texto. O nome latino do país instaura ambiguidade na leitura: a primeira reação do leitor pouco atento é associar Brasília não com o nome latino do país, mas com a capital atual do Brasil, contemporâneo não do tempo da ação, mas do tempo da narração. E assim vão se instaurando gretas que permitem múltiplas leituras.

Como se pode constatar, já nas primeiras linhas introduzem-se diversos tópicos sobre os quais se assentam a cultura brasileira: o mar; o exílio; a lente pela qual se pode ver uma realidade deformada, transfigurada; a oposição entre um aqui, lugar de onde se fala, e um lá, lugar onde surge o ponto de vista por meio do qual por muito tempo se viu o "cá". O paraíso que "os de lá" tentavam projetar no cá e que acabou refletindo na visão que os de cá têm de seu próprio espaço. E, sobretudo, o caos: esse "labirinto de enganos deleitáveis", os enigmas e prodígios do Brasil.

As leituras da obras são múltiplas, como muito bem apontava Leo Gilson Ribeiro (1989, p.123) na resenha que fez para a segunda edição do livro, que veio à luz poucos meses após a morte precoce do escritor paranaense em 7 de junho de 1989. "*Catatau* [...] admite plurais leituras: culturais, linguísticas, políticas, estéticas". Esse é um dos objetivos explícitos do próprio autor, conforme informa no

78 ANTÔNIO R. ESTEVES

posfácio à segunda edição. A palavra "catatau", diz Leminski, de origem provavelmente onomatopeica, tem inúmeros sentidos em português, um dos quais é "discussão". Daí deriva a multiplicidade de leituras que "o *Catatau* já traz inscrita na própria multiplicidade de sentidos de que é portador seu próprio nome, uma das palavras mais polissêmicas do idioma" (Leminski, 1989, p.209).

O livro, porém, não fornece nem pistas nem mapas, já havia comentado Leo Gilson Ribeiro (1989, p.215), quase uma década e meia antes, ao saudar sua publicação, em uma resenha para o *Jornal da Tarde*. O leitor é entregue a uma selva de palavras e de conceitos, um verdadeiro emaranhado em que se misturam várias línguas. Nessa selva, guia-se apenas pela crise do narrador, que, no entanto, parece repetir uma ideia à exaustão: a lógica não consegue explicar o caos do mundo. As derivações são evidentes: a realidade não consegue ser captada pela linguagem; a realidade de um país "ao lado de baixo do Equador", como o Brasil, não pode ser vista pela luneta da cultura europeia. É necessário criar uma nova forma de representar e, por conseguinte, de entender a cultura latino-americana.

O primeiro romance de Leminski pode ser inscrito, cronologicamente, na estética da Tropicália, movimento que ocorreu na cultura brasileira no final da década de 1960. Um grupo de jovens artistas, especialmente a partir da Música Popular Brasileira, pretendia oferecer uma nova leitura da cultura brasileira, a partir de uma retomada das vanguardas dos anos 1920, em especial da teoria da antropofagia proposta por Oswald de Andrade e bem aproveitada por Mário de Andrade em *Macunaíma*.

O diálogo antropofágico proposto por Oswald de Andrade, em consonância com ideias das vanguardas europeias da década de 1920, também utilizadas em outros centros culturais latino-americanos, via a necessidade de superação da marginalidade ocupada pelas culturas latino-americanas mediante a valorização da mestiçagem para enfatizar a diferença. Pressupunha uma releitura das culturas europeias, aproveitando-se, como nos antigos rituais antropofágicos de certas tribos da costa brasileira, descritos pelos viajantes do século XVI, das qualidades do inimigo devorado. Ao devorar de forma ritual

O ROMANCE HISTÓRICO BRASILEIRO CONTEMPORÂNEO (1975-2000)

seus inimigos, os nativos acreditavam incorporar sua força e valentia. Da mesma forma, a antropofagia preconizada nas vanguardas brasileiras pressupõe o aproveitamento dos elementos positivos da cultura europeia, importantes na construção da entidade mestiça que é a cultura brasileira. Os elementos lúdicos e paródicos são o núcleo dessa hibridização de formas em que resultaram as culturas latino--americanas, nelas incluída a brasileira. Segundo Irlemar Chiampi (1980, p.127), a apropriação das formas estrangeiras, de modo sério ou paródico, demonstra a capacidade geradora e regeneradora de novas formas, convertendo o produto final não em mera cópia, mas "em simulacro destruidor da dignidade do modelo".

Nesse contexto, o barroco, sob o qual foram lançadas as bases dessas culturas nos séculos XVI e XVII, trabalhando com a tensão entre a realidade e sua representação, contribui para a falência do projeto europeu no Novo Mundo. Ao mesmo tempo domina e devora o estrangeiro pela mestiçagem. Mestiçagem no sentido cultural, de acordo com Uslar Pietri (1990): um conceito que corrói até mesmo a versão europeizada de mestiço como impuro ou inferior, divulgada pelos pensadores do século XIX, que tentavam justificar seu domínio sobre o mundo existente ao sul do Equador (e em outras latitudes também), que deveria existir apenas para transferir riquezas ao centro do sistema econômico.

Uma das leituras que se pode fazer do livro de Leminski vai nessa direção: a impossibilidade de ler a realidade americana pela óptica do racionalismo europeu. Óptica utilizada em sua plurissignificação: ao mesmo tempo que significa ponto de vista, também se refere às lentes da luneta por meio das quais Cartesius (que historicamente também foi um dos fundadores da ciência óptica) vê a realidade que o rodeia. Mais que uma obra estritamente vanguardista, como poderia parecer à primeira vista, graças a seu exagerado experimentalismo, o *Catatau* de Leminski poderia ser lido como uma obra pós-moderna, ao propor a celebração dos múltiplos pontos de vista.

Outra dessas direções é o convite à desconstrução do discurso autoritário. Em vários sentidos: o primeiro deles, o discurso oficial da história hegemônica. Leminski escreve em um período em que estava ativa a discussão (historicamente sem sentido) sobre as possíveis vantagens que teriam trazido os holandeses à cultura brasileira.

Observe-se que a dessacralização do modelo português imposto depois da vitória de Guararapes é tema de várias pesquisas históricas do período que procuram exaltar a presença dos batavos no Nordeste brasileiro, demonizando uma vez mais o modelo lusitano, que seria responsável pelo fato de o Brasil ser um país subdesenvolvido. Tal leitura chega ao cúmulo de construir uma espécie de Brasil holandês utópico, onde dominaria a liberdade religiosa e de expressão, entre outras, e o pluralismo cultural, o que se sabe que não está de acordo com a realidade.

Ao colocar Cartesius como protagonista de seu romance, Leminski acaba atacando os dois pontos extremos: nem portugueses nem holandeses poderiam ter sido bons para os brasileiros, já que ambos eram representantes do colonialismo europeu. A possibilidade da mestiçagem permitida pelas gretas do barroco poderia, em certa medida, até mesmo dar vantagens aos lusitanos, mais dispostos, pelo menos culturalmente, a aceitar o outro.

O romance também aponta para a discussão do cânone literário. A crítica costuma colocá-lo em uma linha que começaria em Joyce, especialmente em seu *Finnegans Wake*, no auge das rupturas defendidas pelas vanguardas e que chegaria até o *Grande sertão: veredas*, de Guimarães Rosa, ou *O romance da pedra do reino*, de Ariano Suassuna; passando, como não poderia deixar de ser, por Borges e Carpentier.

A destruição, nesse caso, seria do modelo de romance do século XIX. O romance do século XX, e nesse sentido é evidente o peso da influência das vanguardas, inauguraria uma nova temporalidade; já não linear, mas cíclica; destruindo não apenas o modelo do tempo ocidental, mas também a lógica do discurso baseado na sequência "causa-consequência". Da mesma forma, o sujeito fragmentado é incapaz de ordenar e dar sentido ao universo, podendo meramente reproduzir o caos. Uma vez mais, embora alguns críticos tendam a ler o romance como obra exclusivamente vanguardista, especialmente por seu alto grau de experimentalismo, pode-se ler o romance no contexto da pós-modernidade. O espetáculo da dessacralização

O ROMANCE HISTÓRICO BRASILEIRO CONTEMPORÂNEO (1975-2000)   81

de modelos é explícito e cabe, uma vez mais, ao leitor, juntando os fragmentos que lhe pareçam significativos, construir sua versão.

Em seu ensaio sobre o "Novo romance histórico latino-americano", Menton (1993) não coloca o *Catatau* na lista de obras brasileiras que inclui no gênero. Provavelmente por não conhecer a obra, o crítico canadense a deixa fora, tanto da relação dos seis romances brasileiros publicados entre 1976 e 1991 que ele considera "novo romance" histórico, quanto da lista de seis dezenas de obras, publicadas entre 1949 e 1992, que ele chama de romances históricos "mais tradicionais" (ibidem, p.12-27).

A maior parte das marcas apontadas por Menton (1993, p.42-44) para definir a nova modalidade de romance histórico pode, entretanto, ser encontrada na obra de Leminski. Começaremos pelo motivo que nos levaria a caracterizar *Catatau* como romance histórico, apesar da visível vala que o separa do modelo estabelecido por Scott no início do século XIX: a ação ocorre no século XVII, durante o período da dominação holandesa no Brasil. Da mesma forma, o protagonista é um personagem histórico, embora nunca tenha estado no Brasil. Além de Cartesius, outros personagens históricos circulam pela narrativa; ou melhor, são mencionados no monólogo do protagonista. A lista poderia ser exaustiva, bastando para ilustrá-la os exemplos do príncipe Johan Moritz von Nassau-Siegen (1604-1679), que esteve em Pernambuco entre 1637 e 1644; do general polonês Krzystof Arciszewski (1592-1656), comandante das tropas holandesas no período de Nassau; do naturalista Georg Marcgrav (1610-1644), autor da *Historiae Rerum Naturalium Brasilae*, publicada em 1648, certamente uma das primeiras no gênero; ou mesmo do naturalista alemão Johan von Spix (1781-1826), conhecido por sua viagem pelo interior do País, nas primeiras décadas do século XIX, ao lado de Karl Friedrich von Martius (1794-1868). De origem polonesa, Leminski não se esquece de homenagear seus antepassados na figura do ilustre militar Arciszewski, cujo nome aparece no texto em inúmeras variações.

Começando pelo protagonista, que apesar de histórico nunca esteve no *Verzunymt Brasilien*, o romance, do início ao fim, está pleno de distorções conscientes da história, mediante omissões, anacronismos ou exageros. A reprodução mimética vincula-se a certas concepções filosóficas muito comuns à obra de Borges, destacando-se duas delas: a impossibilidade de se conhecer a verdade histórica, e seu caráter cíclico e ao mesmo tempo imprevisível. A ideia do labirinto, do espelho, do duplo, da torre de Babel e das lentes deformadoras é recorrente e está presente desde as primeiras linhas. Em um dos ensaios mais lúcidos já escritos sobre o romance, Antônio Risério (1989) aponta para a presença de Borges no *Catatau*. Até mesmo as notas de rodapé, totalmente desnecessárias na maior parte das vezes, ausentes quando necessárias, ou apócrifas, deixam ainda mais evidentes os caminhos que se bifurcam constantemente.

Da mesma forma, a metaficção também predomina no texto. O romance, em sua totalidade, praticamente se escreve para falar das impossibilidades do romance e da escrita. Também a intertextualidade, em seus mais diferentes níveis, é utilizada pelo escritor paranaense. O livro inteiro é praticamente um imenso *pastiche* da cultura ocidental. Nesse contexto, os diálogos paródicos têm especial destaque com a finalidade de corroer os valores ocidentais, desconstruindo-os, para que a cultura brasileira possa, a partir dessa deglutição, construir algo novo.

Embora seja impossível precisar se Leminski conhecia ou não a obra de Bakhtin no momento da construção de seu *Catatau*, é bastante provável que a conhecesse, sendo ele o intelectual antenado e culto que era. Dessa forma, ao contrário de muitos intelectuais latino--americanos, que na década de 1960 praticamente intuíram aquilo que o teórico russo chamava de carnavalização, plurissignificação ou heteroglossia, é provável que Leminski já tivesse tido contato com as teorias bakhtinianas sobre o carnaval ou sobre as relações dialógicas da linguagem e em especial aquelas ocorridas dentro do gênero do romance.

Ao ler *Catatau*, do início ao final podem-se encontrar exemplos evidentes de carnavalização. Desde a inversão pura e simples de valores, com a finalidade de subverter o poder, até a proliferação de fragmentos que tratam do festim grotesco, bem ao estilo rabelai-

O ROMANCE HISTÓRICO BRASILEIRO CONTEMPORÂNEO (1975-2000) **83**

siano, ou a exageração do chamado baixo corpo, incluindo todas as referências a um erotismo grotesco ou a uma escatologia quase sem limites. Trabalhar com o rebaixamento e com a transgressão é uma forma política evidente, de acordo com os princípios bakhtinianos, de contestação e superação do dogmatismo da cultura oficial, presente na narrativa. A perspectiva carnavalizada submete o discurso oficial e o próprio poder a uma destruição regeneradora. Os elementos escatológicos e a presença da serpente, um arquétipo da cultura ocidental, recorrentes no romance, reforçam essa focalização.

Da mesma forma, em seu afã neobarroco (Sarduy, 1972) de apresentar longas sequências de significantes sem significados, em uma proliferação de detalhes que não raro chega às raias do *nonsense*, há a utilização, em uma verdadeira avalancha verbal, de vários níveis da linguagem misturados. Ao longo do texto o narrador se vale, além do português, brasileiro e lusitano, de praticamente todas as épocas, de várias outras línguas. Merece destaque o latim, praticamente a segunda língua do romance; mas também o holandês, o italiano, ademais de línguas indígenas e africanas. Poliglota, ex-seminarista, exímio conhecedor do latim, da literatura clássica, dos textos bíblicos e da filosofia escolástica, Leminski traduziu, em 1985, o *Satyricon*, de Petrônio, diretamente de sua língua original, edição esgotada em menos de um ano.

No caso do português, a crítica costuma chamar a atenção para a mistura de registros e a utilização constante de trocadilhos a partir de ditos populares ou simples presença dessa forma da literatura popular oral, tão plena de poesia.

A ampla teia de intertextualidades cria uma série de diálogos, alguns aparentemente improváveis, cuja finalidade é colocar em xeque não apenas a supremacia da cultura ocidental, assentada na lógica cartesiana; pretende, sobretudo, instaurar um universo plurissignificativo a partir do qual o leitor brasileiro possa encontrar uma identidade possível, livre das amarras que tradicionalmente o atou àquela tradição que, entretanto, não tem sido suficiente para explicar nem o funcionamento do universo nem a forma de ser do homem ao sul do Equador. Parece, enfim, existir nada mais que para justificar uma dominação que pode ser econômica, mas que pretende ser, em suma, cultural.

Movendo-se por esse enredado discursivo, ao mesmo tempo corrosivo e construtor, o leitor vai tomando decisões e escolhendo uma vereda sólida que poderá levá-lo provisoriamente a um porto seguro, onde ancorar sua identidade movente.

Quando a periferia vem para o centro: as aventuras da fundação do Império do Acre pelo espanhol Galvez, segundo um libreto bufo do amazonense Márcio Souza

Uma das últimas fronteiras do orbe, a região amazônica, situada no Brasil por contingências históricas, sempre fez parte do imaginário global. Envolvido pela magia, seu território foi palco de inúmeras aventuras que buscavam localizar em seu interior misteriosos reinos habitados por seres fantásticos. Nasceu sob o signo de um mito, e a fantasia sempre regeu a mente de quem ousou penetrar no emaranhado de seus rios em busca da utópica idade de ouro. Assim, a história de sua exploração, iniciada pelos espanhóis, a quem cabia a região pelo Tratado de Tordesilhas, e de sua posterior ocupação pelos portugueses que romperam aqueles limites e foram plantando marcos ao longo de seu vasto território, está recheada de fantasia.

Acabou incorporada ao Brasil, mas tem sido alvo da cobiça de todos que aludem sempre a direitos universais para invadir seu território com variados objetivos. Após abertura da navegação de seus rios, na segunda metade do século XIX, a região sofreu o primeiro intento de integração ao capitalismo. A *Hevea brasiliensis*, conhecida no Brasil como seringueira, nativa da região, produz a borracha, matéria-prima incorporada à industrialização, a partir do processo de vulcanização, e é necessária na fabricação de vários produtos. Assim, em pouco menos de cinquenta anos, a região foi ocupada por uma imensa horda de aventureiros em busca das árvores da borracha.

Antigas e modorrentas vilas coloniais, como Manaus e Belém, da noite para o dia transformaram-se em modernas cidades, onde efervesceu uma agitada vida urbana em torno do negócio da bor-

O ROMANCE HISTÓRICO BRASILEIRO CONTEMPORÂNEO (1975-2000)   85

racha. Seus rios foram navegados até as mais longínquas nascentes por barcos apinhados de exploradores à procura do precioso látex.

Deu-se, nesse contexto, nas últimas décadas do século XIX, a exploração das terras localizadas nas longínquas cabeceiras dos rios Purus, Juruá e seus afluentes. O território batizado como Acre era uma região até então praticamente desconhecida que, de acordo com as fronteiras fixadas no período colonial e ratificadas pelos novos países sul-americanos, pertencia à Bolívia. Sobre essas fronteiras pairava, entretanto, uma imensa mancha nebulosa, já que, apenas fixadas em mapas, nunca tinham sido exploradas e efetivamente demarcadas. A riqueza produzida pela borracha fez que o território adquirisse importância, suscitando interesses. Ocupado especialmente por brasileiros, o Acre pertencia legalmente à Bolívia, embora a comunicação e o escoamento dos produtos fossem feitos rio abaixo, por meio das cidades brasileiras.

Com a instalação de um posto aduaneiro no Rio Acre, em princípios de 1899, o governo boliviano resolveu tomar posse efetiva do território que legalmente lhe pertencia, enquanto aguardava que as fronteiras definitivas fossem finalmente demarcadas por vias diplomáticas. Foi o estopim do conflito, já que nem os brasileiros que viviam na zona nem as autoridades do estado do Amazonas, ao qual estavam de fato vinculados os negócios da região, aceitaram de bom grado a decisão. Luís Galvez Rodriguez de Arias, um aventureiro espanhol a serviço do governo do Amazonas, criou então no Acre um Estado independente.

Capítulo pouco estudado na história brasileira, talvez por seus lances insólitos, a República Independente do Acre teve vida efêmera. Proclamada no dia 14 de julho de 1899, foi dissolvida por intervenção do governo brasileiro em 15 de março de 1900, quando o território foi oficialmente devolvido às autoridades bolivianas. Como a questão principal da presença boliviana não fora resolvida, os habitantes locais voltaram a rebelar-se em 1902. Dessa vez, sob a liderança do gaúcho Plácido de Castro, forçaram as autoridades do Rio de Janeiro a chegarem a um acordo diplomático com La Paz. A assinatura do Tratado de Petrópolis, no ano seguinte, decidia final-

86 ANTÔNIO R. ESTEVES

mente a questão com a incorporação da região ao Brasil mediante uma pesada indenização financeira ao país vizinho.

Esse episódio pouco estudado pela historiografia nacional foi escolhido pelo amazonense Márcio Souza para ser o cenário de seu primeiro romance, publicado em 1976. *Galvez, imperador do Acre*, apresenta de maneira carnavalizada "A vida e a prodigiosa aventura de Dom Luís Galvez Rodrigues de Aria nas fabulosas capitais amazônicas e a burlesca conquista do Território Acreano contada com perfeito e justo equilíbrio de raciocínio para a delícia dos leitores" (Souza, 1985, p.9), conforme anuncia o narrador principal já nas primeiras páginas do "folhetim".

O livro de Souza, de acordo com o espírito de seu tempo, constrói-se no limite de vários gêneros que aparecem parodiados de forma carnavalizada. O primeiro desses gêneros é o folhetim, gênero ao qual se filia a obra, segundo seu subtítulo. Na verdade, trata-se de uma paródia do gênero folhetinesco, nascido na época da popularização da imprensa escrita, no início do século XIX, mais ou menos na mesma época que também se fixavam os princípios do romantismo. Esse gênero, de leitura rápida, para manter a atenção do leitor apressado da sociedade industrial, se vale do melodrama e do suspense com cortes no momento de maior tensão, para fazer que o leitor volte à leitura no capítulo seguinte. Dentro do imaginário romântico, normalmente trata de aventuras rocambolescas ou de histórias de amor, destinadas a oferecer ao leitor um momento de alívio para poder enfrentar o cotidiano hostil que a sociedade industrial acabava de instalar.

Com relação ao gênero a que se filia parodicamente, já na primeira página o narrador principal de *Galvez* lança um aviso: "Este é um livro de ficção onde figuras da história se entrelaçam numa síntese de delírios da monocultura. Os eventos do passado estão arraigados numa nova atribuição de motivos e o autor procurou mostrar uma determinada fração do viver regional" (Souza, 1985, p.5). Desse modo, nessas três linhas pode-se ver um diálogo amplo que retoma a tradição folhetinesca do século XIX. Um desses ingredientes é a mescla explícita entre ficção e história que o romance histórico, contemporâneo do folhetim romântico, havia instaurado. A novidade,

O ROMANCE HISTÓRICO BRASILEIRO CONTEMPORÂNEO (1975-2000) 87

com relação à paródia que o leitor está prestes a começar a ler, são os "delírios", que instauram um clima onírico, com o objetivo de corroer as bases da economia baseada na monocultura, e evidentemente a estrutura desses discursos instaurados no século XIX. Assim, se explicita aquele que seria um dos móbiles da metaficção historiográfica, segundo Linda Hutcheon (1991): "os eventos do passado estão arranjados numa nova atribuição de motivos". A releitura paródica da história faz-se evidente por meio das malhas da ficção. De uma só vez, se instauram a paródia do folhetim e do romance histórico, gêneros que se entrelaçam desde suas origens. O outro matiz, comum a esses gêneros, também aparece explicitado nessa primeira página: o regionalismo, que nas literaturas latino-americanas, incluindo a brasileira, contribui para criar o nacional a partir da pintura do local.

A página seguinte do romance, seguindo na linha da burla, introduz duas epígrafes: o conhecido refrão lusitano quinhentista que tão útil acabou sendo à literatura brasileira: "Além do equador tudo é permitido", e sua contraleitura, pela voz do protagonista do romance, "Nem tudo", responde Luís Galvez, já deposto. A epígrafe, desse modo, entra na trama do romance, antecipando seu final: o Luiz Galvez, imperador do Acre, será deposto. Evidentemente, por tratar-se de um episódio pouco conhecido da história do Brasil, o leitor não informado provavelmente sequer tinha identificado, apesar dos avisos do narrador, o Galvez do título do livro com um personagem histórico, e menos ainda como quem realmente ocupou um trono nos confins da selva amazônica, o Império do Acre, que existiu entre julho de 1899 e março de 1900. O resumo antecipado da história, como acorria nas antigas crônicas coloniais ou romances picarescos espanhóis, aparece na página seguinte.

Com tantas antecipações, ao contrário do que ocorre no folhetim tradicional, que era baseado no suspense, o narrador, ou autor implícito, como queira o leitor, pode finalmente começar a leitura do romance folhetinesco que tem às mãos. Na página 11, finalmente a história começa a ser contada: trata-se do primeiro capítulo, ou parte, das quatro que compõe o romance, limitada cronologicamente entre novembro de 1897 e novembro de 1898. Novamente há uma epígrafe,

88 ANTÔNIO R. ESTEVES

dessa vez das *Novelas exemplares*, de Cervantes, um dos grandes cultivadores da sátira menipeica, para reafirmar o propósito do tom burlesco da narrativa. A partir de então, na página 13, parece que vai começar a narrativa das tão anunciadas aventuras de Galvez no mundo amazônico, apresentadas por meio de fragmentos, nos quais variam o ponto de vista e o gênero.

O leitor do folhetim, que poderia estar esperando uma história de aventuras, continua tendo comentários metaficcionais. O primeiro fragmento tem como título "Floresta Latifoliada", expressão que introduz uma definição botânica encontrada em livros de geografia que tratam do tipo de vegetação da floresta amazônica. O termo "folha", no entanto, joga uma vez mais com a ambiguidade. Apesar de o leitor saber que a ação da história que vai ler (e já está se cansando de esperar seu início, adiado por demais) tem lugar na selva amazônica, encontra um comentário metaficcional, discutindo uma vez mais o gênero "Esta é uma história de aventuras onde o herói no fim, morre na cama de velhice" (Souza, 1985, p.13). Nova ruptura para com o gênero folhetinesco, que tem seu *élan* no suspense: na primeira frase já se antecipa o final.

Dentro da metaficção, segue: "E quanto ao estilo o leitor há de dizer que finalmente o Amazonas chegou em 1922". Aqui o trânsito ocorre da história em si para a história do cânone literário brasileiro, marcando a superação de toda a literatura do século XIX, incluindo o folhetim romântico, o romance histórico e o regionalismo que tentam construir a nação. É como se a cultura amazonense pulasse do primitivismo idealizado pelas utopias do paraíso perdido diretamente para a leitura carnavalizada das vanguardas.

E o narrador não perde ocasião para criticar um grande nome das letras nacionais: "Em 1922 do gregoriano calendário o Amazonas ainda sublimava o latifoliado parnasianismo que deu dores de cabeça a uma palmeira de Euclides da Cunha" (ibidem, p.13). É a crítica ao regionalismo do século XIX, abrindo-se para a superação desse regionalismo representado pela estética empolada do autor de *Os sertões*. Tendo visitado a região amazônica uma década depois dos episódios de Galvez, Euclides teimava em ver nela uma espécie de paraíso às avessas, o "inferno verde" onde o mundo ainda não tinha se formou totalmente e que, por conseguinte, estava "à margem da história" (Cunha, 1966, p.209). O que Souza pretende fazer é lançar a região dessa margem da história para dentro da história mesma, ainda que à margem do mundo industrializado. Em tempos de quase globalização, estamos em 1976, o narrador das aventuras de Galvez afirma que já "estamos fartos de aventuras exóticas e mesmo adjetivos clássicos" (Souza, 1985, p.13). Estamos em uma era de "turismo internacional".

O fragmento seguinte, sob o instigante título de "José de Alencar", outra vez circula pelo metatextual: conta como as aventuras do protagonista chegaram até o narrador. "Como toda história de aventuras que se preza, o manuscrito foi encontrado num sebo de Paris, em 1973, por um turista brasileiro" (ibidem, p.14). O manuscrito continha as memórias que Galvez havia escrito em 1945, um ano antes de sua morte. Como em toda história de aventuras que se preza, Galvez é um "consumado mentiroso". O turista que compra o manuscrito é o narrador principal, em primeira pessoa. Trata-se de uma espécie de *alter ego* do próprio Souza. E como ocorre com Alencar em *Guerra dos Mascates*, ele o lê em dois dias, decide organizá-lo e publicá-lo. Esse é o livro que o leitor tem diante dos olhos. Mas, diferentemente do mestre de Mecejana, esse narrador não tem nenhum compromisso com a história: apenas espera "pelo menos reaver os trezentos e cinquenta francos" (ibidem, p.14) que gastou na compra dos manuscritos.

Assim, parodiando o mestre do romance histórico brasileiro, esse narrador principal, o editor que de vez em quando toma a palavra do memorialista, passa a palavra para Galvez, que com algumas importantes interrupções metatextuais do narrador principal vai contar suas aventuras em primeira pessoa, em um texto que parodia outros dois gêneros híbridos: a memória e o romance picaresco.

Ambas as paródias, que ocorrem de modo bastante carnavalizado, são evidentes. Como leitura paródica de um livro de memórias, constatamos um Galvez, narrador em primeira pessoa, que relata suas aventuras. O momento da narração é bem posterior ao dos acontecimentos: em 1945, já velho, pouco antes de sua morte, o personagem

90 ANTÔNIO R. ESTEVES

histórico decide, de forma apócrifa, contar sua movimentada vida, fixando-se no período mais interessante para a história do Brasil: o período de 1897 a 1900, quando esteve envolvido no episódio da criação do Estado Independente do Acre. Mais adiante ele informa que nasceu "na madrugada de 20 de fevereiro de 1859" (ibidem, p.41), o que faz que, ao escrever as memórias, seja um ancião perto dos noventa anos de idade. O narrador, que desde um presente propõe-se a contar seu passado, fixando seu relato em um período específico e fazendo uma avaliação de sua existência, repete o que ocorre no gênero literário conhecido como memória. O fato de Luís Galvez de Arias, o personagem histórico, não ter deixado nenhum volume de memórias conhecido não impede que o narrador, a partir da possibilidade do gênero, as crie de modo fictício, até mesmo modificando fatos e datas. Sabe-se, por exemplo, que ele não viveu até 1945. Instaura-se, por meio do gênero apócrifo, a paródia. Além disso, o tom é, desde seu princípio, abertamente carnavalizado.

Outro gênero parodiado é o romance picaresco. Mario González (1994) define a picaresca clássica, que surgiu em um contexto específico na Espanha do século XVI e se fixou no século seguinte. A partir daí extrapolou as fronteiras daquele país e a situação histórico-social em que foi gerada, chegando devidamente modificada e adaptada ao Brasil no século XIX, onde produz no século XX belos frutos. A essa aclimatação da picaresca clássica espanhola em terras brasileiras, que fez surgir obras-primas entre as quais se podem incluir as *Memórias de um sargento de milícias*, de Manuel A. de Almeida, ou o *Macunaíma*, de Mário de Andrade, González dá o nome de neopicaresca.

As relações entre o relato de Márcio Souza e a picaresca espanhola ocorrem não apenas pela presença de algumas das características básicas daquele gênero, como a narrativa em primeira pessoa; a constante presença de aventuras e trapaças por parte do protagonista, o caráter explícito do fingimento, dentro do relato; o desejo de ascensão social do protagonista e a sátira social como paródia dos mecanismos de ascensão (González, 1994, p.265-69). Além do fato de o protagonista ser espanhol, aparecem ao longo do relato várias referências não apenas à literatura espanhola do "século de ouro", mas também à própria picaresca, como, entre outros: "Os lances picarescos de Luís Galvez formam um todo com o vaudeville político do ciclo da borracha" (Souza, 1985, p.195-6).

Galvez, imperador do Acre conta, dessa forma, em quatro partes ou capítulos, as aventuras do protagonista durante os eventos da criação do Estado Independente do Acre. A cronologia do relato vai de novembro de 1897 ao primeiro dia de 1900, quando um golpe de Estado, descrito de forma carnavalizada, expulsa Galvez do poder. Dessas partes, apenas a última tem sua ação no Acre: as três primeiras narram acontecimentos que antecederam a criação do novo país. A primeira delas tem a ação em Belém do Pará, entre novembro de 1897 e novembro de 1898, e trata da trama urdida entre bolivianos e norte-americanos para apoderar-se efetivamente do território que pertencia à Bolívia. Galvez denuncia a negociata entre as autoridades bolivianas e a empresa norte-americana a quem a região é cedida, em troca da exploração da borracha e recolhimento dos impostos. Para não implicar as autoridades do estado do Amazonas e os interesses de comerciantes e seringalistas brasileiros, ele é nomeado como uma espécie de testa de ferro encarregado de criar um Estado independente, que mais tarde seria incorporado ao território brasileiro. A ação da segunda parte, entre fins de 1898 e princípios de 1899, tem sua maior parte localizada na viagem entre Belém e Manaus, para onde o aventureiro dirige-se para assumir a chefia da expedição patrocinada pelo governo do Amazonas.

Em Manaus, ocorre parte da ação da terceira parte, entre março e junho de 1899. Preparada e armada a expedição, Galvez e seus companheiros de viagem, disfarçados de companhia teatral, vão, em junho, em direção a Puerto Alonso, no Acre, aonde chegam no dia 14 de julho, dia em que se funda o novo país. A última parte ocorre totalmente em Puerto Alonso, elevada a capital do Império do Acre. O romance termina na noite do Ano-Novo de 1900, quando Galvez é derrubado por um golpe de Estado patrocinado por seringalistas com apoio das autoridades brasileiras.

Nos três últimos fragmentos, volta a metaficção. No penúltimo, Galvez encerra seu relato: "Eu fui derrotado pelo século XX. Sou um personagem dos oitocentos sem profilaxia e nestas folhas de papel venci minha última temporada da vida. Chegamos ao fim da minha história, queridos leitores. Já não tenho os dedos ágeis e minhas mãos estão cansadas" (Souza, 1985, p.195). A referência ao gênero memorialista é evidente desde o título: "A lógica da memória".

A paródia grotesca continua no fragmento seguinte, titulado "Grand Finale ou Petit Apothéose", que mantém o tom burlesco de todo o romance. No entanto, a voz do Galvez narrador praticamente se junta à do narrador-editor, em uma reflexão metaficcional: "Os leitores que me perdoem, mas furtei o passado da alacridade das memórias e da seriedade das autobiografias. Devolvo minhas aventuras como elas sempre foram: um pastiche da literatura em série, tão subsidiária e tão preenchedora do mundo" (ibidem, p.195). No último fragmento, o narrador-editor retoma uma vez mais a palavra, para concluir o relato: "O nosso herói existiu realmente e pelo norte do Brasil exercitou sua fidalguia. Comandou uma das revoluções acreanas, e quem duvidar que procure um livro sério que confirme nossas afirmações" (ibidem).

Nesse último fragmento, o narrador-editor joga a decisão final para o leitor: cabe a ele decidir em que vai acreditar, cabe a ele confirmar, ou não, as palavras do narrador, cabe a ele ver que pela forma de grotesca pantomima podem-se dizer coisas sérias. *Ridendo castigat mores*, dizia o velho adágio. Evidentemente, o tom de burla que perpassa toda a narrativa pretende encobrir e ao mesmo tempo desencobrir. Não apenas a história da incorporação do Acre ao Estado brasileiro; a história da Amazônia e a tentativa de sua integração ao mundo industrializado da época do ciclo da exploração da borracha; a história do Brasil como país periférico e suas relações com o centro que controla o mundo econômica e culturalmente. Enfim, praticamente toda a história do Ocidente e sua cultura, colocadas em xeque a partir das grandes catástrofes do século XX.

Nesse contexto podem-se entender alusões a textos fundamentais da história do pensamento ocidental, de Aristóteles, Platão e cânones básicos do cristianismo aos fundadores da Modernidade, como Maquiavel, Morus, Descartes, Spinoza, Hobbes, enciclopedistas, posi-

O ROMANCE HISTÓRICO BRASILEIRO CONTEMPORÂNEO (1975-2000) **93**

tivistas, marxistas, até chegar aos desconstrutivistas pós-modernos. Esse lado sério, por assim dizer, da história da cultura ocidental, aparece lado a lado com o lado burlesco. Aristófanes, Shakespeare, Lope de Vega, Cervantes, Calderón, Swift, e especialmente o teatro de títeres, as comédias burlescas, as zarzuelas, a ópera bufa, e todos os "gêneros menores", tanto da música quanto do teatro, por intermédio da companhia teatral transformada em companhia de *zarzuela* e *cancan* que acompanha o protagonista em sua viagem, ajudam a encenar o imenso *vaudeville* tropical que, segundo o próprio Márcio Souza (1987), seria a melhor definição do período histórico da exploração da borracha.

Pela teia intertextual e narrativa, estilhaçada como um mosaico, fica evidente a noção de transitoriedade, relativismo e fragmentação da pós-modernidade. Mesmo a ambiguidade com a qual o narrador-editor apresenta as grandes utopias, às vezes assinalando a necessidade de sua dessacralização; outras vezes indicando sua manutenção, já que a sobrevivência da humanidade depende de relações humanas e sociais justas e igualitárias, deverá ser lida criticamente. Afinal de contas, não é possível que o corrosivo ácido do sarcasmo seja capaz de destruir toda a esperança possível. Ainda que se exalte, como nos indicam os cânones pós-modernos, a estética do espetáculo, para que esse espetáculo tenha sentido há que se extrair alguma *minima moralia.*

Circulando pelas margens: João Antônio e o *Calvário e porres do pingente Afonso Henriques de Lima Barreto*

Quando, em 1995, a *Folha de S.Paulo* decidiu presentear seus leitores com uma coleção de crônicas de Lima Barreto, encomendou a apresentação ao escritor João Antônio, pois era de conhecimento público o devotamento do autor de *Malagueta, perus e bacanaço* para com Afonso Henriques. Trata-se de um dos últimos textos de João Antônio, que viria a falecer no ano seguinte. Nele, sob o título de

"Conheçamos Lima Barreto, um descobridor do Brasil", uma vez mais o cronista do subúrbio paulistano expressa sua admiração pelo escritor carioca, que teria sido um de seus grandes mestres.

Sua proposta básica, novamente, é promover um redescobrimento do autor de *Triste fim de Policarpo Quaresma*, ao mesmo tempo que as crônicas de Lima Barreto promoveriam um redescobrimento do Brasil. "Lima Barreto pertence a uma família universal de escritores cuja marca é o humanismo que se agita por um permanente espírito de luta: Cervantes, Gogol, Dickens, Gorki...", afirma João Antônio (1995b, p.9) no referido ensaio. A essa mesma família, com certeza, ele também julgava pertencer.

Não se pode dizer, com certeza, qual teria sido o impacto da obra de Lima Barreto em João Antônio. Entretanto, a partir da segunda edição de *Malagueta, perus e bacanaço*, publicada em 1974, ele passa a dedicar todos os seus livros a Afonso Henriques. À dedicatória muitas vezes precede a expressão "consagro". Às vezes, nessas dedicatórias, o militante das letras que era João Antônio chamava a atenção para o esquecimento do mestre. "A Afonso Henriques de Lima Barreto/ nunca bastante lembrado/ pioneiro/ captador de bandalheiras/ e denunciador/ desconcertante/ consagro/ com a devida humildade", escreve em *Ô Copacabana*, de 1978, sem dúvida sua mais longa dedicatória.

Em uma entrevista a Flávio Aguiar, publicada no jornal *Movimento* em 14 de julho de 1975, João Antônio conta que havia cerca de 15 anos tinha uma admiração fervorosa por Lima Barreto, o que o levou a reler toda a obra (ele reforça que se trata de toda a obra, incluindo até a correspondência) do autor de *Clara dos Anjos*. Conta, ainda, que havia certo tempo vinha trabalhando na redação de um livro sobre Lima Barreto então concluído: "são 88 páginas: o meu *Calvário e porres do pingente Afonso Henriques de Lima Barreto*. Em toda a extensão do trabalho não há uma única palavra de minha autoria" (Aguiar, 1975).

Em dezembro de 1976, o *Jornal UNIBANCO*, órgão cultural da Fundação João Moreira Salles, anunciava o próximo lançamento do livro, antecipando "um capítulo inédito", cedido pelo autor. Trata-se,

O ROMANCE HISTÓRICO BRASILEIRO CONTEMPORÂNEO (1975-2000)   95

na verdade, de uma dúzia dos vários fragmentos que compõem o livro e uma apresentação do escritor, "Lima Barreto visto por João Antônio", que é a mesma introdução que aparece no livro, com o título de "Lima Barreto, pingente".

O livro, com noventa páginas, e não 88 como anunciava seu autor na entrevista de 1975, veio à luz em 1977, publicado pela Editora Civilização Brasileira, na Coleção Vera Cruz de Literatura Brasileira. Uma vez mais vem dedicado ao escritor carioca: "Consagro/ ao talento e ao caráter/ e (humildemente)/ à atualidade do pioneiro aqui reverenciado. AFONSO HENRIQUES DE LIMA BARRETO". Trata-se de "uma espécie de itinerário arquipoético das andanças, pensares e fazeres" do inventor das *Bruzundangas*, conforme explica Eduardo Francisco Alves na orelha do próprio livro. De difícil classificação, esse pequeno volume pode ser lido, segundo as novas formas de fazer literário, divulgadas principalmente a partir dos anos 1970, sem a menor sombra de dúvida, como uma obra de ficção, dentro da estética que muitos críticos recentes vêm chamando de pós-modernidade.

Calvário e porres do pingente Afonso Henriques de Lima Barreto aparece introduzido por dois textos de João Antônio. O primeiro deles, o já referido "Lima Barreto, pingente", é um texto de pouco mais de três páginas, no qual o escritor apresenta seu mestre carioca usando um discurso que repetirá ao longo dos anos: ao mesmo tempo que reivindica a memória do autor do *Isaías Caminha*, insiste na atualidade de sua escrita. Para João Antônio, Lima Barreto é o verdadeiro cronista não apenas de seu tempo, mas de uma sociedade suburbana do Rio de Janeiro, "ainda agora, como naquele tempo, esquecido" (Antônio, 1977, p.14). A data dessa apresentação é 13 de maio de 1976, certamente apócrifa, já que cerca de um ano antes o escritor já apresentava o livro como concluído. O 13 de maio é evidentemente uma data escolhida para homenagear o nascimento do escritor carioca em 1881, a mesma data em que ocorreria mais tarde a própria abolição da escravatura. Em se tratando de Lima Barreto e do papel dos afrodescendentes na sociedade e na própria literatura brasileira, essa data é bastante significativa.

Em seguida, ainda assinada pelo próprio João Antônio, vem uma "Nota prévia", em que explica a possível origem do texto. Em pouco mais de dez linhas, ele praticamente repete as informações que já constavam da entrevista a Flávio Aguiar no ano anterior e que repetirá em vários de seus escritos sobre Lima Barreto. Entre maio e junho de 1970, estando em um sanatório na Tijuca, havia conhecido um velho jornalista, Carlos Alberto Nóbrega da Cunha, "caduco, maníaco e esclerosado", que lhe havia passado "um documento inédito, um roteiro dos porres de Lima Barreto" (Aguiar, 1975). "Esse roteiro dos bares urbanos frequentados pelo amanuense Afonso Henriques de Lima Barreto" (Antônio, 1977, p.17) é o texto apresentado ao leitor, entremeado de fragmentos do homenageado: "Os textos em destaque são de e em torno de Lima Barreto. [...] Como um montador de cinema, tesoura em punho, dei ritmo e respiração ao trabalho alheio. Participei, se muito, na linguagem da versão final do depoimento" (ibidem).

Há em seguida cerca de oitenta fragmentos, de extensão variável, que podem ser incluídos em três categorias. Na primeira categoria estariam os 35 fragmentos narrados em primeira pessoa, o guia original de Nóbrega. A maioria desses textos descreve, com riqueza de detalhes, não apenas lugares do Rio de Janeiro, por onde circulava Lima Barreto entre 1916 e 1920, como também tipos sociais e personagens históricas que teriam convivido com o escritor. O narrador afirma ter convivido com o autor de *Cemitério dos vivos* em sua juventude boêmia pela periferia daquele Rio de Janeiro da *Belle Époque*.

A segunda categoria de textos são fragmentos da obra de Lima Barreto, devidamente citados entre aspas e com informação da fonte, que nem sempre coincidem com os originais, como era de esperar em uma obra pós-moderna. Em princípio, pelo agradecimento constante no início do exemplar, poderia parecer que tais fragmentos tivessem sido retirados da coleção da *Obra completa* de Lima Barreto publicada pela Editora Brasiliense nos anos 1950. Na verdade, o autor valeu-se de várias edições: os vários volumes publicados pela Editora Mérito na década de 1940; os da Brasiliense dos anos 1950; além de edições do Clube do Livro, entre outras.

O ROMANCE HISTÓRICO BRASILEIRO CONTEMPORÂNEO (1975-2000) **97**

Os romances forneceram a maior parte desses fragmentos: *Vida e morte de M. J. Gonzaga*, com seis; *Triste fim de Policarpo Quaresma* e *Clara dos Anjos*, com cinco fragmentos cada, são os mais citados. Dos livros de crônicas, o *Bruzundangas* é o que aparece mais, com cinco fragmentos. Do *Diário íntimo* foram retirados três fragmentos, e assim por diante. Também nessa categoria predominam os textos que descrevem o subúrbio carioca ou os lugares públicos do centro, por onde o escritor circulava diariamente.

A terceira categoria de textos, estatisticamente menos representativa, é formada por trechos de textos de intelectuais que, tendo conhecido ou não o escritor, fizeram comentários sobre ele ou sobre sua obra: Sérgio Buarque de Holanda, Eloy Pontes, Aldo Borgatti, entre outros. Há, ainda, trechos de cartas escritas ou recebidas pelo escritor. Sequer a famosa ficha médica do escritor, publicada por Francisco de Assis Barbosa (1952, p.344-5) na célebre biografia que escreveu sobre ele, foi deixada de lado. Aparece transcrita nas páginas 70-2.

Uma leitura mais atenta do livro de João Antônio permitiria afirmar que o texto que está por trás tanto do roteiro de Nóbrega da Cunha quanto da construção do personagem Lima Barreto é *A vida de Lima Barreto*, de Francisco de Assis Barbosa (1952). Há que observar que das oito ilustrações que fazem parte do *Calvário e porres...*, cinco foram retiradas das páginas daquele livro. Pode-se constatar até mesmo que no exemplar do livro de Barbosa existente no acervo do escritor João Antônio, sob a guarda da Faculdade de Ciências e Letras da Unesp de Assis, essas páginas faltam, provavelmente arrancadas para serem reproduzidas no livro de João Antônio. Uma sexta ilustração é a caricatura do escritor, de autoria de Hugo Pires, publicada pela primeira vez na revista *A Cigarra*, de São Paulo, em 1919, e reproduzida a partir do *Clara dos Anjos*, da Brasiliense, de 1956. As outras duas são reproduções de capas de livros de Lima, de "O livro de bolso", dos anos 1940.

Formalmente, o que chama a atenção no livro de João Antônio é o trabalho de montagem que ele faz dos textos do escritor carioca. Esse *bricollage*, explícito na "nota prévia", constrói o roteiro não apenas do "calvário" do autor de *Clara dos Anjos* pelas ruas centrais do Rio de Janeiro antes de se retirar, completamente bêbado, para Todos os Santos, mas especialmente da leitura que João Antônio faz da obra do escritor e que acaba por impor ao leitor. Via de regra, o livro está composto por um fragmento do texto em primeira pessoa (o roteiro de Nóbrega), seguido de um fragmento de Lima ou sobre ele.

O roteiro de Nóbrega traça uma trajetória espacial pela cidade do Rio de Janeiro, a partir da qual vão se encaixando os fragmentos da obra do escritor, quase sempre em consonância com o texto do narrador em primeira pessoa. Apesar de os fragmentos citados aparecerem entre aspas, sem uma análise muito exaustiva pode-se constatar que tais citações nem sempre coincidem com o original indicado. Na verdade, aparecem apenas os títulos das obras de onde foram retiradas, sendo a montagem, muitas vezes, bastante aleatória. Veja-se o trecho que segue, por exemplo:

"– O que estraga o Brasil não é a cachaça, não. É a burrice, meu caro.

– Menino, aterra esse mar e mata essas gaivotas. O resto demonstra alguma coisa apreciável. Quando você principiar a escrever, tome um trem aqui, viaje até a central, de segunda classe, e terá assunto, não para um pequeno conto apenas, mas para um livro de muitas páginas. (Citações suburbanas em um prefácio de Eloy Pontes para uma edição de *Recordações do escrivão Isaías Caminha*)". (Antônio, 1977, p.22-3)

No contexto da vida do escritor as duas frases citadas até podem adquirir algum sentido, mas uma não tem nenhuma ligação direta com a outra. E realmente elas foram retiradas de "Algumas palavras", texto com o qual Eloy Pontes (1943, p.2) apresenta a edição de O Livro de Bolso, de *Recordações do escrivão Isaías Caminha*, de 1943, sendo frases proferidas pelo próprio Lima Barreto em contextos diferentes.

Entre as páginas 87 e 89 há um longo fragmento cuja única identificação aparece na página 89 como do "Prefácio de Clara dos Anjos" (Antônio, 1977, p.89), de Sérgio Buarque de Holanda. Se vamos ao

O ROMANCE HISTÓRICO BRASILEIRO CONTEMPORÂNEO (1975-2000) **99**

referido prefácio, no entanto, identificamos como parte deste, da edição de *Clara dos Anjos* da Editora Brasiliense, de 1956, à página 11, apenas as últimas 11 linhas, e não todo o trecho incluído no interior das aspas.

No fragmento das *Bruzundangas* ocorre uma montagem abrupta, sem nenhum aviso. O primeiro parágrafo da citação refere-se ao primeiro parágrafo do "Prefácio" do livro (Barreto, 1952, p.11); o parágrafo seguinte é o último parágrafo da mesma página; o terceiro está na página 28, e os três últimos pertencem à página 31. No exemplar constante do Acervo de João Antônio da Unesp-Assis, dois desses parágrafos estão grifados. Resulta interessante observar que embora alguns dos fragmentos transcritos em *Calvário e porres...* estejam devidamente grifados nos exemplares dos livros que fazem parte da biblioteca do escritor, nem sempre os trechos grifados coincidem com os fragmentos transcritos, excedendo as transcrições, na maior parte das vezes, ao que está anotado.

Outro exemplo da atuação da tesoura a que se refere o escritor em sua "Nota prévia", dirigindo os olhos do leitor, é o último fragmento do livro (Antônio, 1977, p.89-90). Tratam-se de dois importantes parágrafos de "Amplius", texto que abre o volume *Histórias e sonhos*, de 1920, um dos últimos publicados em vida do escritor carioca. Na biblioteca de João Antônio há dois exemplares: a segunda edição de 1951, da Gráfica Editora Brasileira, que Assis Barbosa (1952, p.387), equivocadamente, aponta como sendo de 1952; e o da Editora Brasiliense, de 1956. Nenhum deles, entretanto, está anotado. Nesse texto, mais um ensaio que um conto, Lima Barreto discute seu conceito de literatura e a função do escritor a partir de uma discussão de sua própria produção literária. O primeiro parágrafo é um fragmento da página 14, e o segundo é um trecho do penúltimo parágrafo. Cotejemos o trecho transcrito por João Antônio com o de Lima Barreto:

... assim como querem todos os mestres, eu tento também executar esse ideal em uma língua inteligível a todos, para que todos possam chegar facilmente à compreensão daquilo a que cheguei através de tantas angústias. No mundo, não há certezas, nem mesmo em geometrias. (Amplius, in *Histórias e sonhos*, 31/8/1916). (Antônio, 1977, p.90)

> *E, como ele queria*, assim como querem todos os mestres, eu tento também executar esse ideal em uma língua inteligível a todos, para que todos possam chegar facilmente à compreensão daquilo a que cheguei através de tantas angústias. No mundo, não há certezas, nem mesmo em geometrias; *e, se alguma há, é aquela que está nos Evangelhos: amai-vos uns aos outros.* (Barreto, 1951, p.15, grifos meus)

É evidente que, para os objetivos do montador cinematográfico que João Antônio pretende imitar, é importante que o parágrafo com o qual ele fecha o livro seja conclusivo e ao mesmo tempo defenda uma função social para a literatura. Assim, é muito mais interessante concluir seu passeio pela obra de Lima Barreto com uma afirmação bem pós-moderna como é a última frase da citação: "No mundo não há certezas, nem mesmo em geometria". Pronunciada por Lima Barreto, dentro do contexto da Modernidade, ela parece adquirir um sentido profético. Nesse sentido, a concessiva que vem em seguida pode situar-se dentro de certo humanismo cristão defendido pelo autor do *Gonzaga de Sá* em mais de uma ocasião. Evidentemente, ao amputar a segunda parte da última frase de "Amplius", o organizador do *Calvário e porres...* sinaliza com uma leitura mais de acordo com o relativismo dominante no último quarto do século XX.

Desse modo, formalmente, o livro de João Antônio pode ser inserido sem medo e equívoco em uma espécie de gênero híbrido, comum à pós-modernidade, uma mistura de diário; roteiro turístico; ensaio crítico; biografia; crônica jornalística ou romance histórico. A teia narrativa, bem de acordo com o ambiente de ausência de verdades absolutas da segunda metade do século XX, passa por uma série de narradores, em uma espécie de polifonia discursiva. Em um primeiro nível há um "montador", que seguindo a técnica de montagem cinematográfica, de tesoura à mão, recorta e junta fragmentos diversos. O fato de assinar com nome do próprio autor do livro já é um fator de ambiguidade, pois o leitor conhece as atividades de polígrafo li-

O ROMANCE HISTÓRICO BRASILEIRO CONTEMPORÂNEO (1975-2000) 101

terário exercidas por João Antônio. Ao mesmo tempo ele é, segundo a crítica especializada, um contista que, se por um lado circula pela periferia do sistema capitalista denunciando a marginalização, por outro submete a linguagem desses contos ao cuidadoso trabalho poético. Da mesma forma que circula no âmbito da ficção, milita no jornalismo combativo de valorização do escritor e da denúncia social. Boa parte dessas atividades o aproxima de Lima Barreto, de quem ele se diz seguidor.

Na mesma direção, ao escolher Lima Barreto para protagonizar sua deambulação pela periferia do sistema, João Antônio lança mão de dois lugares-comuns. O primeiro deles é o manuscrito encontrado, nesse caso, o relato em primeira pessoa do jornalista louco, Carlos Alberto Nóbrega da Cunha, que, apesar de ser personagem histórico, está mais próximo do herói ficcional. Três homens de letras se cruzam no âmbito da narrativa: o jornalista cronista do subúrbio, romancista mulato pré-vanguardista; o jornalista militante da renovação educativa, escritor frustrado, fazendo a ponte cronológica entre os três; e o cronista da periferia do sistema que deseja integrar a modernidade tardia e a pós-modernidade, que tenta instaurar-se nas fendas abertas. Por intermédio de Nóbrega da Cunha, alcoolista e caduco, o roteiro de Afonso Henriques, alcoolista e demente, chega a outro alcoolista e também maníaco, João Antônio, que por uma teia de relatos o repassa ao leitor curioso. A fantasia e a embriaguez marcam encontro no hospital psiquiátrico, seja em sua versão positivista de colônia de alienados da ciência positivista, o "cemitério dos vivos" que Lima tocou viver; seja em sua versão contemporânea de casa de repouso, a "casa de loucos", onde João Antônio recebe o bastão que simbolicamente lhe passa Lima Barreto por meio do relato do esclerosado Nóbrega da Cunha.

O conhecimento transmitido é duplo: o relato apócrifo de Nóbrega da Cunha fia e desfia os relatos das inúmeras vozes do polígrafo Lima Barreto. Também o roteiro para deambular por essa espécie de labirinto que circula, unindo e separando ao mesmo tempo, do centro à periferia dessa cidade híbrida, o Rio de Janeiro, que é a capital do país do qual ela pode servir de metonímia, passa de Lima

Barreto para João Antônio, por intermédio da memória do caduco Nóbrega da Cunha.

E como já apontava Benjamin (1985) em seu clássico ensaio, o deambular e o narrar se misturam na experiência. Trata-se de um narrar como deambular, como viver. A transmissão da experiência parece fazer-se pelo relato do romance. Isso se pode depreender das obras de Lima Barreto. "O grande narrador tem sempre suas raízes no povo, principalmente nas camadas artesanais", dizia Benjamin (1985, p.214): esse é o narrador moderno, esse é Lima Barreto, ancorado em figuras como Ricardo Coração dos Outros, Ricardo Flores ou Policarpo Quaresma, entre outros. "Esse narrador é a figura na qual o justo se encontra consigo mesmo" (ibidem, p.221), valendo-se, também ele, de certo humanismo, pode-se dizer até mesmo cristão, que também aparece em muitos dos textos de Lima Barreto.

João Antônio, no entanto, embora em muitos aspectos possa compartir do mesmo humanismo até certo ponto idealista de Lima Barreto, não pode deixar de dar um passo à frente. Mesmo diante da consciência de estar na periferia do sistema, ele também é consciente de que esse intercâmbio de experiência não é mais possível. Daí por que tece sua teia de narradores, sua teia de representações. Como afirma Silviano Santiago (1989, p.42), outro tecedor de teias narrativas, "interessa pouco agora vasculhar escritos e biografias dos envolvidos para indagar sobre a veracidade da situação e do diálogo". E então, João Antônio reapresenta as palavras de Lima Barreto, pois no mundo não há certezas, nem mesmo em geometria. Aquilo que parecia ser reto é oblíquo. Os caminhos interessam pela representação que neles se faz.

Daí a interessante metáfora, também ela cristã, e também ela retirada de uma frase solta do *Diário íntimo* de Lima Barreto (1953, p.38): o calvário. Mas se para o autor de *O triste fim de Policarpo Quaresma* o calvário era algo necessário, uma espécie de sofrimento a que estava predestinado pela sociedade, pela raça, pela religião que ele não praticava, mas da qual não podia fugir, o calvário para João Antônio é algo carnavalizado, representado, não menos distante da mesma tradição cristã.

O ROMANCE HISTÓRICO BRASILEIRO CONTEMPORÂNEO (1975-2000)   103

A *via crucis* proposta por João Antônio, mais que um caminho de salvação pelo sofrimento, é a repetição de um espetáculo inútil, uma eterna procissão de bêbados, fora da qual sempre estamos prestes a ser lançados. O pingente, no entrelugar entre o dentro e o fora, como aqueles passageiros dependurados nos bondes do tempo de Lima Barreto, ou nos trens do subúrbio do tempo de João Antônio ou de seu leitor, está sempre prestes a cair. E nessa viagem que tenta levá-los do centro à periferia, ou da periferia ao centro, mantêm-se em uma espécie de limbo eterno do sistema; pré-capitalista, dos tempos da República das Bruzundangas; pós-capitalista, do tempo da República da Pizza.

Para que não se diga que tudo está perdido nessa via sacra grotesca, pode-se afirmar do romance de João Antônio que contribuiu, na senda aberta por Lima Barreto, para que o povo brasileiro, mestiço, sofredor e pobre, se não conseguiu sair das margens do sistema, pelo menos tenha conseguido "invadir o arraial da literatura brasileira", como diria Flávio Aguiar (1997, p.92). E isso não é pouco.

O espelho e a máscara ou memória de quando os ingleses atacaram o Brasil (Em torno de "H. M. S. Cormorant em Paranaguá", de Rubem Fonseca)

O texto se abre com a pergunta: "Quem sou?". A tradicional indagação sobre a identidade é feita por um enigmático personagem mascarado diante do espelho. Desse modo, a narrativa se desenvolve em um jogo de máscaras e espelhos. Os livros e os papéis espalhados pela cena introduzem elementos do fazer literário: a metaficção. Há também sobre a mesa uma caveira amarelada com todos os dentes, lugar-comum das reflexões sobre a fugacidade do tempo. O elemento temporal aparece fixado em seguida. As datas 1850 e 1851 associam-se a nomes que o leitor, em um primeiro momento, desconhece: Feliciano Coelho Duarte, João Batista da Silva Júnior. A data de 1852 é seguida de um espaço vazio, "nada", que será preenchido ao longo da narrativa. Instaura-se o suspense que será resolvido na última página do relato, mas é o móbil para o avanço da leitura.

104 ANTÔNIO R. ESTEVES

Evidentemente, o leitor curioso, buscando identificar os nomes, mesmo que venha a demorar algum tempo, descobrirá tratar-se de acadêmicos da Faculdade de Direito de São Paulo, e que aquelas datas referem-se ao ano de suas mortes. Ao primeiro, o poeta romântico brasileiro Álvares de Azevedo dedicou uma oração fúnebre (Miranda, 1931, p.152), boa parte da qual aparece transcrita no conto em questão (Fonseca, 1979, p.40-1). Ao segundo, ele dedicou o poema "No túmulo do meu amigo João Batista da Silva Pereira Júnior", que integra sua *Lira dos vinte anos* (Azevedo, 1994, p.85).

As peças do quebra-cabeça narrativo começam a encaixar-se. Ainda que o nome do narrador protagonista só apareça nove páginas adiante, pelo seu prenome ("No ano do teu nascimento, Manoel, em 1831...)" (Fonseca, 1979, p.43), e que seu nome completo só apareça nas últimas linhas do relato, o leitor já nas primeiras páginas se dá conta de que esse misterioso personagem que aparece travestido e mascarado diante do espelho é o jovem poeta romântico brasileiro Manoel Antonio Álvares de Azevedo (1831-1852). Além de aprofundar a discussão sobre a identidade, o fato de o protagonista aparecer travestido em bailes promovidos pela rude elite local é uma forma de superar o tédio reinante naquela provinciana cidade de São Paulo em que lhe tocou viver.

Continuando sua investigação, como quem tenta descobrir a identidade do assassino em um relato policial, o leitor atento encontrará, salpicados ao longo do relato, fragmentos diversos da obra do jovem poeta. Observará, também, referências a Shakespeare; a Lord Byron e outros poetas ingleses; à vida intelectual de São Paulo da metade do século XIX. Também notará a presença de fervorosas discussões entre os personagens do relato sobre o fato histórico já referido no título: a destruição causada pelo barco de guerra inglês *H. M. S. Cormorant* no porto de Paranaguá durante a campanha movida pelas autoridades britânicas contra o tráfico negreiro, que tantos dissabores causou à diplomacia do império brasileiro naquelas décadas centrais do século XIX (Steca & Flores, 2006, p.60).

A essa altura, Lord Byron já apareceu como personagem da história, estabelecendo com o protagonista um interessante diálogo

O ROMANCE HISTÓRICO BRASILEIRO CONTEMPORÂNEO (1975-2000) 105

sobre o papel do intelectual na sociedade periférica, sobre as relações entre o país colonizado e sua matriz colonizadora, sobre as relações entre o escritor do país periférico e a literatura que predomina no centro. A questão da identidade, assim, deixa de ser apenas uma questão individual, ampliando seu campo de ação para o país em que está inserida. A construção da nacionalidade, nesse contexto, adquire especial importância, ao lado da construção do cânone literário nacional.

A apresentação do espaço, como se estivesse acompanhando o movimento de uma câmara cinematográfica, praticamente principia com um *close* da imagem do rosto travestido do protagonista refletida no espelho. Vai, então, abrindo-se aos poucos, enquanto ele conta os acontecimentos do baile de máscaras. A descrição da mesa cheia de objetos que podem associar-se à vida do escritor amplia-se para o pobre quarto de república em que vive o jovem. Nesse momento ele está acompanhado por Luísa, cujo nome coincide com o da irmã mais velha do poeta, a mesma cujo retrato pintado aparece ao lado do seu no salão de chá da Academia Brasileira de Letras na realidade não ficcional.

O passo seguinte, abandonado o quarto, espaço preferido dos exilados estudantes naquela hostil cidade provinciana, já em companhia de Teresa, é a taverna na qual ocorrerão as discussões de cunho político. De modo bastante significativo, no espaço privado do quarto do escritor ocorre a discussão de sua identidade individual. No espaço público da taverna, em meio à agitação dos estudantes, por sua vez, discutem-se as questões públicas: a identidade nacional, a dependência econômica e cultural.

Na atmosfera do conto, carregada de elementos oníricos, flutuam elementos grises, em um sutil jogo de claros e escuros, com a predominância desses últimos. Esse ambiente, onde os limites aparecem borrados, tenta recriar o lugar comum da atmosfera romântica, ao qual se associa a temática do conto. Mesmo a localização da ação situa-se no espaço da ambiguidade. Aparecem misturados, de modo sutil, espaços da provinciana Pauliceia e da pretensa cosmopolita corte: espaços com os quais compartilhou o escritor romântico em sua curta existência. Pode-se resumir o argumento do conto de modo bastante simples: em sua agonia, o poeta Álvares de Azevedo rememora os elementos mais importantes de sua vida.

O processo narrativo é complexo: em um primeiro nível há uma voz em primeira pessoa, uma espécie de monólogo do protagonista em seu delírio de morte. A esse monólogo vão sendo atados fios diversos que criam uma enorme teia discursiva e intertextual. Outros personagens tomam a palavra, incluindo o próprio Lord Byron, a quem o leitor vê-se obrigado a manter no fio da navalha. Embora sua voz seja explícita no relato, mantendo animada discussão com o protagonista, ao mesmo tempo ele é invisível para as demais personagens. Ao ouvir o amigo conversando com o poeta inglês, Teresa pergunta a Luísa se ele fala sozinho. "Sempre, ultimamente, responde Luísa, também num murmúrio" (Fonseca, 1979, p.38); "nessas horas é melhor não interrompê-lo, é como se estivesse conversando um assunto importante com um interlocutor para nós invisível..." (ibidem). E complementa que quando não está conversando com seu fantasma, é um mancebo gentil: a isso se resume seu delírio.

A narrativa, entretanto, vai tecendo-se nos interstícios de elementos opostos: delírio e sobriedade, sanidade e loucura, vida e morte, São Paulo e Rio de Janeiro, juventude e idade adulta, centro e periferia, Inglaterra e Brasil, romantismo e (pós)modernidade, poesia e prosa, masculinidade e feminilidade, quarto e taberna, e assim por diante. A dualidade, porém, já estava na obra de Álvares de Azevedo (1994, p.123), que afirmava no segundo prefácio de sua *Lira dos vinte anos*: "É que a unidade deste livro funda-se numa binomia". É evidente que o texto de Rubem Fonseca não pretende sequer discutir as duas faces da medalha imaginada pelo poeta romântico que enxergava o universo de modo mais ou menos maniqueísta, como seria natural em seu tempo. O binômio, em Fonseca, transforma-se em polifonia, valendo-se de toda a ambiguidade possível ao final do século XX, ao reler a vida e a obra do poeta dos medos do século XIX.

A pluralidade de vozes, desse modo, também vai entretecendo discursos variados mediante uma diversificada gama de intertextualidades. Às vezes aparecem fragmentos de poemas de Álvares de

O ROMANCE HISTÓRICO BRASILEIRO CONTEMPORÂNEO (1975-2000) 107

Azevedo, citados *ipsis litteris*. Outras vezes o narrador, em sua releitura faz pequenas modificações, substituindo palavras ou mudando a ordem das palavras na frase. Algumas vezes apresenta uma espécie de resumo de poemas. Outras, ainda, apenas alude ao conteúdo de determinado poema.

Em todo caso, ao longo do conto paira o estilo de Álvares de Azevedo, em sua plenitude ambígua, com a exploração sutil dessa ambiguidade: o tom da narrativa, muito mais do que na própria obra de Álvares de Azevedo, situa-se no limiar entre a leitura ingênua e a fina ironia. Desse modo, se o leitor preferir aquela leitura ingênua da obra de Álvares de Azevedo e outros poetas românticos, que beirando o sentimentalismo melodramático tem sido tantas vezes repetida ao longo da história, especialmente nas escolas primárias, pode até experimentá-la nesse conto. No entanto, não pode passar ao largo dos elementos irônicos que já estavam na obra do poeta romântico e que reaparecem com muito mais força no entretecido narrativo de Rubem Fonseca.

A carnavalização, nesse sentido, tem uma presença marcante no relato. O próprio Álvares de Azevedo, no referido segundo prefácio de sua *Lira*, também já apontava nessa direção. É necessário superar o sentimentalismo, e essa superação só pode ocorrer pelo uso da ironia. "Antes da Quaresma há o Carnaval", afirma ele (Azevedo, 1994, p.123). E cita toda uma genealogia de cultores da sátira menipeia, incluindo Cervantes e o próprio Rabelais. "Por um espírito de contradição, quando os homens se veem inundados de páginas amorosas, preferem [...] uma fábula de Rabelais, a todas as ternuras elegíacas dessa poesia de arremedo que anda na moda..." (ibidem). O tom de desenfreada carnavalização presente no conto de Rubem Fonseca, mais que responder a uma tendência de seu tempo, parte de um estímulo já presente no espírito do poeta que ele escolhe para ser seu protagonista.

Assim, o tom de comédia burlesca que ri do sentimentalismo barato em torno da vida de Álvares de Azevedo, imortalizado especialmente pela escola secundária, de inspiração positivista, dirige a estrutura do conto de Rubem Fonseca. Na primeira cena, surge o protagonista, vestido de mulher, com uma máscara, diante do espelho, indagando sobre sua identidade. Enquanto vai se despindo da fantasia, conta em tom burlesco suas aventuras no baile da condessa de Iguaçu, filha bastarda do imperador Pedro I e da marquesa de Santos, fina flor da aristocracia (bastarda, enfim) brasileira. A correspondência do poeta mostra bastante familiaridade com esse ramo dos Bragança de São Paulo: ele frequentava a casa da marquesa e tratava Maria Isabel de Alcântara Brasileira, a condessa, intimamente por Bela. A descrição do vestido da condessa foi retirada de uma carta do próprio poeta à sua mãe, datada de 13 de agosto de 1849, em que ele conta sua participação em um baile parecido ao que Fonseca relata em seu conto (Azevedo, 1976, p.123).

O conde Fé d'Ostiani, que cortejou a estranha donzela, é também um personagem exótico: no relato, é o embaixador banguela do Reino das Duas Sicílias. O personagem é histórico e histriônico. A importância dessa embaixada no Brasil era óbvia, já que a imperatriz é uma princesa daquela corte. A boca sem dentes, mais que uma dura realidade daquele século XIX de péssimas condições higiênicas e sanitárias, é a paródia burlesca do beijo romântico. A fantasia estabelece o domínio da ambiguidade, também sexual, no país do carnaval. Na realidade, o conde Alexandre Fé d'Ostiani era amigo do poeta, tendo merecido a dedicação de um poema em sua *Lira dos vinte anos*, e foi embaixador do reino da Sardenha no Brasil. O fato de aparecer no relato de Fonseca como embaixador do Reino das Duas Sicílias, estando presente em um baile em São Paulo, faz parte das distorções conscientes e anacronismos realizados pelos escritores em seu afã de parodiar a história.

A máscara e a representação perpassam o relato: há uma troca de vestido entre Teresa, personagem saído de várias alusões, diretas e indiretas da obra de Azevedo, e Luísa, personagem certamente construída a partir da imagem idealizada da mulher, calcada na irmã do próprio protagonista. A insinuação do incesto, amalgamada a partir da explicitação da relação de Lord Byron com sua meio-irmã Augusta, é um lugar-comum das excentricidades românticas. Uma vez mais o beijo entre a boca casta e idealizada da irmã jovem e sã e a boca podre do poeta tuberculoso adquire força na narrativa.

O ROMANCE HISTÓRICO BRASILEIRO CONTEMPORÂNEO (1975-2000)   109

Ainda dentro da representação estão inseridas referências às encenações das obras de Shakespeare, outro dos diálogos intertextuais do relato. Nesse sentido, encontram eco a pergunta sobre a identidade que abre o texto, a indagação do poeta à caveira que adorna sua mesa, associadas com referências ao *Hamlet*, especialmente a fala final de Horácio (Fonseca, 1979, p.41). Além da máscara e do jogo de espelhos, a ambiguidade da representação barroca, com seus palhaços e bufões, indaga, no grande espetáculo do mundo, afinal de contas, o que é sonho, o que é realidade.

Nessa mesma linha, adquirem sentido várias referências à orgia, mais dionisíaca pela presença do vinho e da comilança do que pela prática da sexualidade propriamente dita. O ambiente onde ocorre boa parte das discussões políticas dos personagens é a "Taberna do Sapo e das Três Cobras", onde se come, se bebe e se dança à farta, em um verdadeiro festim pantagruélico. O nome do estabelecimento, bem como sua descrição, advém da obra de Álvares de Azevedo, não apenas da famosa *Noite na taberna*, mas especialmente da casa noturna que aparece no poema "Boêmios", da *Lira dos vinte anos* (Azevedo, 1994, p.148).

Walter Benjamin (1985, p.205), em seu ensaio sobre o narrador, observa que nos últimos tempos a ideia de morte vem perdendo sua onipresença e força de evocação na consciência coletiva. O espetáculo público da morte do indivíduo, altamente exemplar nas sociedades pré-capitalistas, acaba deixando de ter sentido pouco a pouco, conforme avança a Modernidade. Rubem Fonseca centra a ação de seu relato não apenas no espetáculo da morte do poeta Álvares de Azevedo, mas no tema da morte em si. Com isso, chama a atenção para o processo de transição entre a sociedade pré-capitalista em que se movia seu protagonista, que fez de sua própria morte um espetáculo, e a sociedade pós-capitalista, pode-se dizer, em que se move o leitor do conto. A ação do relato, desse modo, está centralizada não no espetáculo da morte exemplar da época do protagonista, mas, por meio da sutil construção narrativa, no espetáculo de sua representação. Assim, mais que vividas pelos personagens, suas mortes são representadas de modo carnavalizado, na maior parte das vezes. Daí a importância dos

110 ANTÔNIO R. ESTEVES

gestos teatrais, do jogo de máscaras, dos fragmentos de Shakespeare, da presença das caveiras, oriundas diretamente do teatro barroco.

Assim, o final do relato não poderia ser diferente: o protagonista, narrador em primeira pessoa de sua própria morte, de repente parece transcender a seu próprio tempo e localizar-se no tempo do leitor. "O país vacila, vê a mentira no que existe e a falsidade no que pode vir, tudo está profanado, de todas as assembleias, das vozes populares, das praças públicas, das academias, de todas as associações deve correr grande luz, porque a chaga do povo é funda" (Fonseca, 1979, p.49).

O salto, no entanto, parece mais evidente no último parágrafo, fechando-se em uma espécie de imenso ciclo, em que o narrador nega a identidade que veio construindo ao longo da narrativa, ao mesmo tempo que responde à pergunta com que abre o relato:

> Bustamante diz que Byron era incestuoso, fanfarrão e pederasta, sedutor de mulheres, que o Cormorant foi embora, que eu não sou Álvares de Azevedo, que o scottisch virou chorinho, que tudo mudou, outros navios de guerra, novos escravos, outros poetas, minha vida se esvai, chamai meu pai. (ibidem)

Apesar de as últimas palavras coincidirem com a pretensa última frase de Álvares de Azevedo ("Que fatalidade, meu pai"), de acordo com seus biógrafos (Azevedo, 1931, p.142, por exemplo), o leitor de Fonseca sabe que a referência à transformação do scottisch em chorinho é um processo posterior à época de Álvares de Azevedo, já avançado o século XX. O próprio leitor pode dar-se conta, nesse momento, de que está diante de um narrador pós-moderno, que apenas usou a máscara do poeta romântico para discutir questões que estavam em evidência na metade do século XIX, mas que continuam presentes na segunda metade do século XX. Qual é nossa identidade? Qual o papel do intelectual em um país periférico; como se constrói o cânone da literatura? Qual a relação entre a arte e a sociedade? Deve o escritor ser um militante político? Assim como o país, o narrador também vacila, vê a mentira no que existe e a falsidade no que pode vir.

O ROMANCE HISTÓRICO BRASILEIRO CONTEMPORÂNEO (1975-2000)   **111**

Como diz Silviano Santiago (1989, p.51) em um ensaio já clássico em que tenta definir o narrador pós-moderno a partir das observações de Benjamin, na obra pós-moderna o narrador narra ações ensaiadas que existem no lugar e no tempo que lhe é permitido existir. Nesse espetáculo, os personagens observados "passam a ser atores do grande drama da representação humana, exprimindo-se através de ações ensaiadas, produto de uma arte, a arte de representar". O espetáculo da morte, enfim, é superado. Não apenas pela inversão carnavalizada das relações, criando uma espécie de espetáculo da vida, no qual o erotismo tem um lugar especial, voltando-se para a luz do sol.

Enfim, o conto "H. M. S. Cormorant em Paranaguá", de Rubem Fonseca, incluído no volume *O cobrador*, publicado em 1979, é um excelente exemplo desse tipo de narrativa de extração histórica produzida pela literatura brasileira contemporânea, podendo mesmo ser incluído na categoria de metaficção historiográfica, estabelecida por Linda Hutcheon (1991). Sua leitura, como se vê, possibilita uma fértil discussão das relações possíveis entre a literatura e a história, dentro da poética da pós-modernidade.

Uma incursão livre pelo modernismo: *Em liberdade*, de Silviano Santiago

É do conhecimento público que, por motivos até hoje pouco esclarecidos, o alagoano Graciliano Ramos (1892-1953), então escritor já consagrado pela publicação de *São Bernardo*, em 1934, foi preso no dia 3 de março de 1936 em sua casa em Maceió. Sem conhecer as causas da prisão, é transferido para o Rio de Janeiro, onde permanece encarcerado em diversos lugares, incluindo a famosa Colônia Penal da Ilha Grande. Após a mobilização de diversos setores da intelectualidade do País e a atuação do jurista Sobral Pinto (1893-1991), é posto em liberdade em janeiro do ano seguinte. A experiência da reclusão constitui suas *Memórias do cárcere*, que vieram à luz após a morte do escritor, em 1953. Trata-se, segundo Alfredo Bosi (1979, p.454), de "um dos mais tensos depoimentos da nossa época e, por certo, o mais alto de nossa literatura".

112   ANTÔNIO R. ESTEVES

Partindo da informação fornecida por Ricardo Ramos, de que seu pai teria deixado de escrever o capítulo final de suas memórias redigidas entre 1946 e 1952, Silviano Santiago recria por meio da ficção o período de pouco mais de dois meses que se seguiu à saída de Graciliano da cadeia, de 14 de janeiro a 26 de março de 1937. O resultado é *Em liberdade*, "uma ficção de Silviano Santiago", como bem esclarece o subtítulo do romance publicado em 1981.

Desde o título, a obra do escritor mineiro radicado no Rio de Janeiro, doutor em Letras Francesas pela Sorbonne e eminente crítico literário, joga com a metaficção. A epígrafe do romance já avisa, citando Otto Maria Carpeaux (1971): "Vou construir o meu Graciliano Ramos". Em seguida aparecem duas notas do editor, assinadas por Silviano Santiago, que, parodiando o antigo motivo do manuscrito encontrado, explica como veio a ter em suas mãos o "diário" que o autor de *Vidas secas* teria escrito nos dias que se seguiram à sua saída da prisão e que ele transcreve nas páginas seguintes do livro. Em evidente diálogo com as *Memórias do cárcere*, os diários apócrifos são publicados sob o título de "Em liberdade, diário de Graciliano Ramos". Esse editor explica que os originais "encontram-se batidos à máquina e com poucas correções" (Santiago, 1981, p.15), conforme era costume do escritor alagoano. As páginas estão numeradas em tinta vermelha, cor na qual também aparecem "escritas as duas frases de *Angústia*" (ibidem, p.23), que servem de epígrafe dos diários: "Não sou um rato. Não quero ser um rato".

Parodiando talvez a mais tradicional das escrituras do eu, o editor inclui, em seguida, as duas partes do texto apócrifo de Graciliano. A primeira parte trata do período em que ele foi hóspede do romancista José Lins do Rego, na Rua Alfredo Chaves, Largo dos Leões, de 14 de janeiro a 14 de fevereiro de 1937. Nessa parte, o Graciliano de Santiago anota em seu diário as sensações de seu primeiro mês em liberdade. Aos poucos, ele vai se reapossando do próprio corpo, de sua libido; vai se reapropriando de seu próprio destino, o que lhe foi negado durante o período em que permaneceu prisioneiro do regime de Vargas. Ao mesmo tempo, aponta impressões sobre a vida intelectual naquele ambiente degradado que antecede a declaração

O ROMANCE HISTÓRICO BRASILEIRO CONTEMPORÂNEO (1975-2000)   113

do Estado Novo, em 1937. Os capítulos são curtos: a escrita imita a austeridade do estilo do autor de *São Bernardo*, seja em seus romances, seja nos livros de memória.

A segunda parte do romance significativamente começa depois do Carnaval, quando o personagem deixa a casa de Lins do Rego. Duplamente livre, ele se instala na Pensão de Dona Elvira, na Rua Correia Dutra, no Catete, bem perto da sede do poder da República. A cronologia aponta o período de 15 de fevereiro a 26 de março do mesmo ano. No entanto, a maior parte do relato se refere ao mês que vai até 15 de março, já que depois dessa data há apenas duas anotações, 20 e 26 de março. O escritor está só: Heloisa, sua esposa, viajou para Maceió para buscar as filhas menores, pois a família decidira fixar-se na capital da República.

Essa parte do romance é ainda mais metaficcional que a primeira. Aprofunda as relações entre o escritor e seu fazer literário; discute as relações entre o intelectual e seu meio, e entre o intelectual e o poder. No nível da fábula, o personagem escreve uma narrativa de extração histórica em que aborda a morte, no cárcere, do inconfidente Cláudio Manuel da Costa. Descrições da vida intelectual brasileira do período aparecem compartilhando as páginas do diário ficcional com reflexões sobre as relações entre a literatura e a história e o papel do escritor em sociedades periféricas e autoritárias como a do Brasil.

Cruzam-se, por meio de intertextos variados, situações de repressão política em distintos momentos da história do País. Misturam-se o período da Inconfidência Mineira, cenário da ficção apócrifa que o apócrifo protagonista Graciliano do romance de Santiago escreve, com o período Vargas, quando o escritor Graciliano Ramos, entre outros, amargou o cárcere. Acima de tudo, pairam alegorias ao período próximo à escritura da obra, quando o jornalista Vladimir Herzog foi eliminado em 1975 nos cárceres da ditadura militar, em pretenso suicídio.

Estruturalmente, a primeira marca do romance de Silviano Santiago é sua forma calcada na fôrma do diário. Trata-se, na realidade, de uma espécie de desconstrução paródica dessa modalidade de "escritura do eu", bastante usual na história da literatura durante os últimos dois séculos, pelo menos. Da mesma forma, ao colocar como protagonista de seu romance um personagem histórico, no caso um escritor canônico da literatura brasileira do século XX, o romance também dialoga de modo paródico com pelo menos outras duas modalidades desse tipo de escritura: a biografia e a autobiografia, além da crítica literária.

É evidente, no entanto, que, embora a obra revisite o pacto autobiográfico, não é ele que ocupa o primeiro plano, mas sim o pacto ficcional, para o qual o leitor é alertado já no subtítulo do romance, bem visível graficamente na portada: *Em liberdade, uma ficção de Silviano Santiago*. A ruptura com a premissa básica estabelecida por Philippe Lejeune (2008) para o pacto autobiográfico é evidente. Aqui a obra não pretende fazer coincidir a tríade autor-narrador--protagonista. Aliás, tal pacto está presente apenas nas duas notas do editor, assinadas por Silviano Santiago, nas quais realmente aparecem alguns dados que coincidem com a biografia do mineiro de Formiga: que realizou com bolsa da Capes estudos sobre a obra de Gide que resultou em sua tese de doutorado em Paris, que trabalhou em uma universidade americana, que é crítico literário e professor universitário, além de escritor. Apenas isso. No demais, a obra é construída ficcionalmente a partir de acontecimentos da vida do escritor alagoano, com o preenchimento de algumas lacunas existentes em sua biografia.

Desse modo, a desconstrução simbólica levada a cabo por Silviano Santiago opera em diversos níveis. Em um primeiro nível, dentro daquilo que poderíamos chamar de pós-modernidade, o livro propõe-se a desconstruir a forma literária conhecida como romance. Ao misturar em seu texto elementos do diário, da biografia, da autobiografia e da crítica literária, todos eles gêneros que em si estão a meio caminho entre a escritura referencial e a ficcional, com elementos do romance, especialmente por meio de sua modalidade histórica, o escritor contribui para a discussão dos gêneros literários consagrados ao longo da Modernidade.

Ao mesmo tempo ele promove, especialmente, a discussão de quais seriam efetivamente os limites entre a narrativa histórica e a ficcional. A primeira libertação, nesse contexto, seria a libertação

O ROMANCE HISTÓRICO BRASILEIRO CONTEMPORÂNEO (1975-2000) 115

com relação à prisão ocasionada pelos gêneros mais ou menos preestabelecidos. Essa mistura de gêneros produz uma espécie de *pastiche* em que não apenas se mesclam e se intercruzam formas tradicionais, mas também fragmentos de diversas obras e de diversos autores. Em um segundo nível, coloca-se em dúvida, ademais, a noção de autoria, algo também típico da pós-modernidade. Tal recriação inovadora, no plano formal, vale-se da intertextualidade, da paródia e da carnavalização como formas de corroer pontos de vista preestabelecidos, abrindo a possibilidade para múltiplas leituras e consequentemente para a plurissignificação.

Da mesma forma, mas de maneira bem mais evidente, o conteúdo da obra caminha na mesma direção: romper as grades que aprisionam o pensamento em uma estrutura lógica bastante usual no século XIX, mas que não teria sentido seguir em vigência em um período pós-vanguardista. A primeira de tais rupturas seria a necessidade de "superar a tragédia do raciocínio lógico através da fantasia" (Santiago, 1981, p.12). Essas palavras, atribuídas pelo editor Silviano Santiago a Clara Ramos, filha de Graciliano, representam claramente uma das ideias mais preciosas da pós-modernidade e marca da metaficção historiográfica, segundo Linda Hutcheon (1991). Ao se colocar em dúvida a capacidade da razão para relatar ou interpretar a realidade, não resta senão à fantasia fazê-lo. Desse modo, da mesma forma que vai se apropriando novamente da realidade de homem livre, o personagem Graciliano vai descobrindo (ou recuperando), ao mesmo tempo, não apenas o mundo, mas também a si mesmo.

Contra o absurdo de um poder que o privou da liberdade sem nenhuma explicação, enterrando-o no subterrâneo do cárcere, agora ele dispõe da intuição que, pouco a pouco, o vai integrando outra vez ao mundo da liberdade. Esse processo de descoberta inclui a conquista de seu próprio corpo, nela incluindo também a sexualidade. É significativo que o texto comece com estas palavras: "Não sinto o meu corpo. Não quero senti-lo por enquanto. Só permito a mim existir, hoje, enquanto consistência de palavras. Estas combinam-se em certas frase que expressam pensamentos meus oriundos da memória afetiva e criados pelo acaso" (Santiago, 1981, p.27).

116 ANTÔNIO R. ESTEVES

Toda a primeira página do diário do protagonista é uma discussão teórica sobre essa questão: a realidade que vai adquirindo consistência (e existência) a partir da combinação de palavras. Um corpo que vai sendo descoberto a partir da consciência de estar no mundo. Tal processo culmina, poder-se-ia dizer, com o despertar da sexualidade. No texto relativo ao dia 22 de janeiro, estando o protagonista passeando pela praia de Botafogo, admira o corpo bem feito de uma mulher e, de repente, tem uma ereção. É curioso observar que, incluindo esse fragmento, aquilo que poderia ser o elemento mais primitivo do indivíduo, como a pulsão sexual, tem origem na reflexão sobre o processo de criação artística.

A segunda questão suscitada pelo romance é a relação entre o indivíduo e o mundo que o rodeia, mediada pela palavra. O personagem, nesse processo, vai aos poucos se descobrindo a si mesmo, ao mesmo tempo que se situa no mundo. A questão primordial, já tema da obra de Graciliano Ramos, são as relações entre o indivíduo e a sociedade, e especialmente entre o indivíduo e o poder organizado dessa sociedade, representado em última instância pelo poder constituído. Embora praticamente toda a ação do romance ocorra no espaço privado da individualidade, por trás dela está a força brutal de um Estado repressor, que aos poucos vai eliminando os espaços públicos ao mesmo tempo que também destrói os espaços privados. Nesse sentido, o romance relata a trajetória de uma resistência, ou, em outras palavras, o processo de recuperação desse espaço.

Por se tratar de um personagem público, na medida em que é um escritor canônico da literatura brasileira, a recuperação da individualidade aparece na narrativa em diversos níveis. A primeira delas é a recuperação de seu próprio corpo, de sua sexualidade e também de seu intelecto. Em segundo lugar, a recuperação de seu nicho social, por meio de sua atuação como intelectual. Nesse sentido, a ação avança em duas linhas: ao sair da casa de Lins do Rego e conquistar um espaço próprio, mesmo que seja ainda algo no limite entre o público e o privado, como é um quarto de pensão, o protagonista dá um passo a mais na recuperação de sua liberdade.

Ao desvincular-se de José Lins do Rego, um escritor até certo ponto oficial, por suas relações com a *intelligentsia* do período

O ROMANCE HISTÓRICO BRASILEIRO CONTEMPORÂNEO (1975-2000) 117

Vargas, é como se o protagonista se encaminhasse para conquistar sua liberdade de expressão, em um período em que tais liberdades encontravam-se bastante amordaçadas. E dupla era a mordaça: uma direta, aquela que vetava a palavra com a ameaça do cárcere. A outra cooptava a palavra, pela ação, por exemplo, do grupo de intelectuais que gravitava em torno do Ministério da Educação e Saúde, dirigido por Gustavo Capanema (1900-1985), "em virtude das ligações com o mercado de empregos do Ministério..." (Santiago, 1981, p.195).

A desvinculação da casa de José Lins do Rego representa de certa forma a desvinculação do próprio projeto literário do diário. Diz o protagonista: "quero um projeto literário mais substantivo do que este diário" (ibidem, p.170). Da mesma forma, ele não quer uma narrativa meramente jornalística, como lhe tinha sido sugerido. Ganhar a vida como um jornalista não é o projeto do protagonista do romance. Em um primeiro momento, aceita pequenas peças jornalísticas como encomenda, mas tem consciência da vinculação dos jornais ao poder, que não representam a autonomia sonhada como escritor.

A solução é uma obra de ficção. Surge, então, o conto sobre a morte de Cláudio Manuel da Costa no cárcere. O gérmen dessa ideia aparece em um sonho em que o protagonista é o poeta inconfidente: na verdade, é o próprio Graciliano sendo ao mesmo tempo Cláudio Manuel da Costa. A utilização do motivo do sonho parece vir de Otto Maria Carpeaux (1971, p.13-15) na leitura que faz da obra de Graciliano a partir do sonho, no mesmo ensaio do qual Silviano Santiago retira a epígrafe de seu livro.

Da mesma forma, também há uma superposição de tempos: 1798 e 1937. Pode-se dizer também 1981. Trata-se do famoso episódio da confissão em que Costa denuncia seus companheiros de conjura, enlaçado com o episódio da pretensa confissão de Vladimir Herzog no Destacamento de Operações de Informações – Centro de Operações de Defesa Interna (Doi-Codi), também pouco antes de sua morte, em 1975. O conto, no entanto, tende a crescer, adquirindo a forma de um "alentado romance" (Santiago, 1981, p.210). Assim, fecha-se o círculo metaficcional de identificações: não apenas Cláudio Manuel da Costa é Graciliano, que é Silviano, como o diário de Graciliano de repente começa a transformar-se em um romance, pode-se dizer, escrito pelo próprio Silviano.

As relações entre o intelectual e o Estado é uma das questões mais importantes discutidas na obra. Praticamente todo o primeiro fragmento do diário (referente a 14 de janeiro) é dedicado a ela. No entanto, essa problemática não se restringe ao diário do protagonista. É também a questão central de um texto intermediário entre as notas do editor Silviano Santiago e o início propriamente dito dos diários do protagonista, fragmentos da introdução do livro *Minima moralia* (1951), do filósofo alemão Theodor W. Adorno (1903-1969). A anotação fragmentada, com uma data que não é a do livro do filósofo alemão, entretanto, é deliberadamente ambígua. Não fica claro que a *Minima moralia* se refira diretamente ao título da obra de Adorno ou se também se refere à *minima moralia* do livro que o leitor tem diante de seus olhos, quando está prestes a ingressar no diário ficcional do protagonista Graciliano Ramos. A primeira frase do texto de Adorno é "A análise da sociedade pode-se valer muito mais da experiência individual do que Hegel faz crer". Esse parágrafo conclui reiterando que é ao indivíduo que cabe boa parte do potencial de protesto (Santiago, 1981, p.19).

"Quero qualquer coisa em torno da oposição entre a política e o cárcere, qualquer coisa sobre o destino trágico do intelectual no Brasil, sobre o desejo de morte e o desejo de vida, sobre o compromisso com os seus e a liberdade" (ibidem, p.170-1). Manifesta-se dessa forma o protagonista ao optar por se libertar da imprensa diária e dedicar-se à escrita do relato sobre o assassinato de Cláudio Manuel da Costa na cela da Casa dos Contos. Ao ser indagado e até mesmo repreendido por Manuel Bandeira sobre o fato de se dedicar a um projeto de ficção envolvendo a história da Inconfidência Mineira, ele responde não se tratar de uma mera encomenda bem paga. A questão de sobrevivência nesse caso não se refere apenas ao econômico, como no caso do *Guia de Ouro Preto*, preparado por Bandeira para o Ministério da Educação. Trata-se de outro tipo de sobrevivência: a sobrevivência intelectual, que superasse o episódio de sua prisão nos cárceres varguistas e "se atentasse para o perigo constante que

O ROMANCE HISTÓRICO BRASILEIRO CONTEMPORÂNEO (1975-2000) **119**

corre o intelectual brasileiro quando frente a frente ao poder" (ibidem, p.208).

É evidente que Manuel Bandeira, "um caso raro de erudito entre os escritores nacionais" (ibidem, p.208), entende o projeto e acaba por ajudá-lo, passando-lhe dados de sua pesquisa sobre Ouro Preto e a Inconfidência, além de manter segredo sobre o projeto. Obra metaficcional, o romance de Santiago também acaba estabelecendo entre os escritores do modernismo uma hierarquia que, além de discutir sua construção, pretende corroer o cânone consolidado. A visão de Lins do Rego, nesse sentido, é negativa, ao passo que a de Manuel Bandeira é positiva.

Assim, um dos núcleos da segunda parte do romance é a questão do intelectual ante o poder na sociedade brasileira. O narrador Graciliano Ramos, autor dos diários fictícios que constituem o romance de Silviano Santiago, para discutir essa questão, rompe com a temporalidade convencional e joga duas laçadas simultâneas. Uma em direção ao passado, por meio do conto apócrifo que relata estar escrevendo sobre a morte de Cláudio Manuel da Costa nos cárceres de Vila Rica, após o episódio histórico da Inconfidência Mineira. A outra, em direção ao futuro, está apenas insinuada, embora evidente para qualquer leitor dos anos 80 do século XX. Nela, os cárceres são os porões do Doi-Codi, em São Paulo, onde em 25 de outubro de 1975 morreu Vladimir Herzog (1937-1975).

O diretor de jornalismo da TV Cultura de São Paulo havia sido preso sob a acusação de pertencer ao Partido Comunista Brasileiro, e morreu na prisão após uma sessão de tortura. A versão oficial apresentada pelas autoridades militares foi a de que ele teria se suicidado, enforcando-se na grade de sua cela com o auxílio de um cinto. Como no caso de Cláudio Manuel da Costa, a altura da grade não era suficiente para que a vítima se enforcasse.

Em 31 de outubro de 1975, alguns dias após a morte de Herzog, realizou-se em São Paulo uma cerimônia ecumênica da qual participaram, entre outros, o rabino Henri Sobel, o pastor James Wright e o cardeal-arcebispo de São Paulo, dom Paulo Evaristo Arns. A descrição da missa rezada na Matriz do Pilar pela alma de Cláudio

120 ANTÔNIO R. ESTEVES

Manuel da Costa, nas anotações de 15 de março do diário do Graciliano de Silviano Santiago, coincide com a referida cerimônia celebrada em memória de Herzog, incluindo o sermão que parece rememorar as palavras do cardeal Arns. Em 1978, a justiça reconheceu a culpa da União na morte de Herzog. Sua morte deu início a uma série de manifestações em defesa dos direitos do cidadão, da liberdade de expressão e contra a ditadura militar que acabariam por desencadear o início do processo de abertura política no País e o consequente fim da ditadura militar instaurada após o golpe de 1964.

Dessa forma, o romance de Santiago pode ser lido, como ocorreu na época de sua publicação, como um libelo contra a ditadura militar, que, no entanto, já se arrefecia. O fim do Ato Institucional nº 5, em 1978, foi o primeiro passo do lento processo de redemocratização iniciado pelos próprios militares, que culminaria com a promulgação da nova constituição do País em 1988, e a eleição pelo voto direto, pela primeira vez em mais de duas décadas, de um presidente da República, no ano seguinte. Ao publicar-se *Em liberdade*, em 1981, o país já vivia os efeitos da Anistia de 1979 e da reorganização da vida política com a volta do pluripartidarismo e a fundação do Partido dos Trabalhadores, em 1980. Pode-se dizer, nesse contexto, que acabam perdendo seu sentido as obras de contestação, muitas vezes panfletárias, bastante comuns nas duas décadas anteriores.

Evidentemente, isso não elimina o clima de tensão existente na sociedade, nem os desmandos cometidos pelo regime ditatorial. Pode-se, no entanto, dirigir a leitura dos diários ficcionais de Graciliano Ramos publicados por Silviano Santiago não apenas como mera exposição das discrepâncias suscitadas pela história oficial hegemônica, mas para um questionamento da verdade estabelecida de modo quase cíclico pelos donos do poder.

Nesse sentido, a obra de Silviano Santiago aponta em várias direções, nem todas excludentes. Por um lado, epistemologicamente, vai ao cerne da questão, em consonância com o que normalmente se conhece como pós-modernidade: levanta dúvidas sobre a capacidade da linguagem em reproduzir a realidade ou transmitir uma verdade absoluta, que seria, de acordo com o modo de pensar da segunda metade do século XX, uma mera convenção social. Tais verdades absolutas teriam sido substituídas por verdades relativas, resultantes do pacto de leitura, de acordo com os pontos de vista adotados pelos leitores. O romance, nesse contexto, por sua capacidade polifônica, seria uma forma privilegiada de discurso na qual as múltiplas vozes presentes serviriam para dessacralizar a história oficial, imposta em determinado momento, de acordo com os interesses dos grupos que controlam o poder. Ao escolher Cláudio como protagonista de seu relato, o Graciliano de Silviano Santiago ajuda a corroer os pilares construídos pela República e reforçados pela ditadura de Getúlio Vargas que elevaram Tiradentes à categoria de herói nacional, uma espécie de Cristo brasileiro, o mártir sacrificado em defesa dos ideais de liberdade. Tais ideais, releitura posterior realizada pelas oligarquias nacionais, transformam o cidadão comum Tiradentes em herói--mártir, ao mesmo tempo que relegam o oligarca Cláudio Manuel da Costa a um papel secundário na Inconfidência Mineira de 1789. Não apenas isso: no episódio do enforcamento de Costa encontram-se a história oficial e a não oficial. "A história oficial enforca-o para que não implique os companheiros do mesmo grupo social e que, tudo leva a crer, só ele conhecia. Enforcando-o na cela, assumiria a culpabilidade maior, e por isso, o dá como suicida" (Santiago, 1981, p.201). Da mesma forma, a "história não oficial aceita a versão do suicídio, pois é a maneira que encontra (na sua versão religiosa dos acontecimentos) para colocá-lo ao lado de Tiradentes. O mártir glorioso ao lado do mártir arrependido. Cristo e Madalena" (ibidem).

Entre o martírio e a traição, o Graciliano de Silviano prefere outras versões. Ao criar a versão do suicídio por enforcamento, uma evidente situação de queima de arquivos, complementada pela confissão que teria sido assinada pelo escritor árcade antes de sua morte, a história hegemônica oficial aponta em uma direção. Ao reescrever essa história, mais tarde, os historiadores apontam para outra direção. Ao confrontar essas duas possíveis versões, discutindo-as e problematizando-as, dialogando ao mesmo tempo com historiadores e com literatos, o Graciliano, personagem ficcional de Silviano, nega a possibilidade da existência de uma verdade absoluta.

122 ANTÔNIO R. ESTEVES

Por meio da ficção, discutindo as possibilidades que se apresentam ao intelectual em sua luta contra o Estado opressor, controlado por interesses corporativos ou privados, o narrador protagonista dos diários parece chegar à conclusão de que "Não é uma voz individual que vai acabar com a injustiça, o desnível econômico, a miséria e o sofrimento. Não é uma voz individual que vai coordenar, igualitariamente, o esforço coletivo, a esperança coletiva, o bem-estar coletivo, a felicidade coletiva" (ibidem, p.224).

Nesse contexto, entre as várias sendas apontadas pelo romance, uma delas parece evidente: a crença de que nem mesmo a morte pode impedir que a arte, palavra enfim, por meio de sua capacidade de transmutação e de plurissignificação, possa preencher esse espaço vazio deixado pela insatisfação do ser humano diante da realidade opressora. Um mergulho necessário que pressupõe uma volta necessária para se continuar a necessária travessia. Enriquecer as lembranças com fatos e sensações que antes não existiam. Interrogar com inteligência os acontecimentos e tirar as conclusões necessárias para poder seguir existindo.

3
O ROMANCE HISTÓRICO CONTA A HISTÓRIA DA LITERATURA BRASILEIRA

Escritores como protagonistas

Na vasta galeria de personagens históricos ficcionalizados nos últimos anos, merecem destaque os próprios escritores. Vários romances trazem como protagonistas escritores da literatura brasileira e, por intermédio deles, contam não apenas a história do Brasil, com seus múltiplos dilemas, mas sua inserção na vida cultural e especialmente a história do próprio cânone literário. Aliás, fazer que os escritores surjam como personagens literários não é nenhuma novidade na literatura ocidental, conforme aponta Marilene Weinhardt (1998, p.104) em um artigo em que discute essa questão. Escrever a história da literatura a partir da própria literatura é um caminho bastante usado pela metaficção historiográfica. Evidentemente, nesse contexto a intertextualidade se faz não apenas com a escrita do próprio escritor protagonista da obra, mas também com toda a historiografia da literatura do período em que se insere o escritor. Além disso, na maior parte das vezes, também discute importantes questões literárias, como a construção do cânone literário ou o papel do leitor e da crítica na construção e manutenção desse cânone. Como o cânone é uma construção discursiva de determinado momento, flutua com o passar do tempo. Um determinado escritor, louvado em um momento histórico, pode, pela influência da crítica da historiografia literária, ser relegado a uma posição secundária ou até mesmo ser excluído do cânone em um momento posterior. Nesse sentido, os protagonistas dos romances podem variar, de acordo com os objetivos dos escritores. Assim, em algumas obras há o claro objetivo de fazer lembrar algum escritor esquecido pela historiografia vigente; em outros, o desejo de humanizar algum nome exageradamente mistificado pela crítica; em outros, simplesmente discutir os princípios estéticos vigentes em determinado período histórico, seja com o objetivo de fazer repensar o presente, seja apenas com o objetivo de reavaliar o passado.

Três das cinco obras comentadas antes, que consideramos instauradoras dessa nova modalidade narrativa, pertencem a essa categoria: têm escritores brasileiros como protagonistas, e discutem a literatura brasileira. A primeira delas, publicada em 1977, é *Calvário e porres do pingente Afonso Henriques de Lima Barreto*, de João Antônio. De 1979 é o conto de Rubem Fonseca, que traz Álvares de Azevedo como protagonista. Embora não seja um romance, a ele pode-se aplicar, como o fizemos, os mesmos princípios que regem os romances. A mais importante dessas obras é, sem sombra de dúvida, *Em liberdade*, de Silviano Santiago, de 1981, obra paradigmática da modalidade.

Não voltaremos a elas neste capítulo, dada a sua importância em consolidar a nova vertente do romance histórico no último quartel do século XX. Seguiremos, apenas por uma questão didática, a ordem cronológica das histórias canônicas da literatura brasileira, considerando até mesmo as manifestações literárias do período colonial, pois, ao ficcionalizar tais personagens, os autores consideraram-nos importantes para discutir a formação e desenvolvimento da cultura e da literatura brasileira e as relações entre o intelectual e o poder nesse processo.

Em outro momento deste trabalho, assinalou-se que uma das marcas do romance histórico contemporâneo é sua diversidade, em todos os sentidos. Diversidade de modos de abordagem, diversidade de qualidade estética na construção dessas obras e diversidade de autores que trabalham com esse tipo de romance. Elas incluem desde escritores já consagrados pelo público e pela critica até escritores que

O ROMANCE HISTÓRICO BRASILEIRO CONTEMPORÂNEO (1975-2000) **125**

praticamente estão estreando na literatura. Consequência lógica é também uma variedade de resultados.

A preocupação maior deste capítulo é apresentar um breve panorama da literatura brasileira contada por intermédio dos protagonistas dos romances históricos escritos no último quartel do século XX. Nesse contexto, o leitor poderá constatar facilmente a diversidade de obras abordadas: várias delas ainda estão centralizadas no conteúdo, com objetivos algumas vezes exageradamente didáticos; ou, no outro extremo, podemos ter obras profundamente experimentais. Cada uma delas evidentemente obedeceu a determinada motivação, o que contribuiu na diversificação dos resultados, bastante heterogêneos, como se pode constatar.

O obscuro período colonial

Bento Teixeira (1561-1600)

Desde que se começou a construir o cânone literário brasileiro no século XIX, a *Prosopopeia*, de Bento Teixeira, "canhestro exemplo de *maneirismo* nas letras da colônia", de acordo com Alfredo Bosi (1979, p.41), vem sendo apresentada pelos manuais de história literária nacional como a primeira manifestação literária brasileira, especialmente em razão das descrições que faz da capitania de Pernambuco e da cidade de Olinda. O crítico Wilson Martins (1977, p.106), na *História da inteligência brasileira*, por exemplo, não hesita em atribuir a Bento o mérito de "haver iniciado, com a *Prosopopeia*, de 1601, o ciclo de nossa vida literária propriamente dita".

A falta de informações sobre o período, no entanto, cria uma zona nebulosa na qual habita Bento Teixeira, tido durante muitos anos como brasileiro, e sobre o qual pouco se sabe além das informações que ele próprio apresentou em sua defesa no processo da Inquisição, em consequência do qual acabou perecendo. Parece, no entanto, já não haver dúvidas sobre seu nascimento no Porto, em torno de 1561, tendo emigrado para o Brasil na idade de seis anos.

As lacunas existentes sobre o primeiro poeta do Brasil, ainda que nascido em Portugal, cuja vida foi marcada por situações dramáticas, propiciam fértil terreno à ficção. O fato de ser cristão-novo, de ter passado boa parte da vida fugindo da intransigência das autoridades eclesiásticas em razão da sua origem judia até ser finalmente preso, levado para Portugal e praticamente perecido nos cárceres do Santo Ofício faz dele um personagem excêntrico bastante propício para se tornar protagonista de um romance histórico. A isso se junta o fato de ter assassinado a esposa adúltera, autora da denúncia à Inquisição.

Associada a Bento aparece sua esposa Filipa Raposa, ambos protagonistas de dois romances publicados na década de 1990. O primeiro deles é *Os rios turvos*, de 1993, de Luzilá Gonçalves Ferreira, que será analisado adiante. Nessa obra, Filipa Raposa, de acordo com os objetivos da escritora pernambucana, praticamente vem para o centro da narrativa para denunciar o papel a que estava relegada a mulher no período colonial.

Em 1995, Gilberto Vilar publica *O primeiro brasileiro*, "Onde se conta a história de Bento Teixeira, cristão-novo, instruído, desbocado e livre, primeiro poeta do Brasil, perseguido e preso pela Inquisição", conforme reza o longo subtítulo. Desse modo, o livro conta em vinte capítulos a vida de Bento Teixeira. Cada um deles é introduzido por um longo título que resume seu conteúdo, de acordo com o padrão vigente nas crônicas coloniais e obras narrativas renascentistas e barrocas. A narrativa assenta-se, conforme explicita o subtítulo, em três pilares centrais: o fato de Bento Teixeira ser considerado o primeiro poeta brasileiro, sendo secundário aqui o fato de ter nascido acidentalmente em Portugal; o fato de ter sido um cristão-novo perseguido e preso pela Inquisição; e o fato de ter sido um homem "instruído, desbocado e livre".

O escritor João Antônio (1995a), encarregado de apresentar a obra no texto que aparece na contracapa, dentro dos objetivos básicos do romance histórico, chama a atenção para a importância do livro como forma de começar a "descobrir o Brasil sempre original, até por desconhecido". Ressalta, ainda, a força narrativa da obra e "a personalidade forte, solitária, em muitos sentidos independente,

O ROMANCE HISTÓRICO BRASILEIRO CONTEMPORÂNEO (1975-2000)   127

boquirrota, briguenta, desataviada, debochada mesmo, do homem Bento Teixeira, esquecido e hoje tão novo". Como o próprio narrador avisa em uma nota introdutória, os documentos que fundamentam a narrativa são os *Confissões da Bahia, 1591-1592*, as *Denunciações de Pernambuco, 1593-1595* e o *Processo n.5.206*, da Inquisição. O foco narrativo centra-se no processo inquisitorial, a partir do qual se vai construindo o panorama histórico do Brasil da época e se relatam os fatos da vida do autor da *Prosopopeia*. A diferença básica, com relação ao livro de Luzilá Ferreira, está no ponto de vista. Aqui o foco é explicitamente masculino. Filipa aparece como sempre foi vista pela história: a mulher adúltera que praticamente forçou o próprio assassinato em defesa da honra do marido traído. Ou, como diz o próprio romance, a "perversa e defunta esposa, Felipa Raposa, seu maior inimigo" (Vilar, 1995, p.190). O núcleo do romance está no fato de Bento ser cristão-novo, perseguido pela Inquisição. Toda a narrativa, que se vale exageradamente do texto escrito pelo poeta em sua defesa no processo da Inquisição, está centrada no fato de Bento ser cristão-novo e ser implacavelmente perseguido pelo Santo Ofício. Os intertextos são praticamente os mesmos do livro de Luzilá Ferreira, embora o livro de Vilar construa uma narrativa mais ágil, com uma linguagem elaborada a partir de elementos linguísticos retirados das obras do século XVI e XVII, no limiar entre discurso ficcional e discurso histórico. O narrador mantém, entretanto, certo tom de livro de história, não faltando, sequer, ao final, ilustrações, um quadro cronológico e uma breve bibliografia. A própria crítica, no momento da publicação da obra, hesitou em classificá-lo como romance ou como biografia.

A visibilidade que pretende ser restaurada por Luzilá em sua obra é a situação a que a mulher estava relegada na sociedade colonial, mesmo pertencendo a certa elite branca, como era o caso de Filipa. No caso de Vilar (1995, p.38), pretende-se dar visibilidade a outros excluídos, os judeus, que são juntamente com "índios ou negros, ou mouros, os eternos vencidos". Tanto que na hora do assassinato da esposa, o narrador coloca nos lábios dela a terrível ofensa: "Judeu fedorento e repugnante! [...] repetiu uma, duas, dez vezes, a expressão maldita" (ibidem, p.136).

Assim, por meio da narrativa de Vilar, quem conquista a visibilidade é o judeu desprezado pela sociedade colonial racista e preconceituosa, atiçada pelas autoridades eclesiásticas; perseguido pela Igreja intolerante, braço direito do Estado colonial, que nega a possibilidade da existência de uma sociedade pluricultural; mesmo nessas latitudes abaixo do Equador, onde, na prática, não existe pecado, de acordo com provérbio quinhentista português glosado em ambas as obras. Nesse sentido, Vilar tenta construir uma espécie de paraíso, um lugar de tolerância e bem viver antes da chegada do Santo Ofício, como aparece no título do primeiro capítulo "Como era bom viver aqui, antes que cá viesse a Visitação..." (ibidem, p.7).

Padre Antônio Vieira (1608-1697) e Gregório de Matos (1623-1696)

Com um salto temporal de quase um século e um recuo geográfico em direção à capital da colônia, Ana Miranda constrói a ação de seu primeiro romance, *Boca do inferno*, publicado em 1989, sem dúvida ainda não superado, na cidade de São Salvador da Bahía de Todos os Santos, entre os anos de 1683 e 1684. A narrativa começa com o assassinato do alcaide-mor Francisco de Teles de Menezes, em uma fria manhã de junho de 1683, fato que desencadeia uma feroz perseguição ao grupo a que pertenciam os assassinos, por parte do governador-geral Antonio de Souza de Menezes, o Braço de Prata. Termina com o fim de seu governo cerca de um ano depois.

A luta política entre os Menezes, aliados ao governador-geral, e os Ravasco, partidários de Bernardo Ravasco (1617-1697), irmão do Padre Antônio Vieira e secretário do governo-geral, é o motivo usado pela escritora para reconstruir graciosamente o ambiente político e cultural da primeira capital do Brasil, na época em que ali viviam os dois intelectuais mais importantes do barroco brasileiro: o jesuíta Antônio Vieira e o poeta Gregório de Matos Guerra. O título da obra advém do codinome por meio do qual era conhecido o poeta baiano, em razão de seus versos ferinos que expunham ao ridículo os poderosos de seu tempo.

O romance está dividido em seis partes, cada uma delas subdivida em capítulos curtos, que por sua vez são formados por blocos ainda menores, o que lhe dá grande agilidade. Cada uma dessas partes começa com um texto genérico, descritivo ou ensaístico, geralmente calcado em um texto histórico, de cerca de duas páginas. Em seguida, introduzem-se os acontecimentos de que trata. A última parte, o epílogo, sob o título de "O destino", é uma espécie de conclusão na qual se oferecem dados sobre o destino dos personagens, extrapolando o tempo relativamente curto da ação. Evidentemente que essa parte, desnecessária em uma obra de ficção, foi oferecida pela autora como uma espécie de ligação entre os fatos narrados no núcleo do romance e o panorama histórico da colônia naquele conturbado século XVII. Discutir o universo cultural do século XVII, ressaltando as relações entre o artista e o poder, nessa *cidade letrada* colonial (Rama, 1993), talvez tenha sido o objetivo principal da escritora.

Apesar do painel histórico ricamente elaborado e da trama policial que dá agilidade ao romance, os protagonistas são explicitamente o poeta Gregório de Matos Guerra e o padre Vieira, e a narrativa traz acontecimentos de suas vidas, mas especialmente sua forma de ver o mundo. Desse modo, as obras desses dois escritores, em especial do "Boca do inferno", são os grandes intertextos do romance. Ambos são reconstruídos de modo humano e desapaixonado.

No caso de Vieira, carregam-se as tintas em sua atuação política, plena de tramas e articulações, que normalmente é repassada de modo rápido pela historiografia. Com Gregório de Matos ocorre o contrário. Em geral, ele é apresentado como um homem maldoso e ferino que dedica seu tempo a compor poemas que destratam seus inimigos e os poderosos da terra. No romance de Ana Miranda, entretanto, ele aparece como um homem apaixonado, mas descrente, embora em alguns instantes deixe transparecer certa ingenuidade, ao acreditar em um mundo menos corrupto e hostil. Sobre sua poesia, o personagem diz: "Estou sendo justo, [...] Não comigo, mas com meu povo, que morre de fome e ignorância. Faço versos para os que não sabem ler" (Miranda, 1989, p.209).

Além de humanizar os dois escritores, o romance denuncia os desmandos dos poderosos, na figura do despótico governador-geral.

Também denuncia o arrivismo exagerado dos portugueses e a exploração das autoridades da metrópole que criaram um sistema corrupto, em que a justiça é, propositalmente, um emaranhado de leis contraditórias que sempre estão do lado dos poderosos, e o poder emana da vontade dos governantes, que na maioria das vezes defendem apenas os benefícios próprios. Muitas frases do romance, referindo-se ao contexto do século XVII, poderiam ser aplicadas ao contexto tanto do momento da escritura quanto do momento da leitura.

Nesse sentido, o clima político e social da Bahia apresenta-se de forma negativa. Especialmente do ponto de vista de Gregório, a cidade de Salvador aparece bastante degradada. O primeiro capítulo abre-se com a seguinte frase: "Esta cidade acabou-se. [...] Antigamente, havia muito respeito. Hoje, até dentro da praça, nas barbas da infantaria [...] fazem-se assaltos à vista" (Miranda, 1989, p.13). Ou mais adiante: "Com tanta riqueza, havia pobreza e muita gente morria de fome" (ibidem, p.15). Ou "o Diabo andava à solta. [...] Os furtos, passatempos da cidade, também ocorriam à noite" (ibidem, p.21).

Pode-se dizer, até mesmo, que em certos momentos o protagonismo da obra deixa de ser os personagens envolvidos na ação ou nas discussões e passa a ser a cidade em si. A primeira parte do romance tem o título de "A cidade": sua introdução é um belo texto descritivo da Salvador da época, circunscrevendo o espaço em que deverá se desenrolar a ação da trama. Significativamente, o último fragmento do epílogo é também um texto de quatro linhas que igualmente fala da cidade da Bahia, incluindo-a na lista de personagens cujo destino a narradora esclarece. Os dois primeiros tinham sido Gregório de Matos e o padre Vieira. Assim, o romance se fecha como em um círculo. No pórtico, dentro das contradições barrocas, a "cidade parecia ter a imagem do Paraíso. Era, no entanto, onde os demônios aliciavam almas para povoarem o Inferno" (ibidem, p.12). No epílogo, reitera-se essa mesma imagem: a cidade "haveria de ser, sempre um cenário de prazer e pecado, que encantava todos os que nela viviam ou visitavam, fossem seres humanos, anjos ou demônios" (ibidem, p.331).

O espaço da cidade, delimitado como centro da ação, já nas primeiras páginas, apresenta-se como um labirinto, pleno de espaços abertos e fechados pelos quais se movem os personagens. A janela, nesse contexto, é um ponto de vista privilegiado, especialmente por parte daqueles que não dominam o espaço público, espaço dos partidários do governador que com mão de ferro (de prata, na obra) o controla. De dentro para fora é a olhada dos perseguidos, entre os quais Gregório de Matos e o padre Vieira, refugiados no colégio dos jesuítas. Trata-se de uma bela metáfora da sufocante estrutura colonial.

A textualização dos diferentes espaços que caracterizam a cidade, tanto os exteriores como os interiores, aponta para a pluralidade. A repressão de um Estado corrupto, por um lado, e, por outro, a resistência de um grupo opositor aos interesses do governador-geral, depois dos assassinatos que desatam as ações, liberadas as paixões e os rancores, é uma das facetas da obra. Em um terceiro estrato, absolutamente marginal, estão os escravos, os mestiços, os mulatos, os brancos pobres e os prisioneiros.

Nesse entrecruzar de lugares que o romance textualiza, os espaços parecem, por momentos, como não lugares, como implantações ideológicas, que representam uma clara manifestação do desarraigo e da solidão na qual o homem, habitante ocasional da cidade, se vê envolvido. Nesse sentido, a colônia representa o não lugar ante a metrópole: é o lugar do desterro e do abandono; o lugar para onde se foge tentando se escapar das traições, das mentiras palacianas, das perseguições, das delações. É também o lugar onde, uma vez desatado um processo, como o assassinato do alcaide-mor, por exemplo, escondem-se tanto poderosos quanto marginalizados. Trata-se de uma cidade construída como espaço em que devem pagar pelos desmandos aqueles que são castigados pela coroa; lugar onde serão recolhidos os desterrados; uma cidade aonde se chega somente em precárias embarcações, enfrentando tempestades, enfermidades e morte; onde ninguém parece estar seguro nem mesmo em seus becos mais escondidos. A cidade, dessa forma, é descrita em seus espaços degradados; ruas poeirentas na seca, barrentas nas chuvas;

às vezes totalmente desertas, como nas madrugadas sombrias; às vezes excessivamente apinhadas, no meio de cuja multidão disforme pode-se tentar escapar anonimamente das perseguições de todo tipo. Nesse contexto, a literatura oferece uma importante saída: praticamente todos os perseguidos no romance estão escrevendo obras literárias: Gregório de Matos, o padre Vieira e mesmo Bernardo Ravasco, que também é lembrado como poeta secundário no cânone literário. Essa visão reforça o conceito de *cidade letrada* fixado pelo crítico uruguaio Angel Rama (1993) em seu conhecido ensaio em que analisa as relações de poder nas colônias latino-americanas e o papel dos intelectuais e religiosos como braço do poder imperial metropolitano. O romance de Ana Miranda, ao apresentar a queda de braço entre o governador Menezes e seus aliados, claramente pertencentes a uma casta militar, e os partidários do Padre Vieira, que acabam vencendo a disputa, explicita o predomínio das letras sobre as armas, como braço do poder ilustrado da metrópole, em fins do século XVII, na multicultural cidade de Salvador da Bahía de Todos os Santos.

O espaço, no entanto, ao longo da narrativa, amplia-se para todo o Recôncavo, chegando até o engenho do cristão-novo Samuel Fonseca, onde se refugia Gregório quando a situação na cidade se torna insustentável. A presença de Samuel na narrativa introduz talvez a discussão mais interessante da obra: a inserção dos cristãos-novos e judeus na sociedade brasileira colonial, tema historicamente abordado com bastante riqueza na obra do próprio padre Vieira. Essa discussão inclui uma apresentação de todo o sistema econômico da colônia, o qual, sem a presença do capital de judeus e cristãos-novos, seria insustentável.

O reiterado motivo dos diálogos, cuja origem remonta a Platão e aos gregos, perpassando praticamente toda a história literária ocidental, é de importância capital no romance de Ana Miranda, para discutir questões centrais da obra, seja a formação econômica, política e social do Brasil colonial, sejam os princípios artísticos vigentes no barroco. Nesse sentido, devem-se ressaltar os diálogos entre Gregório de Matos e Samuel Fonseca; entre Gregório e Bernardo Ravasco;

O ROMANCE HISTÓRICO BRASILEIRO CONTEMPORÂNEO (1975-2000)   133

entre Gregório e o padre Vieira; entre Vieira e Samuel Fonseca; entre Vieira e seu irmão Bernardo; ou mesmo entre o governador-geral e o arcebispo de Salvador, frei João da Madre de Deus. Não se deve esquecer de que entre os intertextos do romance, especialmente nas discussões socioeconômicas do período, está o livro *Diálogos das grandezas do Brasil*, de 1618, provavelmente de autoria do cristão--novo Ambrósio Fernandes Brandão.

As duas fontes primárias principais utilizadas pela escritora são, no entanto, o *Tratado descritivo do Brasil em 1587*, de Gabriel Soares de Souza (1540?-1591), cuja segunda parte apresenta uma descrição detalhada da cidade de Salvador, e, especialmente, o livro de Sebastião da Rocha Pita (1661-1738), *História da América portuguesa*, que no livro quarto, capítulos 16 a 24, conta com detalhes os acontecimentos narrados pela romancista, e no livro segundo descreve cuidadosamente a capital do Brasil na época. Como evidente homenagem, Ana Miranda coloca um tio do escritor, o desembargador João da Rocha Pita, como personagem de seu romance. Ele é o zeloso e incorruptível funcionário encarregado de realizar a devassa para apurar os fatos ocorridos na cidade naquele período, o que culmina na destituição do governador-geral.

Embora o ponto de vista desse romance seja masculino, Ana Miranda já ensaia a introdução do olhar feminino, que mais tarde iria aprofundar em obras como *Desmundo*, analisada em outro ponto deste trabalho. Três são os personagens femininos que ela constrói com especial atenção: Bernardina Ravasco, filha de Bernardo e sobrinha de Vieira, como representante da elite ilustrada local, e as duas amantes ocasionais de Gregório. A primeira delas é Maria Berco, a dama de companhia de Bernardina, envolvida duplamente na ação por meio do episódio grotesco da mão do alcaide, desprendida do corpo no momento do assassinato, e pela sua paixão por Gregório. A outra é Ana, a prostituta cuja cama é frequentada pelo poeta e que lhe dá refúgio sempre que ele necessita.

Boca do inferno é um romance saturado de espaços e de personagens contraditórios, antitéticos, de aparência estranha, em cuja construção concorrem os contrastes barrocos plenos de zonas de indefinição que também nos fazem lembrar os pesadelos borgianos. Por ele desfila uma sucessão de elementos culturais variados, oriundos das culturas tanto de dominadores quando de dominados. Nele convivem personagens que representam forças da metrópole, civis, militares, religiosas, prostitutas e senhoras; mas também os marginalizados e despossuídos, tanto da sociedade quanto da história, como judeus, mulatos, escravos ou indigentes. Misturados, eles transitam pelas ruas dessa cidade e pelas páginas do romance, espaço comum de todos. E por meio dessas zonas de indefinição e contraste, tratam de penetrar nas gretas que o discurso histórico hegemônico acabou deixando entreabertas.

Antonio José da Silva, o Judeu (1705-1739)

O maior mérito de *Masmorras da Inquisição: memória de Antônio José da Silva, o Judeu*, de Isolina Bresolin Vianna (1997), professora universitária, doutora pela Faculdade de Filosofia e Letras do Sagrado Coração, por delegação da USP, e membro da Academia Bauruense de Literatura, é tentar aumentar a visibilidade de Antônio José da Silva, o Judeu. Mesmo nesse ponto, a obra pouco acrescenta ao trabalho do jornalista Alberto Dines, *Vínculos do fogo: Antônio José da Silva, o Judeu, e outras histórias da Inquisição em Portugal e no Brasil*, publicado em 1992, sua fonte principal, ou do filme *Antônio José da Silva, o Judeu*, produção luso-brasileira de 1996 dirigida por Jom Tob Azulay.

Cristão-novo, nascido no Rio de Janeiro no seio de uma família de acomodados profissionais liberais, Antônio José mudou-se para Portugal ainda criança, onde foi perseguido e executado pela Inquisição. Considerado um dos principais teatrólogos do século XVIII, ele ultimamente tem sido incluído como um dos precursores na história do teatro brasileiro, embora sua obra tenha sido escrita em sua totalidade em Lisboa. O crítico Wilson Martins (1977, p.322), no primeiro volume da *História da inteligência brasileira*, afirma que essa obra tem sido superestimada e que mesmo seu "status de come-

O ROMANCE HISTÓRICO BRASILEIRO CONTEMPORÂNEO (1975-2000) **135**

diógrafo, é, na verdade completamente diverso do que hoje, depois de todos estes anos de idealização historiográfica, nos acostumamos a conceber" (ibidem, p.331). O fator principal que "lhe inflou desmedidamente a reputação" (ibidem) foi provavelmente sua vida atribulada e sua morte trágica nas mãos da Inquisição. Isso sempre suscitou interesse em ambos os lados do Atlântico: em 1838, Gonçalves de Magalhães (1811-1882), com o objetivo de desqualificar a Inquisição, escreveu *Antonio José, o poeta e a Inquisição*, considerada pelo próprio autor como "a primeira tragédia escrita por um brasileiro e única de assunto nacional" (Bosi, 1979, p.108). Ainda sob o romantismo, em Portugal, Camilo Castelo Branco (1825-1890) tinha partido da vida do teatrólogo para escrever seu romance *O judeu* (1866).

O romance de Isolina Vianna conta de maneira simples e com estrutura linear a vida de Antonio José da Silva, desde antes de seu nascimento, em 1698, quando os pais teriam comparecido a uma boda de cristãos-novos no Rio de Janeiro, investigada pela Inquisição mais tarde, até sua morte em um auto de fé em 1739, depois de passar dois anos na prisão. O ponto de vista é claramente de defesa e exaltação da causa judia. A narrativa qualifica de modo claramente negativo tanto os que denunciavam os cristãos-novos para conseguir benefícios pessoais como aqueles que o faziam apenas por maldade, como no caso de Catarina Soares Brandão, que iniciou o processo em 1698. A sociedade portuguesa e a brasileira, em consequência, são apresentadas como hipócritas, intolerantes e conservadoras, capazes de enviar para a morte pessoas de bem pelo simples fato de serem descendentes de judeus obrigados a abraçar uma fé que não era a sua. A única mancha dessas pessoas era descender de pessoas que praticavam outra religião, da qual seus descendentes na maior parte das vezes não tinham o menor conhecimento.

A autora faz questão de caracterizar seu livro como romance histórico, pensando, evidentemente, na definição do gênero vigente no século XIX. Dessa forma, sua obra acaba tendo o mesmo objetivo do livro de Gilberto Vilar: trazer para o centro do debate esse grupo que teve um papel significativo na constituição do povo brasileiro.

Da mesma forma, explicita uma característica que vai contra o lugar-comum com o qual se identifica o brasileiro em geral: tolerante e pacífico. Após a leitura de livros como o de Isolina Vianna ou o de Gilberto Vilar, é difícil seguir afirmando a cordialidade do brasileiro. Como qualquer outra cultura, a brasileira forma-se a partir de violentos conflitos pouco superados em que predominam violência, intolerância, preconceito e injustiça.

O narrador de *Masmorras da Inquisição* afirma em determinado momento que "Os parentes dos denunciados, em vez de solidarizar com seus familiares, vestiam-se de luto e declaravam morto o parente que caíra nas garras da Inquisição" (Vianna, 1997, p.112). Contrariando essa ideia, Carlos A. de Azevedo estrutura *Os herdeiros do medo*, romance publicado em 1996, a partir da movimentação de um grupo organizado de judeus de Lisboa, muitos dos quais ligados à nascente maçonaria portuguesa, na tentativa de tirar dos cárceres da Inquisição Antônio José e sua família.

Desse modo, o protagonismo da obra do escritor paraibano, publicado em Lisboa, mais que centralizar-se na figura do teatrólogo brasileiro radicado na capital portuguesa, naqueles "setecentos sombrio e intolerante" de dom João V, desloca-se para a construção do retrato de uma época. Isso já vem antecipado na "Nota" introdutória: "declaro que este romance é uma colagem histórica de uma época, isto é, uma releitura de vários textos que se atravessaram na textura romanesca" (Azevedo, 1996, p.7). Para isso não falta sequer uma imensa lista das obras que "são as principais fontes deste romance histórico" (ibidem, p.257). Deve-se notar, no entanto, que a lista enumera, ao longo de seis páginas, mais de duas centenas de títulos. Trata-se, na verdade, de uma bibliografia especializada sobre o período em questão que muito provavelmente o autor não tenha lido em sua totalidade ao longo dos sete anos que se dedicou à construção do seu panorama daqueles anos.

O romance, dividido em três partes, centraliza sua ação no período que vai do dia em que Antônio José foi preso com toda a família, em outubro de 1737, até ser queimado em um auto de fé dois anos depois. No entanto, apenas cinco dos setenta capítulos

O ROMANCE HISTÓRICO BRASILEIRO CONTEMPORÂNEO (1975-2000)   137

em que se divide a obra estão dedicados diretamente a Antônio José. Outro desses capítulos é um relato de sua esposa, Leonor Maria de Carvalho, que no cárcere relembra o auto de fé que tinha vitimado sua mãe em Valladolid alguns anos antes. A ação, como já se disse, trata do cotidiano de um grupo de cristãos-novos de Lisboa e sua movimentação na tentativa de libertar os prisioneiros do Estaus, o sombrio edifício que funcionava como cárcere da Inquisição naquela cidade. Esse grupo tece um plano para a invasão da prisão, mas acaba sendo traído e desbaratado pelas autoridades.

A narrativa, no entanto, é tecida segundo os princípios da metaficção. Uma das epígrafes é um fragmento do *Memorial do convento* (1982), de José Saramago, que se refere ao auto de fé em que foi queimado Antônio José. Um dos livros encontrados na biblioteca do teatrólogo, no momento de sua prisão, é um exemplar do *Quixote*, que havia pertencido ao jesuíta brasileiro padre Alexandre Gusmão, um dos protagonistas do romance de Saramago. Outro personagem, o mestre Jerônimo Quaresma, "vangloriava-se de ter sido escolhido para trabalhar uns meses em Mafra" (Azevedo, 1996, p.48), na construção do célebre palácio-convento de que trata o romance de Saramago.

Várias referências literárias, além da obra de Antônio José, aparecem no romance. Uma delas é o "bacharel mazombo, o doutor Gregório de Mato e Guerra, também trovador, e a maior língua de trapos de Salvador da Bahia" (ibidem, p.149), que convivera com Jorge Vergara Pinto, "Trovador das putas do Bairro Alto", amigo de Itacoeli, sensual brasileira que vive em Lisboa.

Da mesma forma, os comentários sobre a construção da história também perpassam pela narrativa que reconstrói aquele sombrio período do século XVIII, anterior ao Iluminismo, em uma Lisboa habitada pela violência, ignorância, corrupção, contrabando e lascívia. Período marcado, sobretudo, pela degradação moral, política e religiosa. Ao refletir sobre sua prisão, o teatrólogo Antônio José é consciente de que "tudo aquilo não passava de uma encenação. Era, talvez o preâmbulo da ficção jurídica, que viria mais tarde, perante o tribunal do Santo Ofício" (ibidem, p.32).

"Este é um romance neobarroco", são as primeiras palavras da "Nota" que abre o romance (ibidem, p.7). Dessa forma, a narrativa pretende desenhar um painel marcado pelo contraste entre luzes e sombras, bastante coerente com o período histórico de que trata, com especial destaque para a sobreposição entre pecado e virtude. Nesse contexto, o erotismo e a sensualidade perpassam por toda a narrativa, apresentados com diversas tonalidades. Desde o grotesco da descrição do frei Mamão do Menino Deus, "frade mendicante, religioso libertino que se tornara conhecido em Lisboa [...] porque pedia às raparigas de sua freguesia o seio, dizendo que ele era o enviado do Menino Jesus" (ibidem, p.73), até a descrição carnavalizadas das ruas lisboetas, onde "Corpos rebolavam freneticamente, anca com anca, coxas contras coxas" (ibidem).

Mostra-se, pelo olho dos torturadores, a sensualidade do corpo jovem de Antônio José: "O carrasco tirara sua roupa bruscamente, como quem, na força do desejo, desnuda mulher de vida airada. [...] O cirurgião ficou admirando aquele corpo nu, corpo de homem feito, na força da idade" (ibidem, p.100). As relações sexuais são descritas de modo picante. As aventuras do libertino soberano são motivos de chacota dos habitantes da cidade.

Nessa batalha entre luz e sombras, em uma Lisboa em que predominam a sujeira e a escuridão, física e moral, os maçons e os judeus defendem a luz que traria uma nova sociedade. "Pobre Reino! Quando serás iluminado pelas luzes, pelas verdadeiras luzes?" (ibidem, p.111), pergunta-se o cristão-novo Bacelar. E a divisa pacifista do maçom Simon Briand é "Construir uma humanidade sólida, consciente de seus princípios éticos" (ibidem, p.117), que o narrador em terceira pessoa parece querer projetar para o futuro.

O Brasil, nesse contexto, é apontado como uma esperança, um lugar onde se estaria a salvo de tantas arbitrariedades. É para cá que escapa, por exemplo, Augusto Coelho, depois de se casar com a antiga amante, a sensual pernambucana Itacoeli Silvestre. Daniel Fanado, homem prático que vivia em Minas e conhecia bem o interior do Brasil, tem certeza de que nas novas terras haverá mudança "Nas Minas sim, haverá, um dia desses uma Revolta" (ibidem, p.208).

Tomás Antônio Gonzaga (1744-1810?) e os árcades de Vila Rica

A revolta anunciada pelo personagem de *Os herdeiros do medo* será objeto de vários romances brasileiros. Em 1989, por ocasião do Bicentenário da Inconfidência Mineira, a Editora Lê, de Belo Horizonte, se propôs a lançar uma coleção que chamou de "Romances da história", visando ao "fortalecimento das raízes culturais". Dedicada a um público juvenil, a coleção foi encarregada a escritores e jornalistas, sendo os primeiros volumes dedicados aos protagonistas da revolta de Vila Rica. Assim, Paschoal Motta escreveu *Eu, Tiradentes*; Antônio Barreto, *A barca dos amantes*, sobre Tomás Antônio Gonzaga e Marília; e Sebastião Matias, *A dança da serpente*, dedicado a Alvarenga Peixoto e Bárbara Heliodora. Outros romances tratavam de outros episódios com o objetivo claro de traçar uma espécie de painel da história brasileira.

A barca dos amantes (Barreto, 1994), com o subtítulo de "O drama da lendária paixão entre Marília e Dirceu", pretende traçar entre "delírios, traições, exílios, sonhos, solidão, e como centro, a história de Dirceu e Marília, ou Tomás Antônio Gonzaga e Maria Doroteia Joaquina de Seixas", como fica explícito no "Guia de leitura" que acompanha a obra. O romance se estrutura em quatro partes, cada uma das quais subdividia em capítulos rápidos, e pretende dar conta da totalidade da vida dos protagonistas. O título aparece explicitado no fragmento de uma lenda da cultura nórdica que antecede a primeira parte.

Em um rápido ensaio introdutório, o poeta, jornalista e escritor premiado Antônio Barreto (1994, p.12) explicita as relações entre literatura e história e o que entende por romance histórico, deixando muito claro que para ele não existe, julgando-se apenas a estrutura narrativa, nenhuma diferença entre biografia e romance. Alerta, da mesma forma, que em seu romance nem sempre segue "à risca os fatos históricos comprovados, porque a trama [...] às vezes não o permite" (ibidem). O mais interessante, no romance, no entanto, é a utilização de depoimentos mediúnicos, cujos créditos estão devidamente explicitados em uma nota provavelmente apócrifa. Dessa forma, diluem-se de forma magistral, no romance, as fronteiras entre história e ficção.

Na tentativa de evitar que seu romance seja demasiado linear, cada uma das partes é narrada de um ponto de vista diferente, alternando narradores em terceira e em primeira pessoas. No caso da primeira pessoa, são narradores tanto Marília quanto Dirceu, protagonistas que alternam entre si o foco narrativo. Na primeira parte, com narrativa em terceira pessoa e foco em Gonzaga, apresenta-se esse protagonista. Na segunda parte, dividida em 12 capítulos e ocupando cerca da metade da obra, alternam-se as primeiras pessoas de Gonzaga e de Maria Doroteia: cada um dos quais conta o período em que conviveram em Vila Rica, especialmente os agitados dias da Inconfidência Mineira. A terceira parte, com sete capítulos, mistura fragmentos em terceira pessoa e em primeira, sob a voz de Marília e de Dirceu, com fragmentos de cartas de ambos. Da mesma forma o tempo varia, sendo em sua maior parte rememorações dos protagonistas, no momento em que Dirceu já está exilado na África. Um dos fragmentos descreve a execução de Tiradentes, apresentada como uma espécie de encenação burlesca: "Tudo isso concorria para transformar o enforcamento do alferes no último ato de uma farsa burlesca" (ibidem, p.149). A última parte do romance é formada por um fragmento curto, de cerca de quatro páginas: nele Marília, já idosa em Vila Rica, tenta "juntar os pedaços do que restara do sonho" (ibidem, p.181), enquanto Vila Rica recebe as tropas do imperador Pedro I, que vieram festejar a Independência.

Os intertextos, como já se disse, são as liras de Tomás Antônio Gonzaga e os autos da *Devassa da Inconfidência Mineira*, como constam na bibliografia que o autor inclui no final do volume, além de alguns trabalhos que traçam a biografia do poeta e de sua amada. No entanto, ao contrário da obra de Gonzaga, claramente árcade, o romance pende para o romantismo, tanto nos temas quanto na forma de apresentar o conturbado amor entre Marília e Dirceu. De herança claramente barroca e retomada depois pelo romantismo está, por exemplo, a maneira de apresentar o mar agitado, que predomina ao longo da obra. Da mesma forma, a utilização do mito nórdico e de

O ROMANCE HISTÓRICO BRASILEIRO CONTEMPORÂNEO (1975-2000) 141

referências às sagas suecas para introduzir a relação entre os amantes filia-se de modo explícito ao ponto de vista romântico. Nada mais distante da paisagem serena, composta de regatos, pastores e flautas, comum à obra de Dirceu. Também o modo arrebatado de apresentar a rebelião de Vila Rica ou a morte heroica de Tiradentes está mais próximo do ponto de vista romântico ao encarar as mudanças sociais do que do veio satírico utilizado por Dirceu em suas *Cartas chilenas*.

Já *A dança da serpente*, do também jornalista Sebastião Martins (1994), não introduz nenhuma novidade na forma de narrar "A revolução silenciosa de Bárbara Heliodora". A única novidade, e que não supõe grande novidade, é contar a história da Inconfidência Mineira a partir do prisma feminino, centralizando o foco no olhar de Bárbara Heliodora Guilhermina da Silveira (1759-1819), a esposa do poeta e inconfidente Inácio José de Alvarenga Peixoto (1744-1792), normalmente mantido tanto às margens do movimento político de 1798 quanto do grupo canônico de poetas mineiros do século XVIII.

A ação do romance em 12 capítulos centraliza-se, entre 1789, na ocasião da traição de Joaquim Silvério dos Reis, que leva os conjurados à prisão, e no momento em que Alvarenga já está no exílio em Ambaca, Angola, onde morre em 1792. Com exceção do último capítulo, centralizado em um Alvarenga que rememora sua esposa no Brasil, todos os demais são apresentados do ponto de vista de Bárbara, em uma mistura de revolta e perplexidade. Outros acontecimentos da vida dos protagonistas são apresentados em *flashback*, especialmente por meio da lembrança da protagonista.

Pode-se observar, no entanto, que o romance de Martins não se aproveita por completo da imagem que a tradição perpetuou de Bárbara, como mulher culta, inteligente e bastante ativa. Tampouco aparecem na narrativa os poemas que ela teria deixado, nem sua participação nos debates políticos é intensa, ao contrário do que normalmente se conta dela. Ela apenas manifesta certa energia e indignação no momento do sequestro de seus bens, em defesa dos escravos e nas palavras dirigidas em carta à sua amiga Eulina, companheira do poeta Cláudio Manuel da Costa. Mesmo os poemas de Alvarenga Peixoto aparecem pouco ao longo da narrativa, mais preocupada em

142 ANTÔNIO R. ESTEVES

esquadrinhar os passos da Inconfidência, chamando a atenção para o mau caráter de alguns personagens, já bastante demonizados pela história oficial republicana, preocupada em apresentar os conjurados como heróis em defesa de um povo brasileiro idealizado, vítima da opressão perpetrada pelas autoridades lusitanas.

Nenhum dos dois romances que tratam da Inconfidência Mineira e dos árcades nela envolvidos aproxima-se de *Em liberdade*, de Silviano Santiago, no qual, embora o personagem central seja Graciliano Ramos, há uma parte em que ele está escrevendo um conto em que Cláudio Manuel da Costa é o protagonista. Nem a discussão das relações entre o intelectual e o Estado, nem a abordagem das relações entre literatura e história, nos livros de Barreto e de Martins, alcançam a profundidade da obra de Silviano Santiago.

Um período de muitas construções culturais: o século XIX

Gonçalves Dias visto a partir da periferia do império

Antônio Gonçalves Dias (1823-1864), segundo Antônio Cândido (1971), consolida o romantismo no Brasil. Participante do grupo fundador da literatura nacional, sua figura está a tal ponto associada ao cânone da literatura brasileira, que versos de seu poema mais conhecido, "A canção do exílio", foram incorporados à letra do Hino Nacional Brasileiro por Joaquim Osório Duque Estrada (1870-1927), vencedor do concurso que a escolheu em 1909. E são exatamente tais versos que servem de epígrafe para o romance *Dias e dias*, de Ana Miranda (2002, p.9): "Nosso céu tem mais estrelas/ Nossas várzeas têm mais flores, / Nossos bosques têm mais vida, / Nossa vida mais amores".

Ao contrário, no entanto, do que poderia parecer, a atribulada e trágica vida de Gonçalves Dias aparece contada na obra de Ana Miranda a partir do ponto de vista de uma mulher provinciana, que desde a infância cultiva romanticamente um silencioso amor pelo

O ROMANCE HISTÓRICO BRASILEIRO CONTEMPORÂNEO (1975-2000)   143

poeta romântico mais celebrado da literatura brasileira. É pela voz dessa narradora em primeira pessoa, Maria Feliciana Ferreira Dantas, personagem fictícia entre dezenas de personagens históricos, que o leitor conhecerá os principais fatos da vida do poeta. O relato, tecido a partir das lembranças de Feliciana, antecipa já nas primeiras linhas a morte do poeta em um misterioso naufrágio diante das costas maranhenses. Em seguida torna à infância em Caxias, quando ele teria escrito seus primeiros versos: um poema apócrifo em um papel de embrulho dedicado aos olhos verdes da amada, aos 13 anos de idade.

A narrativa está estruturada, de forma cronológica, em dez partes, cada uma delas subdivida em vários capítulos curtos. Nem as partes nem os capítulos trazem qualquer numeração, mas são todos titulados e seus títulos aparecem em forma manuscrita que segue a caligrafia do século XIX. Tanto a ilustração da capa quanto os manuscritos foram preparados pela própria escritora, seguindo o hábito que ela mantém há vários anos de realizar a parte gráfica de suas obras, como já acontecia, por exemplo, em *Desmundo*.

O epílogo, de apenas uma página, é o único texto em que a narração é feita em terceira pessoa. Ali se conta o episódio da morte do poeta, fechando a narrativa de forma cíclica, com as primeiras linhas do romance. Após o epílogo, a autora inclui no que chama de "Notas" a relação, desnecessária na ficção, das fontes de sua obra. A obra básica é o esboço biográfico escrito por Manuel Bandeira (1958), que por sua vez segue de perto uma clássica biografia de Lúcia Miguel-Pereira. As notas das memórias de Feliciana seguem bastante de perto o texto de Bandeira.

Com a narrativa ágil e graciosa que lhe é peculiar, mas que se aprimora com o passar dos anos, a escritora cearense entrega ao leitor um romance especial. Ao mesmo tempo que conta a vida de um dos escritores mais conhecidos da literatura brasileira, subverte o cânone, dando voz a uma mulher simples, que passa a maior parte da vida "na cozinha descascando macaxeira e ralando milho" (Miranda, 2002, p.94). Os dados, no entretecido narrativo, chegam ao leitor depois de serem filtrados pelo ponto de vista dessa mulher que apenas saiu de Caxias uma vez, em uma frustrada viagem para tentar se encontrar com o homem que ama em Fortaleza. O centro da narração desloca-se, dessa forma, não apenas para a mulher, tradicionalmente calada e excluída, mas também para a periferia. Agoniada pelo peso de seu cotidiano, "dias e dias" que passam sem nada acontecer, Feliciana tenta livrar-se do tédio e das lembranças do amado organizando objetos de costura e tecendo suas amargas memórias de mulher não amada. O leitor, afinal de contas, fica sem saber se algum dia aquele "mestiço", "filho espúrio", "de um metro e meio", realmente dedicou a ela aqueles versos apócrifos. Ou se, como diz sua confidente Maria Luíza, não teria sido por engano que o filho do português do armazém teria envolvido o feijão verde, que a menina tinha ido comprar, no papel em que já estavam rabiscados os versos dedicados a outra mulher.

Maria Luíza, prima da narradora, é a esposa de Alexandre Teófilo de Carvalho Leal, amigo e protetor do poeta na vida real. Por intermédio dela, a narradora tem acesso aos principais dados da vida do poeta após sua partida da Caxias natal. Assim, o relato que chega ao leitor é duplamente filtrado: pela mirada triste dessa moça agoniada no interior de uma distante província e pelo relato que ela recebe de sua prima Maria Luíza, que desde São Luís a mantém informada dos passos do amado, enviando-lhe as inúmeras cartas em que o poeta dá notícias de sua vida ou expressa seus sentimentos ao amigo Alexandre Teófilo.

Mais que os arroubos românticos do autor de *Os timbiras* ou sua movimentada vida amorosa e sexual, o livro de Ana Miranda tenta reconstituir o sufocante universo feminino no interior de uma região duplamente periférica na primeira metade do século XIX. A vida do poeta canônico é bastante conhecida do leitor brasileiro mediano. Dados como o fato de ser mestiço e bastardo, o que não lhe causou poucos problemas ao longo de sua curta existência, incluindo a negativa por parte da família dela da mão de Ana Amélia Ferreira do Vale, um de seus amores históricos, normalmente são silenciados. Da mesma forma, também é silenciada sua vida boêmia e desregrada, comum aos poetas de sua geração, ou as causas de sua morte, con-

O ROMANCE HISTÓRICO BRASILEIRO CONTEMPORÂNEO (1975-2000)   145

sequências de várias enfermidades, entre as quais a sífilis. Ou suas relações simbióticas com o Estado monárquico, atitude comum aos intelectuais de sua geração, boa parte dos quais passou a vida dependendo de bolsas, pensões, comissões, encargos ou cargos públicos. A oposição entre a vida da narradora, "sempre parada no mesmo lugar feito uma palmeira, e ele, o sabiá que apenas pousa um instante" (Miranda, 2002, p.113), introduz interessante oposição, à qual podemos aplicar as notas de Walter Benjamim (1985) em seu clássico ensaio sobre o narrador. Não interessam os motivos que levaram o protagonista a uma vida errante, talvez tentando fugir sempre de sua condição de marginal em um país marginal. Mesmo suas tentativas de rondar pelo centro da vida cultural, os vários anos que permaneceu na Europa, não resolvem seu problema, no fundo o problema do deslocamento do intelectual "à margem do sistema". Assim, não lhe resta alternativa, em uma sociedade fechada, mesmo para quem passa a vida adulando os poderosos com a finalidade de ocupar um espaço que seu nascimento espúrio lhe negara de antemão. O romance de Ana Miranda traz ao leitor a oportunidade de refletir melhor sobre essa questão. Daí a importância da inversão do lugar de onde se fala, sua riqueza maior.

Da mesma forma, o romance vai descortinando vários outros pontos. A contraposição entre um machismo errante do próprio poeta, com forte carga edípica, e o lugar ocupado pela mulher na sociedade é um deles. Em uma de suas visitas à provinciana Caxias, a narradora conta que "ele passou as vistas por cima de mim sem me ver" (ibidem, p.96). É contra essa invisibilidade da mulher, do marginalizado, enfim, que o romance luta, mostrando vários setores de uma sociedade segregacionista.

Nesse sentido, é importante revisitar a forma como a narradora traz para o centro da narrativa um acontecimento histórico, normalmente silenciado pela história oficial: a Balaiada (1838-1841). Trata-se de um movimento que reúne negros quilombolas, indígenas, lavradores pobres e oficiais das mãos em torno de um ideal republicano que rompesse com a sociedade estamental que dominou a vida econômica, política e social do Brasil durante a Monarquia.

146 ANTÔNIO R. ESTEVES

Tais movimentos normalmente são silenciados pela história oficial, que tenta construir um nacionalismo assentado em uma falsa ideia de união entre as várias camadas sociais do País e todas as regiões. A própria independência do Brasil aparece erodida já nas primeiras páginas. Nelas o leitor aprende que a independência em Caxias ocorreu apenas em 1823, depois de uma sangrenta luta que opôs os caxienses, partidários da continuidade do domínio português, e um exército de forasteiros formado por cearenses, pernambucanos, piauienses, e gente vinda de várias regiões do Nordeste com a finalidade de integrar a região ao recém-fundado império brasileiro. A chegada do pai da narradora a Caxias, vindo do Ceará, ocorre nessa ocasião. É uma espécie de antecipação de que ambos estariam sempre em lados opostos, já que o português João Manuel, pai de Antônio, defendia os portugueses.

O próprio Manuel Bandeira (1958, p.646), no esboço biográfico que dedicou ao poeta, apresenta Caxias como "próspera vila do sertão maranhense [que] foi o derradeiro reduto da resistência portuguesa ao estabelecimento do Império independente do Brasil". No decorrer da narrativa, o ponto de vista vai mudando: a região segue marginal, mas passa a pertencer a outro contexto nacional. Pode soar estranho que a terra que inspirou os versos que deram base à construção do nacionalismo brasileiro tenha sido incorporada à força ao Brasil. Quando Gonçalves Dias regressa a sua terra natal, é apresentado pela narradora como "uma xícara de chá inglês" (Miranda, 2002, p.116), tal é sua forma europeizada não apenas de vestir-se, mas especialmente de se portar.

A própria questão do exílio, tema caro à obra do poeta, aparece subvertido na narrativa. Qual é o verdadeiro exílio, pergunta Feliciana: "ele estava longe [...] escrevendo seus versos de amor e solidão e exílio, em Caxias a minha vida escoava lenta na comarca morna e pesada, era eu a verdadeira exilada, a verdadeira proscrita, a verdadeira solitária" (ibidem, p.17).

Assim, a narrativa de Ana Miranda, pela voz da duplamente marginalizada Feliciana, tece uma rede de diálogos intertextuais com a obra de Gonçalves Dias e, ao mesmo tempo que se propõe a discutir

O ROMANCE HISTÓRICO BRASILEIRO CONTEMPORÂNEO (1975-2000)   147

o cânone literário nacional, também traz para o centro da discussão outros temas de importância capital. Os mais importantes deles são: o sentido do nacionalismo, literário e político; o papel da mestiçagem na identidade do brasileiro; as relações entre o intelectual e o Estado, já que esses têm um discurso explícito em suas obras, mas outra práxis; o papel da mulher na sociedade brasileira do século XIX, com consequências até os dias atuais; a dinâmica entre centro e periferia, não apenas pela oposição entre um país periférico, como o Brasil, e os centros europeus, mas também entre as várias regiões periféricas em relação ao centro político e econômico do país. Todas essas questões são apresentadas ao leitor pela prosa graciosa e ágil da escritora.

Diluindo o cânone desde as margens (o Qorpo Santo de Luiz Antônio de Assis Brasil)

O escritor gaúcho de ancestrais açorianos Luiz Antonio de Assis Brasil há trinta anos vem construindo com cores fortes um magnífico painel em que retrata a história de seu estado por meio da literatura. Nele, *Cães da província* (1987) ocupa um lugar de destaque. O romance, entretecendo habilmente três núcleos narrativos, oferece um interessante panorama da vida da cidade de "Porto Alegre, neste século XIX, das luzes" (Assis Brasil, 1999, p.13), como antecipa o narrador na crônica em que introduz o cenário.

O protagonista é o teatrólogo José Joaquim de Campos Leão (1829-1883), o Qorpo Santo, o principal escritor rio-grandense de seu tempo. À história do excêntrico professor e comerciante que se dedicava às letras e sofreu interdição judicial a pedido de sua mulher sob alegação de loucura juntam-se outras duas histórias com sabor de *thriller*. A primeira delas usa o episódio imortalizado pelas crônicas policiais como "crimes da Rua do Arvoredo". Várias pessoas desapareceram em Porto Alegre, instaurando-se um ambiente de terror, até que um açougueiro e sua amante foram acusados pelos assassinatos. Espalhou-se, então, o boato de que os assassinos fabricavam linguiça com suas carnes, depois comercializadas na cidade.

148 ANTÔNIO R. ESTEVES

A outra história, essa totalmente fictícia, é o drama do comerciante Euzébio Cavalcante, amigo de Qorpo Santo. Abandonado pela esposa que o traía, ele denuncia seu desaparecimento. Por sugestão do dramaturgo, o nome dela é incluído entre os desaparecidos do episódio dos crimes da Rua do Arvoredo. Mais tarde, arrependida, ela retorna, mas é mantida encarcerada em casa pelo marido, que acaba por assassiná-la, enterrando-a na sepultura que já existia com seu nome no cemitério, pois não quer ver desmascarada a farsa por ele montada.

O narrador em terceira pessoa conta em três partes os acontecimentos fantásticos que compõem esse enredo entrelaçado, mantendo certa distância e um tom irônico condizente com a "ambiguidade irônica" que Leda Maria Martins (1991, p.93) enxerga na obra do dramaturgo gaúcho. A teia intertextual é finamente cerzida com a obra do próprio Qorpo Santo, especialmente as 17 peças de teatro, escritas quase todas em 1866; com os autos do processo policial que investigou os crimes da Rua do Arvoredo no outono de 1864; com os textos de Guilhermino César e de Flávio Aguiar sobre a obra de Qorpo Santo; além de uma vasta gama de textos históricos, críticos e filosóficos, tanto sobre a história da Província de São Pedro do Rio Grande do Sul em meados do século XIX quanto sobre a arte e a cultura daquele "século civilizado".

O teatro, o romance policial, os diálogos socráticos, os textos científicos, os relatórios policiais e as crônicas de viagem ou jornalísticas são os principais gêneros parodiados pelo autor para montar sua narrativa, perfeito exemplo daquilo que Linda Hutcheon (1991) chama de "metaficção historiográfica".

Nesse contexto, Luiz Antônio de Assis Brasil traz para o centro de seu romance um escritor duplamente marginalizado. Primeiro por ter sido deliberadamente excluído do ambiente cultural provinciano a que pertencia por aqueles que não tinham condições de entender suas obras e acabaram por silenciá-lo da pior forma possível, negando-se a aceitar que ele fosse lúcido e impondo-lhe o peso da alienação. Embora tivesse saído vitorioso na longa batalha judicial na qual enfrentou os próprios familiares, Campos Leão passou a

O ROMANCE HISTÓRICO BRASILEIRO CONTEMPORÂNEO (1975-2000) **149**

maior parte de sua vida interditado judicialmente ou encerrado em manicômios. Sua obra não foi entendida em seu tempo, chegando ao cânone literário brasileiro apenas um século mais tarde. Da mesma forma, o romance traz para o centro das discussões um escritor periférico. Ainda hoje, e muito mais em meados do século XIX, o Rio Grande do Sul é visto de maneira excêntrica com relação à cultura nacional, sendo sua arte normalmente etiquetada pelo centro como "regional". A obra de Qorpo Santo, retomada na narrativa, entretanto, discute temas importantes em quaisquer latitudes: os limites entre loucura e razão, as relações entre vida e arte, o papel da ciência e da justiça na sociedade, a oposição centro-periferia. Tais questões, todas no âmbito da pós-modernidade, fazem do romance de Assis Brasil uma obra capaz de suscitar no leitor importantes discussões.

O limite entre a loucura e a razão, tema que ocupou boa parte dos discursos político, sociológico, filosófico ou psicológico do século XX, é uma das vigas mestras da obra. Sabe-se que historicamente Campos Leão passou a maior parte de sua vida acusado de loucura, especialmente em razão de um comportamento pouco usual para seu tempo; da mesma forma, sua obra não foi entendida por seus contemporâneos por fugir à lógica cientificista da segunda metade do século XIX (e boa parte do século XX, em muitas partes do planeta, pode-se dizer).

O narrador ataca essa questão em duas frentes, em um sutil confronto entre as teorias positivistas do século XIX e as teorias advindas da psicologia do século XX. A primeira delas é um belo diálogo entre os dois personagens encarregados de exarar o laudo médico que embasaria a interdição judicial de Qorpo Santo. A segunda parte do romance tem o instigante título de "Como pode um homem provar que não é louco?", e nela estão narrados os debates entre dois médicos. O doutor Joaquim Pedro mantém uma postura mais aberta, vendo a loucura como algo relativo, resultado de certas imposições sociais. Para ele, "Qorpo Santo está longe de ser um louco. Seu brilho é arrasador, e sua inteligência supera a de qualquer um..." (Assis Brasil, 1999, p.205). Já o doutor Landell é mais conservador:

150 ANTÔNIO R. ESTEVES

opta por classificar Qorpo Santo como louco apenas por "enfrentar a questão pelo resultado, isto é, no que este comportamento apresenta de ruinoso ou ameaçador à sociedade" (ibidem, p.206). Os debates entre os dois são muito interessantes, e mais ainda a forma pela qual são apresentados pelo narrador. O capítulo quatro da última parte, por exemplo, apresenta os dois médicos durante uma caçada enquanto discutem o caráter do dramaturgo a partir da leitura de suas peças. O doutor Joaquim Pedro resume o argumento de várias das peças de Qorpo Santo, transmitindo-os para o amigo, que vai tecendo comentários. Trata-se de uma bela e sutil forma de intertextualidade. Da mesma forma aparecem ao longo do romance trechos ou comentários da maior parte dos dramas do escritor gaúcho.

Evidentemente, os laudos dos especialistas são contraditórios, cabendo ao juiz decidir pela interdição ou não do protagonista. Sua crise de consciência não será pequena, pois ele próprio não acredita na loucura do escritor: "Um dito do louco emerge entre todos os que ainda se lembra: 'Ora sou um, ora sou outro! Meu espírito vive cheio de temores e arrependimentos!' Se louco é quem possui a coragem de dizer tais coisas, mais louco é o que se cala, sorvendo suas dúvidas como se elas não existissem." (ibidem, p.221). No entanto, sua responsabilidade como representante do Estado constituído na manutenção da paz coletiva faz que ele interdite Qorpo Santo.

A fragmentação do indivíduo na modernidade é explicitada por essa frase de Qorpo Santo no romance: "Ora sou um, ora sou outro, meu espírito vive cheio de temores e arrependimentos em luta consigo mesmo" (ibidem, p.133). Retirada de uma das obras do dramaturgo, ela aparece pelo menos em duas ocasiões no romance de Assis Brasil.

Ainda dentro da oposição loucura/sanidade apresenta-se a comparação entre duas das histórias centrais. Inácia, a esposa de Qorpo Santo, solicita sua interdição por despeito, e durante a narrativa há vários indícios de suas aventuras extraconjugais: ela tenta seduzir o delegado de polícia. No entanto, ela jura que ama o marido e que faz isso como forma de poder controlá-lo. O resultado é que Campos Leão é considerado louco e interditado. Por sua vez, Euzébio inventa

O ROMANCE HISTÓRICO BRASILEIRO CONTEMPORÂNEO (1975-2000) 151

a morte de sua esposa adúltera e mais tarde acaba por assassiná-la, apenas pela pressão social, já que no fundo ele a ama. Durante o desenvolvimento da ação do romance, Qorpo Santo escreve uma peça em que conta a história das desventuras de Euzébio, que ele batiza como *O homem que enganou a província*. Para a sociedade, no entanto, o assassino é José Ramos, e o louco é Qorpo Santo. São eles que perturbam a ordem pública, e não um próspero comerciante como é Euzébio Cavalcante.

Os delírios de Qorpo Santo e suas conversas com o imperador Napoleão III criam um ambiente onírico. As constantes representações teatrais, leituras das peças de Qorpo Santo ou comentários sobre representações teatrais ratificam não apenas o caráter metaficcional da obra, como especialmente ressaltam o jogo de máscaras que contrapõe, de modo carnavalizado, essência e aparência. Durante boa parte da narrativa explicita-se a distância existente entre o que se vive e o que se aparenta viver. O que interessa para o bem-estar social, entretanto, é apenas a aparência. Com sua fina ironia, o narrador trata várias vezes dessa questão: há coisas que todos sabem, mas que não se pode dizer. Quem rompe o silêncio é considerado louco.

Um exemplo interessante, mais uma vez relacionado com a forma como o aspecto vanguardista da obra de Qorpo Santo é apresentado no romance de Assis Brasil, ilustra bem essa situação. Durante a caçada em que discutem a obra do dramaturgo, o doutor Joaquim Pedro comenta com seu amigo o tema da peça *A separação dos dois esposos*: o rompimento de um par de amantes homens que "vivem como marido e mulher, na mais santa paz, e que certo dia brigam e trocam acusações, tudo como um casal de verdade" (ibidem, p.204). O doutor Landell se espanta com o conteúdo da peça, ao que o outro retruca que isso é comum: "você não sabe de casos aqui mesmo em Porto Alegre?". E o doutor Landell responde: "Sim, mas não se diz! Não se diz!" (ibidem, p.205). Novamente se explicita o que se pode ou não se pode dizer para o bom funcionamento de uma sociedade dita civilizada. Contudo, retomando o vanguardismo do dramaturgo gaúcho, o romance traz para o centro de sua obra outro tema considerado tabu pela sociedade tradicional e pela literatura canônica: a

152   ANTÔNIO R. ESTEVES

questão da homossexualidade, tema que ocupa importante espaço
no contexto da pós-modernidade.

A discussão da contraposição entre essência e aparência, tema
fundamental do barroco, aparece associada ao jogo também barroco
entre loucura e razão. Não é à toa que a última parte do romance leva o
significativo título de "Onde termina a mentira, começa o sonho", clara alusão não apenas ao teatro de Qorpo Santo, mas também à célebre
La vida es sueño (1635), de Pedro Calderón de la Barca (1600-1681).

Um comentário final que corrobora a pós-modernidade do romance de Assis Brasil, na linha da representação carnavalizada
da realidade, é a referência à antropofagia. É evidente que em um
primeiro nível o tema da antropofagia, associado ao título da obra,
por um comentário do protagonista, pretende apenas explicitar a
hipocrisia da sociedade provinciana. Em uma das audiências públicas de seu julgamento, o protagonista dirige-se colérico ao público:
"Loucos são todos vocês – grita Qorpo Santo. – Não passam de cães
desta Província, prontos a farejar e comer carne humana" (ibidem,
p.129). Na verdade, o protagonista refere-se ao episódio do José Ramos e de Catarina Palsen e os comentários sobre a linguiça de carne
humana que toda a cidade teria comido. É claro que a investigação do
dr. Calado, chefe de polícia, conclui que os corpos eram enterrados
no porão da casa dos assassinos, sendo, portanto, falso o boato da
linguiça de carne humana. Apesar de pairar, pela ironia do narrador,
uma dúvida sobre essa questão, o que nos interessa é a imagem da
antropofagia em si, não importando se verdadeira ou falsa.

Trata-se, sem dúvidas, de uma retomada antropofágica, no âmbito da pós-modernidade, do conceito tão caro aos vanguardistas
brasileiros, por meio do qual se propunha a superação da dependência
cultural. Nesse sentido, pode ser associada, no romance, à carnavalização, com a diferença de que, se esse conceito vem de Bakhtin, um
pensador europeu, o de antropofagia representa uma ideia brasileira
de superação da dependência, de acordo com a discussão central do
romance: a oposição centro-periferia.

Nessa mesma direção aponta a descrição da celebração da Semana
Santa em Porto Alegre, praticamente no centro da ação do romance.

O ROMANCE HISTÓRICO BRASILEIRO CONTEMPORÂNEO (1975-2000) **153**

Trata-se de uma festividade que, para comemorar a ressurreição do Cristo, utiliza a salva de fogos de artifício, ou seja, a purificação pelo fogo: "A cidade revive os momentos gloriosos de geral despreocupação, há uma suspensão generalizada das últimas agonias, busca-se com urgência os rojões e foguetes adormecidos para dissiparem com seu estrondo os agourentos prenúncios das catástrofes" (ibidem, p.137). Da mesma forma, pode-se ler na representação teatral que culmina a Semana Santa uma proposta de superação da morte pelo riso regenerador, tema bastante caro às teorias bakhtinianas.

Desse modo, o romance de Luiz Antônio de Assis Brasil, por sua construção híbrida em que mistura de modo paródico vários tipos de discurso, retomando tanto o estilo quanto o gênero do dramaturgo Qorpo Santo, vale-se de uma sutil superposição discursiva. Nesse tecido polifônico, jogando com tempos e espaços flutuantes, o professor Luiz Antônio de Assis Brasil discute o Luiz Antônio de Assis Brasil escritor: não se deve esquecer que o romance foi apresentado inicialmente como tese de doutorado na Pontifícia Universidade Católica (PUC) do Rio Grande do Sul. O crítico Assis Brasil, juntamente com o escritor Assis Brasil, discutem o escritor Campos Leão, aliás, Qorpo Santo. Da mesma forma, o também professor Campos Leão discute o dramaturgo Qorpo Santo. Tudo isso na mais pura tradição metaficcional.

Mudam-se os tempos... (e entramos nesse século XX, de tantas adversidades)

Morre o bruxo do Cosme Velho...

"O ponto mais alto e mais equilibrado da prosa realista brasileira acha-se na ficção de Machado de Assis" (Bosi, 1979, p.193). Assim iniciam as páginas que o professor Alfredo Bosi dedica, em seu conhecido manual de literatura brasileira, ao maior escritor do País de todos os tempos: Joaquim Maria Machado de Assis (1839-1908). Poeta e teatrólogo menor, crítico literário polêmico e exímio

ANTÔNIO R. ESTEVES

cronista, em seus contos e romances, no entanto, alcançará o ponto alto da literatura brasileira, não superado desde então. Reconhecido e glorificado ainda em vida, embora refugiado em seu cotidiano de burocrata pacato, foi uma figura catalisadora do ambiente intelectual e literário brasileiro de seu tempo. Ajudou a fundar a Academia Brasileira de Letras, da qual foi o primeiro presidente, de 1897 até sua morte em 1908.

Como aparece explícito no subtítulo, *Memorial do fim* (A morte de Machado de Assis), do escritor paraense Haroldo Maranhão (1927-2004), romance publicado em 1991, centraliza sua ação na figura de um Machado de Assis agonizante em seu chalé do antigo número 18 da rua Cosme Velho, no bairro das Laranjeiras, onde o escritor passou os últimos anos de sua vida de acomodado funcionário público e intelectual de prestígio.

A narrativa composta por 53 capítulos breves recria de modo fragmentado e digressivo os últimos dias de vida do autor de *Dom Casmurro*, entretecendo vários intertextos biográficos e literários. O diálogo mais importante faz-se com a obra do próprio Machado de Assis, cujo estilo rápido e irônico o romance parodia desde o início.

O vasto contingente de personagens que o agonizante recebe em seu leito de morte é composto especialmente por personagens históricos com os quais mantinha relações de vários tipos. Os mais importantes personagens históricos ficcionalizados são o crítico e historiador da literatura José Veríssimo (1857-1916), que aparece já na segunda linha do romance como "o professor José Veríssimo de Matos" (Maranhão, 1991, p.11); o poeta e crítico Mario de Alencar (1872-1925), filho de José de Alencar; o poeta Medeiros de Albu-querque (1867-1934); o político e diplomata monarquista Joaquim Nabuco (1849-1910); o engenheiro escritor Euclides da Cunha (1866-1909); o poeta parnasiano Raimundo Correia (1859-1911); o político e diplomata José da Silva Paranhos Júnior (1845-1912), o Barão do Rio Branco; o dr. Miguel Couto (1865-1934), célebre mé-dico que cuidou do escritor em seus últimos momentos. Além deles, vários outros, de menor importância na vida do escritor, aparecem referidos ao longo da obra.

O ROMANCE HISTÓRICO BRASILEIRO CONTEMPORÂNEO (1975-2000)   155

Os personagens fictícios das diversas obras de Machado que passeiam pela intricada narrativa de Maranhão são muitos, e ocorre muitas vezes a superposição de vários deles em um único personagem. Assim, a misteriosa personagem feminina que causa certo *frisson* entre os visitantes habituais, e que dá nome ao primeiro capítulo, é Marcela Valongo. Trata-se de uma mistura de várias personagens machadianas: de Virgília e Marcela, de *Memórias póstumas*; da Capitu, de *Dom Casmurro*; da Fidélia, do *Memorial de Aires*; da Conceição, da "Missa do galo", entre outras. No romance ela vai mudando de nome, como em um animado jogo de máscaras: mais adiante aparece como Virgília; Fidélia; Leonora, protótipo de heroínas românticas; ou Hylda, uma misteriosa personagem histórica da qual resta apenas uma carta dirigida ao romancista na Academia Brasileira de Letras.

O próprio protagonista, que assimila algumas facetas de Brás Cubas, às vezes é referido apenas como Conselheiro, como Conselheiro Ayres outras tantas vezes, ou mesmo como Aguiar, ambos personagens do *Memorial de Aires*. Da mesma forma, sua esposa Carolina Xavier de Novais (1834?-1904) aparece várias vezes referida como Maria do Carmo, do *Memorial de Aires*. Essa dança de duplos como em um jogo de espelhos superpostos explicita-se no romance: "A outra, amantíssimo leitor? Supondes vós? A outra? Quem verazmente foi a outra? Dona Carmo, a outra, desdobramento do outro, do cauto Conselheiro Ayres? Do Sr. Aguiar? A outra seria Fidélia que não era Fidélia e que entretanto foi Fidélia?" (ibidem, p.16).

Evidentemente Maranhão, brincando com a etimologia da palavra Fidélia e a partir da introdução da personagem Marcela Valongo já no primeiro capítulo de *Memorial do fim*, pretende discutir a questão da *fidelidade* conjugal. Esse tema tão presente nas obras do escritor, especialmente no *Dom Casmurro* e nas *Memórias*, reaparece no romance de Maranhão não apenas como mero jogo intertextual, mas também como forma de fazer o Machado canônico, idealizado pela historiografia nacional, descer de seu pedestal, humanizando-o. A possibilidade de que o casto e conservador funcionário público escritor, que sempre jurava fidelidade à possessiva esposa, pudesse ter tido uma relação extraconjugal causa certa inquietação entre os per-

156 ANTÔNIO R. ESTEVES

sonagens e traz para uma hipótese plausível que coloca em discussão uma questão tão contemporânea quanto o conceito de fidelidade em um relacionamento amoroso. Se não, vejamos: "Pode ser o segredo de uma vida; a revelação de um adultério; um reconhecimento de paternidade; uma súplica, um começo de oração; e pode não ser nada" (ibidem, p.61).

O fato de escolher o momento da agonia do protagonista para centralizar a narrativa também está associado à tentativa de desmitificação do herói, pois a morte iguala os seres humanos, até mesmo em seus aspectos mais prosaicos ou grotescos. O personagem, corroído pela enfermidade, é um espectro magro, mal-cheiroso, estendido no fundo de uma cama.

> O moribundo via-se a si mesmo, como ficara, na comoção mostrada pelos outros; sentia que as carnes minguavam, que os vermes se alvoroçavam pelo roer as carnes do defunto que não se fizera ainda em defunto, porém na iminência dele, já no estado de esqueleto, que um nada se mexia; mas se mexia. (ibidem, p.27)

Além da consciência da finitude da matéria, do jogo especular em que o outro ajuda o indivíduo a enxergar-se a si próprio, o eco da célebre epígrafe das *Memórias póstumas* embeleza o fragmento.

De modo grotesco, mas com o sarcasmo que é peculiar ao próprio Machado, é bastante ilustrativo dessa questão o episódio da visita que o aristocrático Barão do Rio Branco, então ministro de Estado, faz ao escritor agonizante, narrada em várias etapas, do capítulo V ao IX. Já nesse primeiro capítulo, o título "Um certo calvo" alude à figura do visitante imortalizada pela iconografia oficial. Ocorre um sobressalto geral na casa quando é anunciada tão inesperada quanto ilustre visita. O último capítulo do episódio tem como título "Capítulo da toalha": narra o nojo que o ministro sente ao apenas tocar a mão do escritor semidevorado pelo cancro:

> Horrorizou-se e vacilou, na instintiva repelência ao morto-vivo. [...] "Mas este homem! Apodrece. Fede. E insiste!", o Barão falou

O ROMANCE HISTÓRICO BRASILEIRO CONTEMPORÂNEO (1975-2000) **157**

um pensamento sem testemunha. [...] O asco cerrou-lhe o rosto, de um gaio passando a cenhoso. Ignorou a cadeira que lhe destinavam ao lado da tumba. [...] E estendeu a mão frouxa para o homem que estava a igual distância dele e da eternidade; [...] As mãos mal se haviam tocado. [...] Voltou as costas, ao homem de braços caídos, que olhava para muito além da calva lavada de suor. (ibidem, p.40-1)

Em seguida, ele desce rapidamente as escadas, procurando uma pia de água corrente para lavar as mãos. Abriu "a torneira e ensaboou as mãos; e as reensaboou denotando aflição, temente dos salpicos da doença imunda" (ibidem, p.41). Da mesma forma, esse episódio introduz um importante tema a ser pensado pelo leitor: as relações simbióticas entre o intelectual e o Estado. O escritor, ainda que moribundo, vê-se na obrigação de prestar vênia ao poder, recebendo a visita do ministro, que vem confirmar-lhe a morte iminente. A frialdade e o nojo do representante do Estado aristocrático e branco, e nesse sentido a biografia do Barão é plena de detalhes, marca muito bem a distância entre esse Estado discriminador e o intelectual mulato. Mesmo tratando-se do intelectual mais prestigioso do País, presidente da Academia Brasileira de Letras, célebre por sua pretensa vida à margem da política partidária, ele é tratado com menosprezo.

Embora o título do romance remeta à forma memorialística, a narrativa não está escrita em primeira pessoa, a partir de um único narrador, um eu que narra o passado fazendo um balanço de sua existência. O texto, fragmentado, inclui vários relatos em primeira pessoa, entre os quais o do protagonista ocupa uma parte singela. Outros narradores são José Veríssimo, Mario de Alencar, Joaquim Nabuco, Leonora etc. Na maior parte da narrativa, no entanto, predomina um narrador onisciente, que narra em terceira pessoa, mas que se mostra em sua subjetividade, processo comum em várias obras do escritor.

O tom memorialístico trata-se evidentemente de uma referência à ultima obra de Machado, o *Memorial de Aires*, publicada no mesmo ano de sua morte. Essa forma aludida no título associa-se também às famosas *Memórias póstumas de Brás Cubas*, de 1881, talvez sua obra mais conhecida. Dessas duas obras vêm a maior parte dos intertextos do romance.

Em certa medida, pode-se dizer que a obra de Haroldo Maranhão constitui-se em um imenso *pastiche* em que aparecem às vezes meramente justapostos, às vezes cerzidos de modo variado, fragmentos da vasta obra de Machado de Assis e procedimentos narrativos utilizados por ele. Os capítulos IV, XVII, XVI e XXXV, entretanto, são os mais ilustrativos desse processo, conforme o próprio Maranhão informa no seu *Post Scritptum*. Segundo ele, esses capítulos:

> foram *armados* como se arma um puzzle, utilizando-se excertos de Machado de Assis de cada qual de seus principais romances, com a diferença de que o resultado final evidentemente não reflete nem resume o *Memórias póstumas de Brás Cubas* (capítulo IV), o *Quincas Borba* (capítulo XVII), o *Esaú e Jacó* (capítulo XXVI) e o *Memorial de Aires* (capítulo XXXV). São homenagens que sabidamente se prestam aos grandes artistas e às grandes admirações literárias. Na música não é incomum, um compósito citar outro: sem aspas! (ibidem, p.183-4)

A citação, no entanto, adquire duplo interesse, pois essas informações são em sua maior parte falsas, evocando a conhecida retórica borgiana das citações apócrifas. Na verdade, o capítulo XVII está formado por fragmentos de *Quincas Borba*, e não de *Esaú e Jacó*, e o capítulo XXVI está montado a partir de fragmentos de *Dom Casmurro*, e não de *Quincas Borba*. Apenas as informações referentes ao capítulo IV e o capítulo XXV são verdadeiras. Outras informações, ainda que verdadeiras, são desnecessárias, já que o pressuposto básico do romance é a verossimilhança, e não a veracidade (Marcari, 2003).

A verdade, em literatura, não obedece nem ao mesmo pacto nem aos mesmos mecanismos que na história. Assim, no mesmo *Post Scriptum* ele dirá que "Os referenciais *históricos*, mero *décor*, necessariamente não são históricos com o apuro que a história impõe" (Maranhão, 1991, p.185). Trata-se da premissa básica do romance histórico que segue o modelo scottiano, mas o leitor inteligente, a essa altura da leitura (e estamos na última página do romance),

O ROMANCE HISTÓRICO BRASILEIRO CONTEMPORÂNEO (1975-2000)   **159**

poderá perguntar-se o que importam tais princípios se o romance de Haroldo Maranhão, por tudo o que ele viu na leitura, se encaixa na estética pós-moderna?

Em todo caso, há que considerar que dentro dessa estética, no imenso *pastiche* que Maranhão constrói, aparecem incrustadas informações oriundas de diferentes fontes biográficas ou críticas sobre o escritor e sua obra. O narrador onisciente tem a função de orquestrar todos esses fragmentos. E deve explicitar, como costumava fazer o próprio Machado de Assis, que se trata de uma construção ficcional, dirigida a um leitor que também deve ser consciente desse processo. Dessa forma, não faltam as clássicas interrupções da narração nas quais o narrador se dirige diretamente ao leitor com expressões do tipo: "Simulações, amigo, engodos, despistes, em que é mestre o grão mestre" (ibidem, p.21); "Até hoje, ninguém perdeu uma pratinha por esperar. O leitor não seria exceção. Adeus; não me demoro" (ibidem, p.38); "Convido o leitor a retomar comigo ao ano de 1876" (ibidem, p.57). Ou: "O autor manda; o leitor, se for leitor bom, sujeita-se" (ibidem, p.57). Ou ainda: "O capítulo anterior não é sem propósito nem descosido do resto, conforme finos leitores poderão decretar" (ibidem, p.149). Ou: "Como se vai ver, não se pingam os ii, muito menos ponto final" (ibidem, p.169).

Essa explicitação do discurso metalinguístico, enfim, confirma a inclusão do romance de Maranhão na estética da pós-modernidade, na categoria definida por Linda Hutcheon (1991) como "metaficção historiográfica". E como tal, o romance organiza de modo orquestrado e exemplar não apenas um universo de diferentes vozes, muitas vezes incompatíveis, obrigando o leitor a questioná-las antes de sua assimilação, corroendo com isso qualquer possibilidade de constituir uma verdade absoluta. Também orquestra uma série de procedimentos pós-modernos, como a carnavalização e a intertextualidade em suas várias formas, entre os quais a paródia, o *pastiche*, a estilização, mantendo, entretanto, o tom machadiano, ora irônico, ora pessimista, ora satírico, que produz uma encenação dialógica entre a autorreferência literária e a referência histórica, atentando sempre para o caráter de construto literário do texto. O resultado plurivalente

160　ANTÔNIO R. ESTEVES

e multifacetado leva o leitor a questionar as verdades absolutas do mundo discursivamente organizado, tentando, enfim, reconstruir uma versão mais plausível com o seu desejo.

A bela época e seus poetas

A última quimera é o terceiro romance histórico de Ana Miranda (1995) e foi motivado, com certeza, pelo sucesso de *Boca do inferno*. Seguindo em seu gracioso e ágil estilo, Miranda divide a narrativa em cinco partes em um ritmo, pode-se dizer, descendente. As primeiras partes são longas, e as últimas, muito mais breves: a primeira, por exemplo, com mais de cem páginas, ocupa mais de um terço da obra; a última, uma espécie de epílogo, conta com apenas 12 páginas. Cada uma dessas partes está dividida em subpartes, que por sua vez subdividem-se em capítulos curtos raramente excedendo duas páginas. Isso produz um ritmo leve que faz a leitura fluir com rapidez.

O título do romance é extraído de um célebre soneto do poeta Augusto dos Anjos (1884-1914), um dos protagonistas da narrativa. Um narrador em primeira pessoa cujo nome não aparece e que se coloca como amigo de infância de Augusto dos Anjos reconstrói a vida do poeta a partir de sua morte no dia 12 de novembro de 1914. Embora os demais acontecimentos da vida dos protagonistas apareçam em *flashback*, a ação praticamente se concentra nas 48 horas posteriores ao passamento do poeta. São exceção os dois últimos capítulos da Parte 4 e o epílogo, onde há um salto temporal e uma condensação da ação na tentativa, desnecessária talvez e já presente em *Boca do inferno*, de atar os fios soltos, fechando o destino dos personagens.

Ao contrário da narração, que é ágil, o tempo flui de modo bastante lento, talvez para ampliar o ambiente de angústia vivido pelo narrador e outros personagens em razão da morte do poeta. O protagonista recebe a notícia do falecimento do amigo à noite, passa boa parte da madrugada perambulando pelas ruas do centro do Rio de Janeiro, onde se encontra com Olavo Bilac (1865-1918), que ocupará um espaço de destaque no romance. Volta para casa; despede-se de

O ROMANCE HISTÓRICO BRASILEIRO CONTEMPORÂNEO (1975-2000)   **161**

Camila, uma jovem que vive com ele de modo clandestino; toma seu automóvel; dirige-se à estação e embarca no trem que o levará, em 11 horas de viagem, a Leopoldina, no sul de Minas, onde vivia Augusto. No trem, encontra-se com a irmã de Augusto, que ainda não sabe de sua morte. Conversam durante a viagem e chegam à cidadezinha mineira antes de anoitecer, a tempo de acompanharem o cortejo fúnebre. Depois do enterro, ele visita Esther, a viúva, por quem tivera uma paixão no passado. A alta noite encontra-o novamente sentado em uma praça, agora em Leopoldina. Nessas tensas 24 horas, que ocupam mais de dois terços do romance, o narrador vai alternando a narrativa do angustioso momento que vive; o encontro com Bilac e a retrospectiva da vida tanto de Augusto dos Anjos quanto de Bilac.

Poeta bissexto, de difícil catalogação nas escolas literárias de seu tempo, por isso normalmente apresentado como pré-modernista (Bosi, 1966), o paraibano Augusto de Carvalho Rodrigues dos Anjos teve uma vida atribulada. Deixou sua terra e dirigiu-se à capital da República em busca de um ambiente propício para o desenvolvimento de sua arte, o que acabou por não encontrar. A morte precoce colheu-o na provinciana Leopoldina, onde havia conseguido um modesto cargo de professor. Exemplares de seu único livro de poemas, *Eu*, publicado em 1912 à própria custa, acabaram "mofados, manchados de umidade, alguns até mesmo com beiradas roídas por ratos" (Miranda, 1995, p.186).

Apesar de polêmico, o livro foi recebido com imenso silêncio pela crítica oficial. Alguns anos após a morte do poeta, o livro caiu no gosto do público, sendo reeditado dezenas de vezes. Manteve-se, porém, o silêncio por parte da crítica modernista, nos anos 1920. Em um dos capítulos da Parte 3 do romance há uma breve discussão sobre as dificuldades de classificação da poesia de Augusto dos Anjos, lida às vezes como romântica, às vezes como simbolista, outras vezes como parnasiana ou ainda como cientificista. Ou como tudo isso misturado. O que não se pode é considerá-la vanguardista.

Ao trazer Augusto dos Anjos para o centro de seu romance, Ana Miranda uma vez mais quer colocar em discussão algumas questões importantes na cultura brasileira. A primeira delas é, sem dúvida,

162 ANTÔNIO R. ESTEVES

a construção do cânone literário, que ocorre na maior parte das vezes na contramão do gosto popular, já que embora não canônico, Augusto dos Anjos praticamente nunca deixou de agradar o leitor comum. Por isso, apesar de o livro ser evidentemente dedicado ao poeta paraibano, o "Príncipe do Poetas" ocupa boa parte dele. O cosmopolita Olavo Brás Martins dos Guimarães Bilac representa o necessário contraponto ao obscuro poeta provinciano.

A outra questão que a autora traz para o centro de seu livro é a oposição centro-periferia, de dupla problematização: por um lado, a oposição entre a província e a capital; por outro, a oposição entre o Brasil, periferia do sistema capitalista associado ao centro europeu. O primeiro núcleo é representado pelo paraibano Augusto dos Anjos, membro da oligarquia rural arruinada (o pai era dono de um engenho de açúcar), que sonha em ser um escritor de prestígio na capital da República. As origens periféricas explicam, por exemplo, suas leituras atrasadas de positivistas e cientificistas europeus, como Herbert Spencer (1820-1903) ou Ernst Haeckel (1834-1919), que dão certo exotismo à sua obra, fazendo que fosse ignorada na Academia de Letras, mas lida e incentivada na Academia de Medicina (Miranda, 1995, p.44).

O centro da vida cultural do País, no entanto, trata com frieza o orgulhoso nordestino, legando-o ao ostracismo. O encanto se acaba rapidamente:

> Estava desiludido com o Rio de Janeiro, que pensara ser uma cidade cosmopolita, mas que até então lhe parecia uma aldeia, embora houvesse muitos franceses e ingleses, repleta de injustiças sociais, um espetáculo de miseráveis ao lado de caleças e automóveis que tornavam as ruas tristes corredores. (ibidem, p.31)

A metáfora do passarinho desprotegido que morre no frio da madrugada é bastante ilustrativa. O romance demonstra isso de forma bastante clara ao descrever a reação de Olavo Bilac, que não conhecia o poeta. O narrador declama os "Versos íntimos", talvez o poema mais conhecido do poeta, de onde é retirado o título do romance, e a reação do parnasiano é de descontentamento.

O ROMANCE HISTÓRICO BRASILEIRO CONTEMPORÂNEO (1975-2000)

A figura do poeta das estrelas ilustra de modo exemplar as relações entre o universo cultural brasileiro e a *Belle Époque* francesa. Grande admirador da cultura francesa, visitante assíduo da Cidade Luz, Olavo Bilac não passa de um exótico desconhecido, ignorado solenemente por aquela cultura: "em Paris era apenas um provinciano diante da altivez da catedral copiada das florestas..." (ibidem, p.59). A cultura do primeiro mundo, matriz dos modelos seguidos tanto por Olavo Bilac, em seu devido tempo, quanto por Augusto dos Anjos, com décadas de atraso, é apresentada sob as metáforas de inverno frio, produtor de solidão e falta de comunicação. Os periféricos são legados à invisibilidade, apesar de endeusarem aquela cultura fria e exótica.

Tampouco, entretanto, esse homem, tão altivo e poderoso em seu tempo, escapará à morte e ao esquecimento. "Todos aqueles que foram idolatrados, um dia serão odiados. [...] Depois de morto, Bilac passará por alguns anos de esquecimento, depois ressuscitará em glória plena. Ou não" (ibidem, p.257). A autora coloca na pena do narrador o que acabará acontecendo com Bilac, poeta exaltado ainda em vida que continuará vigente algumas décadas ainda, até ser sepultado pelos construtores do novo cânone modernista. Mais recentemente, e Ana Miranda é ciente disso, ele será resgatado pela crítica literária, que tentará ver nele elementos positivos, uma base sem a qual não seriam possíveis as mudanças experimentadas a partir das vanguardas.

A mudança dos tempos aparece de modo simbólico no romance. No momento em que o narrador chega de volta ao Rio de Janeiro, depois de haver enterrado o amigo de infância, e com ele duas paixões femininas, a viúva daquele e Marion, a noiva que deixara esperando no altar, estão lavando as fachadas das casas. Ao chegar à casa, onde Camila, tuberculosa, ficara quase agonizante, estão queimando colchões e outros pertences, junto com os quais perecem a fotografia de Esther e seus manuscritos poéticos. À purificação pela água sucede-se a purificação pelo fogo: o narrador pode, então, iniciar uma nova vida, livre dos fantasmas do passado. Da mesma forma demolem o velho sobrado em que viveu Augusto, no cais Mauá: "O passado precisa

164 ANTÔNIO R. ESTEVES

virar pó" (ibidem, p.281), dirá o narrador. E não é sem sentido que o título do epílogo, a Parte 5, é "A roda da vida".

Negando o tempo progressivo da cultura ocidental, a visão cíclica da história é uma das marcas que Menton (1993), relendo a poética borgiana, atribuirá ao Novo Romance Histórico. O budista Augusto dos Anjos, uma espécie de Fênix, depois de morto continuará vivo, suscitando a discussão necessária para que a arte brasileira possa encontrar seu centro. Um centro que se localize na periferia, como a distante Leopoldina, por exemplo, que negue as frias e mudas catedrais da capital do império, que em todo caso foram "copiadas das florestas", belas por suas próprias formas, mas também por suas analogias com o que havia em torno (ibidem, p.59).

Alguns anos mais tarde, em 2000, o conhecido jornalista e biógrafo Ruy Castro adotará outro foco para tratar de Olavo Bilac e da *Belle Époque* brasileira. A ação de *Bilac vê estrelas* ocorre em 1903 e, embora também esteja centralizada nos cafés frequentados pelos intelectuais da época, desenvolve-se por meio de uma alegre história policial. O autor da "Profissão de fé" envolve-se em uma aventura inusitada em que uma bela e sensual portuguesa é contratada por dois aeronautas franceses que querem roubar os projetos de um dirigível que está sendo construído por José do Patrocínio (1853-1905), o Abolicionista, inspirado em um modelo de Alberto Santos Dumont (1873-1932). O episódio da construção do dirigível Santa Cruz é histórico, mas o narrador, dentro da liberdade que lhe é atribuída pelo estatuto ficcional, altera vários dados, como a época da construção, a visita de Santos Dumont ou o acidente que destruiu o dirigível, ainda sem estar concluído.

O ambiente é a capital da República durante as reformas que o prefeito Pereira Passos (1836-1913) implementou em seu governo de 1903 a 1906. Os protagonistas são intelectuais da época, centralizados nas figuras de Olavo Bilac e seu amigo José do Patrocínio, mas com a presença de vários outros nomes que também circulam pelas páginas de *A última quimera*: Bastos Tigre (1882-1957), Machado de Assis (1839-1908), Raul Pompeia (1863-1895), Araripe Júnior (1848-1911), Pardal Mallet (1864-1894), Ruy Barbosa (1849-1923),

O ROMANCE HISTÓRICO BRASILEIRO CONTEMPORÂNEO (1975-2000)   **165**

Coelho Neto (1864-1934), entre outros. Pardal Mallett e Raul Pompeia, falecidos já há bons anos na época da ação dos romances, são rememorados em razão dos célebres duelos travados com Olavo Bilac. Ao contrário de Ana Miranda, que discute episódios históricos como a Revolta da Chibata (1910), a Primeira Guerra Mundial, a oposição ao militarismo de Hermes da Fonseca, entre outros, Castro prefere o tom burlesco, que em vários momentos chega à carnavalização. Assim, um dos episódios centrais da história é o assédio sexual que Eduarda Bandeira move ao poeta das estrelas com o objetivo de roubar os preciosos planos do dirigível, ao qual o poeta responde com frieza glacial. A cena mais cômica que encerra o episódio é quando ela penetra na cama do poeta, que dorme "de touca e camisolão listrados, coberto com uma colcha de seda da cor de ouro velho" (Castro, 2004, p.93). Ao tocar seus genitais, o poeta desperta indignado e devolve a intrusa para seu hotel, não sem antes ela ter lançado a ferina pergunta "Diz-me cá, Olavo. És maricas?" (ibidem, p.96). Em sua narrativa, Ana Miranda tinha apenas reproduzido comentários comuns durante a vida do poeta, de que pudesse ter mantido um romance com a irmã, do qual teria nascido um filho; ou que fosse necrófilo. A dúvida sobre a masculinidade do maior poeta erótico de seu tempo pode apenas proporcionar riso fácil. Pode, no entanto, introduzir no cânone literário brasileiro a questão dos gêneros.

Estudioso do Carnaval brasileiro e da história da Música Popular Brasileira em suas diversas épocas, Ruy Castro recheia seu livro de referências ao universo cultural da *Belle Époque* brasileira. Assim, consegue construir uma narrativa cheia de comicidade, por meio da qual desnuda pela ironia aquele ambiente de falsa encenação centralizado na famosa Rua do Ouvidor e adjacências.

Como não poderia deixar de ser, o romance culmina em uma espécie de desfile carnavalizado, no qual não falta sequer o pastelão, em uma cena do interior da Confeitaria Colombo. Enfarinhados, os atletas de remo do Flamengo, em armadilha preparada por um Bilac mais detetive que poeta, desarmam os capoeiras contratados por Eduarda e libertam o refém José do Patrocínio. A perseguição final dos bandidos, como não deixaria de ser, ocorre em uma charrete a toda velocidade atropelando todos na Rua do Ouvidor, tradicionalmente de pedestres, até serem barrados pela marcha carnavalesca que acompanhava Santos Dumont até o teatro onde ele receberia uma homenagem.

Até mesmo o dirigível construído por José do Patrocínio é apresentado de modo carnavalizado: "Um charuto verde amarelo [...] Parecia uma coisa de circo ou de parque de diversões, embora fosse um produto da ciência, da inteligência humana..." (Castro, 2004, p.112). A referência às cores nacionais é uma evidente zombaria ao patriotismo grotesco que o abuso da utilização dessas cores propicia. Da mesma forma, considerando os resultados do projeto, também se ri da grandiloquência de muitos projetos nacionais cheios de pretensão, mas cujos resultados práticos são verdadeiros desastres, mesmo tendo gastado importantes somas do erário público. Dessa forma, substitui-se a imagem de um José do Patrocínio, herói da Abolição, que despendeu suas últimas posses tentando implementar um projeto que exaltaria a inteligência nacional pela de um idealista irresponsável e cientista despreparado que desperdiça irresponsavelmente verbas conseguidas pela verborragia de seu amigo poeta.

Mais que o diálogo com a obra do poeta da *Via Láctea*, da qual fragmentos diversos aparecem salpicando o romance, o que chama a atenção em *Bilac vê estrelas* é a cuidadosa reconstrução do ambiente, sempre por meio da veia sarcástica. Há uma descrição detalhada tanto de figuras importantes do período quanto do ambiente físico, cultural e político da capital da República, plena de elementos que parecem querer indicar ao leitor que na parte administrativa ou de costumes a situação não mudou desde então. O episódio dos buracos abertos pelo prefeito em seu afã de reformar a cidade, que permanecem abertos mesmo depois de concluída a obra, é um exemplo disso.

Para concluir provisoriamente

O presente painel da literatura brasileira, construído a partir de romances históricos metaficcionais, pode ser complementado com as

O ROMANCE HISTÓRICO BRASILEIRO CONTEMPORÂNEO (1975-2000) **167**

obras comentadas no segundo capítulo deste trabalho. O quadro da *Belle Époque* se enriquece com o *Calvário e porres do pingente Afonso Henriques de Lima Barreto*, de João Antônio. A geração das vanguardas dos anos 1920, que culminou na famosa e não menos canônica Semana de Arte Moderna de São Paulo, ainda não mereceu obras que ficcionalizem seus protagonistas. Não que o material não fosse interessante ou farto: pode ser que seu peso na consolidação de uma literatura "autenticamente" brasileira tenha afugentado escritores interessados em trazê-los para o centro de suas narrativas históricas. A chamada "Geração de 30" foi magistralmente trabalhada por meio da figura de seu principal nome na prosa, o romancista alagoano Graciliano Ramos, protagonista de *Em liberdade*, de Silviano Santiago, embora seja o único exemplo. A chamada "Geração de 45", talvez por sua proximidade, tampouco foi trabalhada, exceção constituída pela novela *Clarice* (1996), de Ana Miranda, que aborda alguns aspectos do relacionamento da autora de *A paixão segundo G.H.*, Clarice Lispector, com a cidade do Rio de Janeiro.

4
UM MOSAICO DE NARRATIVAS

A história do ponto de vista dos vencidos: *Viva o povo brasileiro*, de João Ubaldo Ribeiro

Sob o título de "Um brado retumbante", o jornalista Mário Sérgio Conti (1984) saudava desde as páginas da revista *Veja* a publicação de *Viva o povo brasileiro*, de João Ubaldo Ribeiro. Apesar do evidente caráter de divulgação desse tipo de texto, a matéria, em duas páginas, capta a essência do então último romance do escritor baiano, já célebre nas letras nacionais pelo premiado *Sargento Getúlio*, de 1971.

Utilizando um vocabulário associado à culinária, chama a atenção para o caráter antropofágico que "transforma a história do Brasil num banquete romanesco, repleto de narrativas apetitosas no caudaloso e pantagruélico *Viva o povo brasileiro*" (ibidem, p.109).

Transformar a história do povo brasileiro em uma espécie de festim pantagruélico, pode-se dizer que seja esse o objetivo principal do romance de Ribeiro, bem de acordo com as premissas básicas que regem o que Menton (1993) chama de "Novo romance histórico latino-americano". Reescrever a história, de forma paródica, para tentar captar, por meio do grotesco da carnavalização, a essência do povo brasileiro. Corroer os pilares da história oficial, escrita pelos vencedores. Derrubar de seus pedestais os falsos heróis erigidos por uma casta econômica e social que, para justificar sua dominação, não hesita em falsear os acontecimentos, tirando de cena os verdadeiros protagonistas do drama da formação do povo brasileiro. Pode-se dizer que esses foram os móbiles que motivaram a escritura desse imenso painel da história da Bahia, vista como uma espécie de metonímia da história brasileira, desde o século XVII até a última ditadura militar do século XX.

Dessa forma, o grosso volume, com cerca de setecentas páginas em letras miúdas, propõe-se a contar a história do Brasil invertendo o foco normalmente utilizado pela história oficial: deixa de ser história do Brasil e passa a ser história do povo brasileiro. Desde o princípio os protagonistas dessa espécie de epopeia às avessas são personagens populares, embora os episódios da história nacional e regional apareçam como pano de fundo e os heróis oficializados pelo sistema vigente estejam presentes, formando uma imagem distante, bastante embaçada.

Nessa direção adquire especial sentido o ponto de partida da narrativa, *in media res*: o processo de fabricação de dois heróis. O alferes José Francisco Brandão Galvão, herói por acaso, na Ponta das Baleias, merece um quadro a óleo e tem uma estátua levantada na ilha. Já Perilo Ambrósio Góes forja seu heroísmo após matar um escravo para cobrir-se com o sangue que justificaria os ferimentos, embora tivesse acompanhado a batalha apenas a distância. Ele cria então um relato de sua atuação heroica, corta a língua do escravo que presenciara o vil crime e não hesita sequer em trair a própria família para apossar-se de seus bens e agradar as novas autoridades. E assim o português faz-se brasileiro, rico e poderoso, recebendo o título de barão. Será o fundador de uma das genealogias cuja história o romance conta. O episódio da tardia e pouco heroica independência da Bahia, pouco de acordo com a história oficial nacional, é o momento utilizado pelo narrador para iniciar o relato da história do povo brasileiro.

Ainda no primeiro dos vinte capítulos do romance, explicita-se a concepção temporal que regerá a narrativa. Rompe-se o tempo convencional progressivo e, por meio da teoria das almas que se re-

O ROMANCE HISTÓRICO BRASILEIRO CONTEMPORÂNEO (1975-2000)   **171**

encarnam, se introduz um tempo cíclico, próximo do tempo mítico primitivo, assentado nas duas das culturas oprimidas que deram base à formação do povo brasileiro, a cultura indígena e, sobretudo, a cultura africana. No espaço fantástico das Amoreiras, ocorre a "conjunção especial dos pontos cardeais, dos equinócios, das linhas magnéticas, dos meridianos mentais, das alfridárias mais potentes, dos polos esotéricos, das correntes alquímico-filosofais, das atrações da lua e dos astros fixos e errantes e de mais de centenas de forças arcanas" (Ribeiro, s. d., p.15). Produz-se, então, nesse lugar uma livre circulação de vivos e mortos, antes que estes subam "para o Poleiro das Almas, onde, mais cedo ou mais tarde, terão que vencer um grande medo e encarnar outra vez" (ibidem ,p.16). A alminha que saiu do corpo do alferes Galvão, no entanto, já havia estado no corpo do fundador da genealogia popular nativa, Capiroba, fruto da união entre uma indígena e um negro quilombola, que em 1647 apreciava devorar a carne tenra de holandeses. Depois ocuparia o corpo de uma descendente dele, Maria da Fé, a guerrilheira mítica que protagonizará a história em boa parte do século XIX.

A ordem do relato não é cronológica: alternam-se os vários momentos temporais que a compõem, em uma espécie de labirinto temporal que reitera seu caráter cíclico. O leitor terá de ir ordenando os fatos se quiser seguir a cronologia convencional. Os vinte capítulos da narrativa ocupam, no entanto, de maneira bem explícita, um intervalo temporal que na história oficial do Brasil vem de antes de 1646, quando Capiroba se banqueteava devorando batavos, e chega a 1977, nos tempos do general Médici. A maior parte do relato, cerca de 70%, está dedicada ao século XIX, período da fixação da identidade oficial brasileira. Os outros 30% dividem-se entre os episódios coloniais de Capiroba, mestiço fundador da genealogia dos oprimidos, e o período que vai da ditadura de Vargas à ditadura dos militares.

Na verdade, contam-se, de maneira até certo ponto maniqueísta, duas histórias que se entrecruzam em vários pontos, de acordo com as relações entre os grupos sociais que as compõem. De um lado, a história das elites brasileiras, que no romance tem origem em Perilo Ambrósio, futuro barão de Parapuama, passando para os Ferreira-

-Dutton, seus sucessores; de outro, a história dos oprimidos, a classe popular que comporia o verdadeiro povo brasileiro, de acordo com a óptica do narrador. São em sua maioria negros e mestiços cuja origem está no caboclo Capiroba e toda uma linha de grandes matriarcas suas descendentes, dentre as quais se destacam a centenária Dadinha, sua neta Vevé e a filha desta, Maria da Fé. Constantemente os dois ramos se cruzam, especialmente por meio das violações perpetuadas pelos oligarcas que acabam produzindo uma série de mestiços bastardos, dos quais a mais célebre é Maria da Fé, filha do barão e de Vevé.

Dessa forma, a narrativa, por meio de várias tonalidades de ironia, algumas das quais se aproximam do mais puro grotesco, vai descortinando uma história falsa construída pela elite, baseada na elaboração escrita de falsas genealogias, manipuladas de acordo com o modelo europeu e o desejo de criar origens nobres e europeias. O contraponto é a história da resistência cultural vivida pelo povo oprimido que heroicamente tenta manter sua cultura e seus valores por meio da transmissão oral.

Pelo lado dos oligarcas se constrói uma identidade falsa, baseada não apenas na expropriação de negros e mestiços, sejam escravos ou livres, mas também no roubo, na corrupção, em crimes de várias espécies. E especialmente no falseamento das origens. O lusitano Perilo Ambrósio cria uma falsa história de heroísmos e enriquece de forma ilícita. No entanto, apesar de todos os seus esforços, oficialmente ele é estéril, e morre sem deixar herdeiros. Sua riqueza é apropriada, também mediante uma série de armadilhas, por seu contador, Amleto Ferreira-Dutton, figura por meio da qual o narrador ironiza a elite brasileira do século XIX, originada pelo engano: a riqueza apropriada por meio de negociatas e a genealogia construída artificialmente. O mulato bastardo Amleto inventa para si uma origem inglesa e cria um sobrenome, apagando de suas origens a mãe negra, e disfarça os traços físicos de modo grotesco. Uma filha sua se casa com o enteado do barão de Pirapuama, selando a relação entre as duas famílias. Algumas gerações mais tardes, um seu descente, já banqueiro em São Paulo, observará o retrato do antepassado orgulhando-se de suas origens nórdicas.

O ROMANCE HISTÓRICO BRASILEIRO CONTEMPORÂNEO (1975-2000)   173

Outro de seus filhos, Patrício Macário, cujos traços mestiços são mais evidentes, acaba, entretanto, ingressando no exército, lutando em Canudos e se aproximando dos pobres, pela paixão desenfreada por Maria da Fé. Caberá a ele escrever a verdadeira história o povo brasileiro, perpetuando em letras aquilo que até então era tradição oral. Ele será uma espécie de sintetizador do ideal de povo brasileiro de origem heterogênea que o narrador parece querer construir. Esse ideal aparece simbolicamente por meio de uma sociedade secreta cujo lema é exatamente o título do romance: "viva o povo brasileiro". Seus segredos são mantidos em uma espécie de arca mágica que passa de geração em geração, mas cujo conteúdo o leitor não conhece diretamente.

A narrativa termina de modo fantástico; simbólico mas positivo. Parece que o narrador quer indicar ao leitor que o caminho possível é aquele das alminhas brasileiras que querem descer para manter a luta. "Almas brasileirinhas, tão pequetitinhas que faziam pena, tão bobas que davam dó, mas decididas a voltar para lutar" (Ribeiro, s. d., p.673). Uma vez mais a ironia do narrador empana a leitura. Ao mesmo tempo que assinala a necessidade da luta, indica também a ingenuidade de se seguir lutando. Afinal de contas, a canastra que continha o segredo, a história modelar, "foi soterrada pelo sangue, pelo sangue, pelo sangue, pela argamassa que é a mesma coisa, pelo suor que é a mesma coisa, pelas lágrimas que são a mesma coisa, pelo leite do peito que é a mesma coisa" (ibidem). Ao mesmo tempo, lá em cima está o "Espírito do Homem, erradio mas cheio de esperança, vagando sobre as águas sem luz da grande baía" (ibidem). Tempestades com luz; escuridão e luz; águas regeneradoras: caberá ao leitor, no fio da ambivalência, apontar para o caminho que quiser seguir, bem de acordo com os princípios da pós-modernidade.

No nível discursivo, a narrativa assenta-se na ambiguidade da ironia e do discurso paródico, que vão tecendo ao longo do texto uma imensa teia intertextual. A classe dominante, a oligarquia europeizada que domina os meios de produção, de comunicação e a cultura oficial, vai aos poucos fazendo a trajetória da riqueza econômica do Brasil, que acompanha o poder político: começa na Bahia, transfere-se mais tarde para o Rio de Janeiro, e no século XX já está em São Paulo. Por meio de negociatas, associa-se ao extrativismo e à agricultura; depois domina o comércio; e mais tarde as operações financeiras; sempre associada ao capital internacional. Intelectualmente filia-se a correntes europeias de pensamento, ironizadas com furor pelo narrador: iluminista, romântica, positivista. O domínio da Igreja é substituído pelo da Ciência, embora ambos sirvam para explicar a superioridade da raça branca e da cultura europeia e a inferioridade de não brancos, sejam negros, indígenas ou mestiços.

O capítulo 9 contém belos exemplos de como o narrador trabalha com as relações intertextuais, em um longo episódio cuja ação principal ocorre na Taverna do Mazombo, onde os jovens filhos da elite, entre os quais Bonifácio Odulfo Nobre dos Reis Ferreira-Dutton, repetem sem o menor senso crítico os modelos românticos europeus. Salpicado de trechos em francês e referências aos principais românticos europeus, o trecho, no entanto, é uma alfinetada ao romântico brasileiro mais conhecido, Álvares de Azevedo, cuja obra aparece visitada com frequência.

O outro trecho em que a paródia produz belos resultados está no capítulo 14 e se refere ao episódio em que o corpo baiano dos Voluntários da Pátria, arregimentado à força, se vê em plena batalha de Tuiuti, em 1866, na Guerra do Paraguai. Ao contrário do que ocorre quando trata da elite, o narrador aqui conjura textos clássicos que não são outros senão duas das epopeias mais significativas da cultura ocidental: *Os lusíadas* e sua matriz grega, a *Ilíada*. Os deuses que lutam para proteger seus afilhados, no entanto, não são os deuses gregos, mas sim os orixás do panteão baiano.

"A deusa Ifá a que tudo sabe"; "Oxalá, pai dos homens"; "o que se apelida Jacutá, atirador de pedras"; "Oxossi, rei das matas, senhor da astúcia"; "Ogum, senhor do ferro e da ferradura, cujo nome é a própria guerra"; "Iansã, senhora dos ventos e das tempestades, senhora dos espíritos"; "Xangô, o que arroja pedras"; "Exu, o que conhece mil ardis e se deleita em estratagemas"; "Omolu, o orixá da peste e da doença, senhor da peste e da lepra, o que mata sem faca"; todos descem ao pantanoso Tuiuti para tentar salvar seus protegidos, superando as eventuais diferenças. Seguindo os famosos apostos

O ROMANCE HISTÓRICO BRASILEIRO CONTEMPORÂNEO (1975-2000)   175

homéricos, João Ubaldo, exímio conhecedor das epopeias clássicas, constrói belas páginas, plenas de sincretismo e heroísmo. A paródia aqui, ao contrário do que faz quando trata das elites, transforma em heróis os homens simples que deram sua vida anonimamente nos pântanos paraguaios, lutando em uma guerra que não lhes dizia nada. Esses são os verdadeiros heróis, não aqueles mais tarde saudados em ocos e grotescos sonetos parnasianos.

Da mesma forma, o festim pantagruélico, nas pegadas de Bakhtin, é trabalhado de maneira ambivalente no romance: quando se trata das elites, o grotesco carnavalizado deve levar a um sentido por negação. O barão, por exemplo, é sempre associado a uma figura grotesca, balofa, lambuzado de comida e sexo. Ele surge no primeiro capítulo, "sentado embaixo de uma jaqueira, com as pernas esticadas e abertas, comendo um pão de milho e dando dentadas enormes num pedaço de chouriço assado" (Ribeiro, s. d., p.20), observado pelos escravos famintos. Não apenas comilança desenfreada, mas também a associação ao sexo e às zonas baixas do corpo, pois já na primeira aparição ele passa "a mão gorda e peluda pelo traseiro de Feliciano", dizendo "pois destes cus da tua família ainda não tive o meu quinhão completo, e chegará o dia em que te chamarei a meu quarto para que te ponhas de quatro pés e te enfie esta chibata pelo vaso de trás, que nisto hás de ser bom" (ibidem, p.23). Duplamente grotesco: comilão e invertido, o que não impede, entretanto, que ande estuprando as escravas. Da mesma forma, a visita do cônego à fazenda do barão, no terceiro capítulo, é um verdadeiro desfile carnavalizado, não apenas pelas situações grotescas, como também pela comilança. Aliás, pela boca morrerá o barão, em uma das muitas saídas moralistas encontradas pelo narrador: morrerá envenenado aos poucos pela escrava Meirinha, em nome da Irmandade, sem poder ingerir nenhum alimento. Na hora da morte, no entanto, não hesitará em tentar devorar literalmente a orelha do escravo encarregado de velar por seu sono. Seu próprio nome, como ocorre com muitos dos nomes utilizados pelo narrador, em si já tem significado, associando-se ao elemento fálico, ao mesmo tempo em que pela sonoridade faz lembrar "períneo".

Em uma leitura oposta, associado ao grupo dos despossuídos da história, o banquete pantagruélico assinala para o positivo. Assim ocorre com a antropofagia seletiva do caboclo Cariboca, introduzida já no segundo capítulo. Esse cafuzo símbolo da heterogeneidade da formação cultural brasileira "apreciava comer holandeses", cuja carne era "terna e suave, leve no estômago", ao contrário dos portugueses, "principalmente padres e funcionários da Coroa, os quais lhe evocava agora uma memória oleosa, quase sebenta" (ibidem, p.44). A descrição dos detalhes do festim antropofágico, lembrando os pratos principais da culinária brasileira, pode causar asco ao leitor. No entanto, esse hábito o caboclo Capiroba só adquire depois da chegada dos padres missionários, que praticamente o levam a isso.

O intertexto antropofágico busca-o o romancista no manifesto das vanguardas dos anos 1920, em leitura positiva: a antropofagia é a forma por meio da qual o americano devora os valores europeus para produzir uma cultura própria. Nesse sentido, o revisionismo histórico de certa tendência intelectual bastante em voga nos anos da ditadura militar justifica a preferência de Curiboca pelos holandeses. Seria a manifestação de um desejo utópico de que o Brasil teria sido menos duro se tivessem frutificado as árvores do príncipe de Nassau. Especialmente indigesta resultaria a carne dos padres da Companhia de Jesus, que no final das contas acabaram por lançar as bases da cultura brasileira.

Ainda na linha do banquete, pode-se colocar um episódio alimentar bastante significativo do romance: o famoso escaldado de baiacu. Com a mesma ambivalência do festim pantagruélico instaurada pelo narrador desde as primeiras páginas, esse prato ritual traz em si elementos opostos: ao mesmo tempo que pode ser fatalmente venenoso, se preparado de acordo com os preceitos é o mais saboroso dos pratos. Rita Popó, um elo importante na corrente das matriarcas encarregadas de manter a tradição, prepara o prato de maneira exemplar, como aparece descrito com requinte de detalhes no capítulo 18. Depois de comer a iguaria, o general Patrício Macário pode encontrar-se com o filho Lourenço, nascido de seus amores com Maria da Fé.

O episódio encerra uma experiência mística do militar, depois de passar 12 dias fechado em um quarto escuro na casa de Rita Popó, em Amoreiras, em janeiro de 1898, logo após a derrota de Canudos. Durante a estranha conversa, Lourenço explica a Patrício os objeti-

O ROMANCE HISTÓRICO BRASILEIRO CONTEMPORÂNEO (1975-2000) **177**

vos da Irmandade: "Nosso objetivo não é bem a igualdade, é mais a justiça, a liberdade, o orgulho, a dignidade, a boa convivência. Isto é uma luta que trespassará os séculos porque os inimigos são muito fortes" (ibidem, p.608). É o momento de adesão total de Patrício Macário à causa da Irmandade. A partir daí, entrega-se à escrita do livro em que conta a história do povo brasileiro. Com ele ficará, também, a canastra onde estão os segredos que, afinal de contas, não serão revelados no final da narrativa. Ou sim, já que o romance se entretece nas fissuras da ambiguidade, exatamente como a história do povo brasileiro.

A obra de João Ubaldo Ribeiro, no fio das contradições, indica enfim os caminhos possíveis em que os leitores poderão reescrever a história do Brasil. Escancarando as fraturas do discurso oficial, o narrador, por meio da paródia, da carnavalização, dos diálogos intertextuais, assentados na ironia do discurso, desmascara o discurso patrioteiro caricaturado. Retira dos heróis elevados a pedestais ocos pelas classes dominantes, como forma de garantir com mais facilidade o controle da população, o significado da cultura brasileira, transferindo-o para os heróis anônimos que surgem do sofrimento e da opressão daqueles que verdadeiramente construíram a pátria heterogênea e mestiça que é o Brasil. Pode parecer uma leitura ingênua e utópica, dirigida de modo monofônico. Entretanto, no complexo tramado discursivo surgem brechas que fraturam a ideia das verdades monolíticas, instaurando em seu lugar verdades individuais por meio das quais os brasileiros possam encontrar sua identidade, cambiantes, é bem verdade, mas que servem para responder suas dúvidas momentâneas. E que, sobretudo, mantenham viva a chama da memória, mantendo distante o fantasma do esquecimento.

Encontros transoceânicos em busca da identidade: *Ana em Veneza*, de João Silvério Trevisan

Pode-se dizer que *Ana em Veneza*, de João Silvério Trevisan (1994), seja uma imensa sinfonia em cinco movimentos: um prelúdio

178 ANTÔNIO R. ESTEVES

mais quatro partes. Os protagonistas são: Júlia Silva Bruhns (1851--1923), a mãe brasileira dos escritores alemães Heinrich (1871-1950) e Thomas Mann (1875-1955); Ana, uma escrava negra que a acompanhou à Europa quando a família deixou o Brasil em 1858; e o músico Alberto Nepomuceno (1864-1920). Tais personagens, reais todos, se cruzam na ficção em Veneza, a cidade máscara, símbolo do carnaval, mas também da mestiça cultura europeia, elo durante séculos entre as culturas ocidental e oriental. Para lá se dirigem, como na novela de Thomas Mann, *Morte em Veneza* (1912), os protagonistas de *Ana em Veneza*, que saem da América em busca de uma identidade possível. Ali, entre seus canais labirínticos, discutem o sentido de suas existências, sua complicada realidade cultural e a modernidade. A música é a metáfora por meio da qual se consolida a polifonia cultural que representa a tão ansiada identidade americana.

Um dos temas centrais, talvez o mais importante, é o exílio: seja o exílio interior daqueles que tentam encontrar sua identidade ou um sentido para a vida, seja o exílio exterior daqueles que, ausentes de sua terra natal, tentam reencontrá-la fora ou penam de saudades. Associados ao exílio surgem vários outros temas que sustentam a narrativa: a tentativa de entender e aceitar a morte como componente vital, a procura de um sentido para a vida, a busca da identidade nacional, tentando responder à clássica e problemática pergunta: o que é, enfim, ser brasileiro? Também a tentativa de captar o sentido da modernidade e, por contiguidade, de definir o que seja a pós--modernidade. Enfim, a tentativa de definir a arte nesse conturbado fim de milênio.

A narrativa está permeada por minuciosa reconstituição histórica, tão cheia de detalhes que muitas vezes beira um barroquismo exagerado, transformando a leitura em uma empreitada lenta e difícil. São necessárias paciência e pertinácia para transpor todos os lamaçais que o narrador estende pelo caminho para que possa chegar às inúmeras clareiras belas e aprazíveis, verdadeiras pérolas narrativas, que se distribuem ao longo das quase seiscentas páginas do livro.

Como muito bem apontou Luiz Zanin Oricchio (1995) em sua resenha de saudação do livro, pode parecer que João Silvério Tre-

O ROMANCE HISTÓRICO BRASILEIRO CONTEMPORÂNEO (1975-2000) **179**

visan esteja nadando, uma vez mais, contra a correnteza. Em uma época em que se escrevem textos curtos e digestivos, imposição da indústria editorial e dos tempos agitados, ele ousa publicar um gordo volume. Quando a moda é a frase curta e o período telegráfico, ele se entrega a períodos longos e arrastados, com uma sintaxe de demorada apreensão. Quando a tendência é a internacionalização a qualquer preço, "Trevisan se volta sobre nosso umbigo nacional e tenta discutir questões como a identidade brasileira, provincianismo e esgotamento da modernidade" (ibidem). Não é bem assim, no entanto. O último romance de Trevisan, até pouco tempo um escritor pouco conhecido, apesar de escrever já há três décadas, não vai totalmente contra a corrente. Insere-se em um contexto bem atual, irmanando-se não apenas com relação à forma, mas especialmente pela preocupação temática, com uma série de romances publicados nas últimas décadas na literatura de vários países hispano-americanos, por exemplo.

A preocupação com a questão da identidade tem sido, ao longo dos anos, um tema recorrente nas literaturas latino-americanas. Nos últimos anos, entretanto, tal preocupação tem surgido associada a outro elemento: a utilização da história como elemento passível de transformar-se em ficção. A busca da identidade passa então pela releitura da história oficial, que aparece, normalmente, parodiada ou carnavalizada, em uma verdadeira sinfonia em que podem ser notadas várias vozes concomitantes. São vozes tidas durante muito tempo como dissonantes, que agora juntas tentam dar uma visão mais ampla da realidade americana.

Assim ocorre, por exemplo, com a inclusão da voz feminina, mesmo que pela pena masculina. Júlia, nascida no Brasil, perde a mãe brasileira ainda criança. O pai alemão decide, então, levá-la para Lübeck, com os demais filhos pequenos, para receber educação alemã. A menina tem, então, que aprender a língua alemã e abandonar a cultura materna, à qual não mais tornará. Com ela viaja à Europa Ana, sua mucama, uma escrava que já tinha sido arrancada violentamente de sua terra africana uma vez, ao vir para o Brasil. Ela nunca se adaptará à Alemanha. No romance, ela abandona a casa de

180 ANTÔNIO R. ESTEVES

seus senhores e passa boa parte de sua vida em um circo, vagando pela Europa como animal exótico que satisfaz a curiosidade pública. O circo, o animal exposto à curiosidade pública, a errância, são temas fundamentais na discussão do processo tanto de aceitação do outro quanto de encontro consigo mesmo.

Da mesma forma também o cearense Alberto Nepomuceno pertence à periferia do sistema. Trata-se de um músico provinciano que recebe uma bolsa do governo brasileiro para estudar música na Europa. Seu personagem é o fio condutor da narrativa e proporciona uma série de discussões teóricas sobre vários temas. O cruzamento das histórias desses personagens ocorre, na narrativa, de forma casual, em Veneza, onde se encontram Alberto e Ana, que ali estava veraneando com os Mann. Nesse ponto do relato Ana morre, e Alberto viaja à Alemanha. Nas páginas finais rompe-se o tempo cronológico, o relógio pula de 1891 a 1991, e o músico dirige-se ao Festival Internacional de Jazz de Montreux.

Como se pode constatar, os protagonistas deixam o continente americano e atravessam o Atlântico em busca de sua identidade. O tema da viagem, presente em toda a literatura, associa-se à questão do aprendizado. Como no caso de Ulisses, o viajante que parte em busca de algo vai adquirindo experiência. Procurando chegar a um lugar, por seu percurso acaba por encontrar-se a si próprio, e ainda que nunca chegue a seu destino, com certeza chegará a si mesmo. Em *Ana em Veneza*, a questão adquire uma significação especial, pois a viagem empreendida é uma viagem oposta àquela dos conquistadores, colonizadores e imigrantes mais recentes que ocuparam o continente americano e aqui estabeleceram as matrizes principais de um novo universo cultural.

Júlia cruza o oceano em direção ao centro europeu para encontrar uma pátria nova. A distância de sua terra permite que ela possa refletir sobre a identidade brasileira. Entretanto, acaba perdendo essa identidade e, reeducada, tem que adotar a Alemanha como pátria. A situação de Ana é parecida. Forçada a deixar a África, a antiga escrava perde sua pátria original e jamais se recupera do trauma. Ao adotar o Brasil, a situação acomoda-se de modo provisório, mas ao fixar-se na

O ROMANCE HISTÓRICO BRASILEIRO CONTEMPORÂNEO (1975-2000)   **181**

Europa, outra vez à força, o desarraigo se instaura definitivamente. Ela morre em Veneza, saudosa de uma pátria mítica. É significativo observar que, dos três protagonistas, quem representa a cultura africana é quem acaba morrendo durante a ação.

Pouco antes de sua morte, Ana encontra-se com Nepomuceno, em um instante de epifania em que ocorre a superação do tempo cronológico e o ingresso do tempo mítico. Tudo parece então resolver-se, de maneira simbólica: "Ali, pareceu que o presente fugaz confundia-se com o passado e atraía para si o futuro, de tal modo que o mundo tornou-se um todo, totalmente contemporâneo, e eles sentiram-se companheiros de viagem" (Trevisan, 1994, p.495). Por esse encontro podemos constatar que Ana (e também Júlia, de modo menos direto) indica a Nepomuceno o caminho que ele deve tomar para poder encontrar a resposta que busca.

A cultura brasileira está forjada a partir da fusão de duas matrizes muito evidentes: a africana (Ana) e a europeia (Júlia). Se Ana e Júlia não conseguem chegar à síntese e encontrar uma identidade, o mesmo não acontece com Nepomuceno. Após ir à Europa para estudar música erudita com os grandes mestres italianos e alemães, ele retorna ao Brasil defendendo a existência de uma arte brasileira mestiça, mescla de várias culturas, incluindo as vertentes popular e erudita. Seu nome passa, então, a ser "Alberto Quem-Sabe-O--Quê-Nordestino, sim. Alguma-Coisa Nepomuceno Carnaúba ou seria Bebé Qualquer-Alguma-Coisa das Caatingas ou Talvez Nepo-Sim Talvez-Não, [...] Strausvinsky Viloubos Quiçá-de Falla Peut--Debussêtre Maybitren Gustavielleicht Mahler..." (ibidem, p.579), no qual, se por um lado chama a atenção a dúvida, por outro ocorre a simbiose de elementos diversos na formação da nova identidade. "A cultura europeia nos é muito útil mas não podemos nos esgotar nela. Somos uma outra coisa. Temos a tarefa de descobrir nossos elementos próprios" (ibidem, p.516). Essa é a conclusão a que chega Nepomuceno, e pode-se dizer também Trevisan.

Os protagonistas marcam o encontro com a cultura europeia em Veneza, a cidade máscara, símbolo de hibridismo e do movediço da cultura europeia. Veneza, no entanto, acaba rompendo com os limites anteriormente estabelecidos. Da mesma forma que não é terra nem água, tampouco pode ser América, nem é totalmente Europa, pois está a meio caminho entre o Ocidente e o Oriente. Pode-se dizer que a cidade dos *doges*, porto de partida de Marco Polo em suas míticas aventuras pelo Oriente, acaba cumprindo um papel parecido com o que Silviano Santiago (2000) chama de entrelugar, esse conceito fundamental para romper com o universalismo criado pela cultura europeia.

Observa-se em *Ana em Veneza* que, para atingir a cultura americana a partir da europeia, além da presença de Veneza, é necessária também a mediação do elemento africano, outro espaço cultural privilegiado, outra espécie de entrelugar. Ana é quem cumpre exemplarmente essa função. Por intermédio dela a presença do elemento africano tem fundamental importância no processo de conquista da identidade americana, que marca profundamente a arte de Nepomuceno. O já referido encontro entre Ana e o cearense em Veneza muda significativamente o destino do músico brasileiro. Ao ouvir o relato de Ana, que inclui sua dolorosa vida de escrava no Brasil seguida dos sofrimentos durante a errância de seu exílio europeu, Alberto vai refletindo sobre a importância da cultura africana em seu país. A modernidade da arte de Gustav, o escultor amante de Ana, também depende da força que tem a primitiva cultura africana. Para ele, Ana é uma "Vênus negra". Trata-se, evidentemente, do reconhecimento do tributo africano às artes plásticas europeias de finais do século XIX e começo do século XX.

Ana, entretanto, morre, e Alberto segue em frente. Compõe, então, a *Dança dos negros* e uma peça para orquestra titulada *Batuque*, na qual introduz um instrumento popular, de origem africana, o reco--reco, para escândalo dos puristas. A partir daí sua arte se faz mulata. Diz ele então: "Poucas vezes me senti tão seguramente brasileiro como na noite dessa apresentação" (ibidem, p.518). Esclarece-se, ainda, que a inspiração para sua *Série brasileira* veio do barroco de Bach e da lembrança de Ana Brasileira, a quem homenageia em uma das peças.

Articulada às imagens africanas na narrativa está a presença do tempo mítico circular. A concepção temporal de Ana é bastante si-

O ROMANCE HISTÓRICO BRASILEIRO CONTEMPORÂNEO (1975-2000) **183**

milar àquela das primitivas tribos africanas. A própria personagem traz gravada em sua pele um signo tribal. Quando deixa o Brasil, na primeira parte do romance, ela joga nas ondas um ramalhete de rosas brancas, que as águas carregam para o fundo do mar. No final, em Veneza, recebe de Alberto um ramalhete de rosas brancas. Com esse ramalhete nos braços, caminham Nepomuceno e Ana sob uma torrencial chuva que purifica a ambos. Instantes antes, ela tinha começado a falar em uma desconhecida língua africana, dando sinais de que lhe fugia a razão. O mundo fantástico invade seu ser, e ela morre pouco depois. O elemento circular manifesta-se duplamente por meio do motivo da água: sejam as ondas do mar rolando infinitamente, seja o ciclo vivificador da chuva.

Perante a realidade do tempo circular, a constante presença da morte no romance de Trevisan pode ser lida de forma diferente: já não representa o fim de uma jornada. Perde o peso de final definitivo para se tornar apenas mais um elo na corrente que introduz uma situação nova. Uma passagem para outra realidade, menos evidente, mais diáfana. A roda segue girando, e vida e morte embaralham-se, adquirindo novos sentidos, de acordo com diferentes pontos de vista. Trata-se de um modo de sinalizar que nem a razão nem a ciência satisfazem a necessidade de infinito que o ser humano traz em seu interior.

O ritmo do romance está associado à música, que imita uma imensa sinfonia em cinco movimentos. Um prelúdio mais quatro partes: um *Larghetto lamentoso*, um *Andante appasionatto*, um *Adaggietto con varizioni* e um *Allegro barbaro*. Como é peculiar a esses movimentos musicais, o ritmo narrativo é bastante lento na longa Primeira Parte; fica mais rápido na Segunda; volta a ser lento na Terceira Parte, a mais longa e talvez a mais significativa delas (com mais de duzentas páginas, conta o encontro dos personagens em Veneza); para adquirir uma velocidade quase frenética na última parte, a mais curta delas.

Nessa última parte explicita-se, de forma carnavalizada, a ruptura com o tempo cronológico e linear. Começa com Nepomuceno na estação ferroviária de Berlim, em uma entrevista com um jornalista brasileiro na qual se discutem o sentido da arte moderna, o estágio da arte brasileira e o papel do artista e, consequentemente, do intelectual, em um país pobre e periférico como o Brasil. De repente o ritmo se faz frenético, e o relógio que marca o tempo dá um salto. Passa de 6 de julho de 1891, data de aniversário de Alberto, para o dia 6 de julho de 1991, praticamente concomitante com o tempo da escritura. O músico já não se encontra, então, na estação ferroviária de Berlim, mas sim no aeroporto internacional daquela cidade, onde espera a aeronave que o levará a apresentar-se na Noite Brasileira do Festival Internacional de Jazz de Montreux.

Uma vez no avião, desfila carnavalescamente diante dos olhos do músico uma galeria de personagens da história cultural brasileira do século XX. São, em sua maioria, intérpretes e compositores da Música Popular Brasileira, como Carmen Miranda, Vicente Celestino, Caetano Veloso, João Gilberto, entre outros. O cordão inclui ainda políticos como Getúlio Vargas, ou personagens fictícios como o Antônio das Mortes, de Glauber Rocha, e o Macunaíma, de Mário de Andrade.

Esse capítulo final é constituído por um imenso *collage* de fragmentos dos textos mais importantes da cultura brasileira dos últimos cem anos, propondo-se a mostrar um mural do que seria para o narrador essa cultura. Unidade, sim, mas formada a partir da diversidade, da crise que ordena o caos e junta um a um os pedaços que formam a imagem final "e me completa e sou parte de tudo e assim sinto que tudo é de certo modo uma extensão de mim, e isso não é apenas consolo [...] agradeço a felicidade de estar no mundo e me sinto engrandecido agradecendo" (ibidem, p.578).

De acordo com Menton (1993), além da carnavalização, da paródia e de outras técnicas pós-modernas, o diálogo intertextual é uma das marcas fundamentais do novo romance histórico latino-americano. O tecido narrativo do romance de João Silvério Trevisan é rico em intertextos. Desde o título dialoga com a célebre novela de Thomas Mann, *Morte em Veneza* (1912). O próprio Tommy aparece como personagem do romance, apresentado em uma simbiose com dois de seus futuros personagens: o Tadzio, de *Morte em Veneza*, caracterizado especialmente a partir da leitura feita por Luchino

O ROMANCE HISTÓRICO BRASILEIRO CONTEMPORÂNEO (1975-2000)   185

Visconti em seu clássico filme, de 1971; e Tonio Kröger, da novela homônima. Vários trechos dessas novelas de Thomas Mann – e de outras obras suas – podem ser identificados ao longo da narrativa. O percurso de Nepomuceno pelos labirintos venezianos tem muito da trajetória de Gustav von Aschenbach pelos mesmos locais, e a morte de Ana é muito parecida com a morte daquele.

Além da presença evidente da obra do escritor alemão, constata-se o intenso diálogo com uma série de outras obras, em especial da literatura brasileira (Gonçalves Dias, José de Alencar, Olavo Bilac, Mário de Andrade, Guimarães Rosa, entre outros). A presença da música também é evidente, com destaque para a Música Popular Brasileira (MPB), sem falar na óbvia presença da obra do próprio Nepomuceno.

O último capítulo do romance, por exemplo, é um imenso des-file carnavalesco (e carnavalizado) no qual surgem os cantores mais conhecidos do País do último meio século. Trata-se de um imenso *pastiche* formado por recortes de letras de conhecidas canções da MPB. Em um imenso monólogo interior, Alberto Nepomuceno vê desfilar diante de si uma série de personagens. Como em um grande desfile carnavalesco, que lembra o filme *Orgia* (1970), dirigido por Trevisan e inédito até pouco tempo atrás, surgem diante do com-positor os principais representantes da cultura brasileira. O texto incorpora letras de variadas canções das mais conhecidas da MPB e discussões das múltiplas tendências da arte brasileira contemporânea.

Assim, a carnavalização desempenha um papel fundamental no romance. Seja por meio desse desfile do último capítulo, que rompe com a temporalidade convencional e ao mesmo tempo instaura, pela música, a temporalidade cíclica, talvez uma nova forma de encarar a passagem do tempo, que tanto angustia o ser humano; seja por meio da imagem de Veneza e seu carnaval, talvez a matriz de todos os demais; ou por meio das referências a um dos carnavais mais conhecidos da América, o do Brasil.

Da mesma forma, o banquete, tanto em sua versão platônica dialogada quanto em sua versão pantagruélica, constitui um espaço privilegiado de discussão no romance. Três desses banquetes desta-

186 ANTÔNIO R. ESTEVES

cam-se no romance. Apesar do número de jantares ser equivalente ao número de protagonistas, eles estão mais diretamente associados à figura de Ana.

O primeiro deles, narrado em seus mínimos detalhes no capítulo 4 da Primeira Parte, ocorre, ainda no Brasil, na véspera da partida de Júlia e Ana para a Alemanha. Trata-se do jantar de despedida oferecido por Ludwig Bruhns a seus vizinhos e autoridades de Parati. Os pratos típicos da cozinha tradicional brasileira são descritos com requinte e são servidos com cachaça da terra, vinhos portugueses e franceses, dentro da ideia de desfile carnavalizado dos elementos variados que conformaram a cultura brasileira. A grande quantidade de comida faz o leitor lembrar-se de um verdadeiro festim pantagruélico: "Os pratos continuavam sua entrada triunfal" (Trevisan, 1994, p.91). O assunto é uma animada discussão sobre problemas do Brasil da época, com destaque para a escravidão e a necessidade de branqueamento do País pela imigração, defrontando o abolicionista Bruhns com seus vizinhos escravistas. A música oferecida pelo maestro local foi um conjunto de modinhas brasileiras do padre José Maurício Nunes Garcia (1767-1830).

O segundo jantar, ainda na Primeira Parte, no capítulo 10, ocorre na casa da senhora Bruhns em Lübeck, na Alemanha. Embora os pratos, bem ao estilo alemão, sejam menos exóticos que os do primeiro banquete, ali também houve uma verdadeira "batalha gastronômica", com bebida e comida em excesso. A música esteve apenas na conversa cujo tema principal foi o Brasil e o povo brasileiro, descrito na visão estereotipada do visitante europeu. O convidado especial da noite era o dr. Robert Ave-Lallemant (1812-1884), médico que voltava à sua terra depois de passar duas décadas no Brasil. Nessa mesma noite, Ana, que assiste ao banquete ajudando a servir, foge da casa dos Bruhns para iniciar uma nova etapa de errância, dessa vez pelo Velho Mundo.

O último banquete ocorre em Veneza, no restaurante do hotel onde estão hospedados os Mann, no dia 23 de agosto de 1890, antevéspera da morte de Ana. Além de Nepomuceno e da família Mann, participa desse jantar o conde italiano Basuccello, personagem

O ROMANCE HISTÓRICO BRASILEIRO CONTEMPORÂNEO (1975-2000)   187

exótico que depois da comilança aparece ostentando uma fantasia de Casanova. O tema da conversação, que se arrasta por várias dezenas de páginas, entre os vários pratos servidos e o vinho abundante, uma vez mais é "o Brasil, essa imensa ilha" (ibidem, p.465). Temas como mestiçagem, saudade brasileira, arte brasileira: questões da identidade brasileira, enfim, ocupam a velada, na qual Júlia e Alberto tocam juntos, entre outras peças, um rondó de Schubert. Dirige a discussão o conde Basuccello, uma espécie de defensor da livre manifestação do multiculturalismo. Entre os vários brindes que levanta, há um "a todas as espécies de máscaras!" (ibidem, p.482). Desse modo, a carnavalização, com seu festim alimentício, a exaltação das zonas baixas e o jogo de máscaras, bastante de acordo com o papel estudado por Bakhtin, permite, pela inversão de valores, uma releitura da realidade na qual se possa reconstruir a identidade que se deseja.

A identidade que se deseja ressaltar desenha-se no romance de João Silvério Trevisan a partir da seleção, pelo olho do leitor atento, dos vários fragmentos que desfilam aparentemente de modo caótico ao longo da torrente discursiva de mais de seiscentas páginas. Um Nepomuceno mestiço, oriundo da província, busca o Velho Mundo, em um desfile caótico de máscaras que surgem e desaparecem pelos labirintos da fantástica cidade, anfíbia e ambígua, que é Veneza. Ao encontrar a resolução para seu enigma, o drama de ser artista e intelectual em um país mestiço que prefere olhar para o outro lado do Atlântico em busca da identidade que pode encontrar em seu próprio mundo, ele regressa à sua terra. Em um espaço no qual pode parecer que sequer ainda ingressou na Modernidade, apresentando uma mescla de elementos aparentemente tão dispares, o protagonista do romance propõe a superação dessa modernidade e o ingresso em uma pós-modernidade, híbrida e multifacetada, na qual convivem lado a lado, em perfeita (des)harmonia, os diversos elementos constituintes disso, que se podem chamar de cultura brasileira. Assim, dentre outras formas, pode ser lido o romance de João Silvério Trevisan.

E no texto, por sobre o qual paira o fantasma da morte, o romance termina com um tremendo sim à vida: "pois ainda que os espasmos do amor e da morte sejam sim semelhantes, os espasmos do amor

188 ANTÔNIO R. ESTEVES

superam os da morte, isso eu sei, e ainda que eu tenha compreendido todos os mistérios se não tiver amor nada terei compreendido e portanto sei que é um SIM..." (ibidem, p.579).

Mulheres contam histórias de mulheres

A mulheres com a palavra

Uma das marcas do romance histórico contemporâneo, conforme repetimos ao longo deste trabalho, é devolver a palavra a setores que tradicionalmente têm sido silenciados pelo discurso oficial, com o objetivo de construir uma versão mais justa. O mais importante desses grupos é, sem dúvida, constituído pelas mulheres, relegadas na cultura ocidental a um papel secundário e silencioso.

A presente seção não pretende traçar a história do processo de libertação das mulheres do jugo masculino ocorrido ao longo de praticamente todo o século XX. Como se sabe, trata-se de uma luta que se desenvolve desde o século XIX, por meio da qual as mulheres vêm, passo a passo, conquistando espaços nos quais antes os homens exerciam seu poder absoluto. Por meio do deslocamento do campo do poder das instituições públicas para o campo do privado e do cotidiano, espaço normalmente relegado à mulher, elas acabaram por ir construindo seu próprio espaço em várias áreas do conhecimento, incluindo a literatura. Tal processo, que segue uma tendência universal, no Brasil já foi suficientemente estudado por uma série de trabalhos, entre os quais destacamos Castelo Branco & Brandão (1989), Heloisa Buarque de Holanda (1994), Helena Parente Cunha (1999) e Constância Lima Duarte (2002).

A literatura, como não poderia deixar de ser, contribuiu bastante nessa conquista de espaço e aquisição de uma consciência política e de uma nova identidade realizada pelas mulheres ao longo do século XX. E dentro da literatura, os romances históricos merecem destaque. Embora, segundo Cristina Sáenz de Tejada (2004), desde o século XIX mulheres brasileiras venham escrevendo romances históricos,

O ROMANCE HISTÓRICO BRASILEIRO CONTEMPORÂNEO (1975-2000) 189

é a partir da década de 90 do século XX que a escrita feminina atinge sua maturidade, realizando rupturas significativas. Na explosão dos romances históricos desse período também há uma explosão de mulheres escrevendo, e especialmente mulheres escrevendo sobre mulheres. Abordaremos na presente seção três obras escritas por mulheres que realizam uma releitura do papel da mulher na história do Brasil. São elas: *Os rios turvos*, de Luzilá Gonçalves Ferreira (1993); *Desmundo*, de Ana Miranda (1996); e *Rosa Maria Egipcíaca da Vera Cruz*, de Heloísa Maranhão (1997). Cada uma dessas romancistas escolheu para protagonizar sua obra uma mulher que viveu no período colonial, contribuindo com isso não apenas para a consolidação da narrativa feminina, mas para uma releitura do papel da mulher na história da formação da sociedade brasileira.

A mulher assassinada pelo marido ciumento recupera sua voz

Durante vários séculos, Filipa Raposa seria para a historiografia literária brasileira apenas a esposa adúltera de Bento Teixeira (1561-1600), autor da *Prosopopeia* (1601), o primeiro livro da literatura brasileira. Segundo a história oficial, construída mais de lacunas que de certezas, dada a exiguidade de documentos desse período, o cristão-novo Bento Teixeira, nascido em Portugal, mas refugiado desde criança no Brasil juntamente com seus pais, casou-se com ela em 1583 e acabou por assassiná-la em 1594, motivado por suas traições. Como se não bastasse o adultério, várias vezes ocorrido, pesa ainda sobre a filha de André Gavião, cristão-velho, o ônus de haver denunciado o próprio marido como judaizante ao Tribunal da Santa Inquisição. Enviado a Portugal em 1595, passaria ele os últimos anos nos cárceres do Santo Ofício, onde escreveu uma confissão da qual costuma extraírem-se os parcos dados biográficos dele conhecidos. O poema heroico *Prosopopeia*, que conta a colonização do Pernambuco, é dedicado a Jorge de Albuquerque, capitão e governador daquela

190 ANTÔNIO R. ESTEVES

capitania, e teria sido concluído provavelmente em 1594, pouco antes do assassinato da esposa. Foi publicado em Lisboa em 1601, poucos meses após a morte de seu autor.

O romance *Os rios turvos*, da pernambucana Luzilá Gonçalves Ferreira, publicado em 1993, já havia merecido no ano anterior o Prêmio Joaquim Nabuco da Academia Brasileira de Letras na categoria "biografia". A autora, professora de Literatura na Universidade Federal de Pernambuco, também já tivera outro romance anteriormente premiado na 4ª Bienal Nestlé de Literatura e era autora de várias biografias literárias. Tais dados são importantes para entender o Prêmio da Academia Brasileira de Letras na categoria biográfica dado a um romance. Na verdade, o livro de Luzilá Ferreira constrói-se nesse gênero híbrido, mescla entre literatura e história, que é o romance histórico, e tem como protagonista o poeta Bento Teixeira. No entanto, embora o protagonista da obra seja o autor da *Prosopopeia*, pode-se dizer que a grande novidade do romance de Luzilá Ferreira é o fato de trazer para o centro da ação a figura de Filipa Raposa.

O título da obra se explica pela inconstância do ser humano, prenunciando aqueles sentimentos contraditórios do barroco que regem a narrativa. Após deixar Olinda para fixarem-se em Igaraçu, Bento e Filipa se aproximam daquela vila: na entrada, cruzam um riacho claro, onde se apeiam de suas montarias e lavam o rosto e as mãos naquela água fresca que cheirava mato e flor. Descreve-se nesse momento um quadro bucólico de clara beleza natural. Pouco adiante, no entanto, ao adentrar o povoado, o riacho penetra em um manguezal escuro e lamacento, mudando bruscamente de coloração. Filipa se pergunta então "como um curso de água transparente podia se tornar, em tão pouco espaço, aquele caldo preto e malcheiroso?" (Ferreira, 1993, p.46). Bento se desinteressa pela questão, olha para o outro lado do rio e depara com o cemitério, nova imagem da degradação e da morte. Filipa continua tentando entender o brusco câmbio da cor das águas e Bento então lhe diz: "– Pois existem seres que são como essa água: capazes de se modificar inteiramente e em um átimo. [...] E continuam seu caminho, como se nada lhes houvesse acontecido" (ibidem, p.47).

O ROMANCE HISTÓRICO BRASILEIRO CONTEMPORÂNEO (1975-2000) 191

Embora a autora teça toda a teia intertextual de seu romance com textos renascentistas, especialmente de Camões e do próprio Bento Teixeira, além de clássicos latinos como Ovídio, por exemplo, a narrativa se estrutura no mistério dos relacionamentos dos seres humanos, que, dominados pela paixão, pelo ciúme e pelo desentendimento, são obscuros e inexplicáveis. Nesse sentido, há uma grande re-humanização das figuras de Bento e Filipa. Bento não consegue explicar o ciúme doentio que o leva a matar Filipa, apesar de amá-la; Filipa não entende como Bento, apesar de dizer que a ama, não faz sexo com ela, preso como está a princípios religiosos obsoletos, tanto herdados do judaísmo de sua mãe quanto aprendidos nas lições de antiquados padres jesuítas. Ela tampouco consegue entender o turbilhão de forças naturais que a levam a tentar saciar sua exacerbada sexualidade com outros homens, muitas das vezes junto às águas claras da luxuriante natureza local. Nesse sentido, se Bento aparece associado à cultura, ao lago racional, Filipa está associada às forças naturais, à luxuriante natureza brasileira, que aparece descrita de modo primoroso ao longo da narrativa.

Ao contrário do que ocorre na historiografia tradicional da época, incluindo as crônicas e os autos de vários tipos de processos, entre os quais os da própria Inquisição, que normalmente apresentam a mulher como um ser demoníaco, inspirador do pecado e sem inteligência, cuja única função na sociedade parece ser a da procriação, Luzilá Ferreira apresenta uma Filipa inteligente e perspicaz. Ela é capaz de discutir com o marido não apenas a qualidade de seus textos literários, mas também outros temas artísticos e filosóficos, como a poesia clássica ou renascentista ou temas bíblicos.

Da mesma forma, ela não se contenta com o papel que a sociedade da época reserva à mulher. No capítulo VIII, por exemplo, há uma instigante discussão entre Filipa e a madre superiora do convento de Igaraçu, onde ela dava aulas a um grupo de meninas. As duas mulheres são cultas, sabem ler e escrever, conhecem literatura, fazem poesias, tocam violino e alaúde e não estão de acordo com o papel de submissão que a sociedade patriarcal lhes impõe. A freira, no entanto, sob a proteção da Igreja, parece disposta a calar-se e submeter-se ao

192 ANTÔNIO R. ESTEVES

silêncio imposto. Filipa, por sua vez, não quer se calar nem se submeter. Para ela, o marido "parecia, mesmo, experimentar um intenso prazer em lhe impedir a felicidade" (ibidem, p.97). Sobretudo, ela não entende por que Bento não cumpre suas obrigações de marido. Sua rebeldia volta-se contra o sistema patriarcal em sua totalidade, com seus representantes e diversos braços de poder. "– Esse Deus vingativo é o vosso Deus, madre. E o de Bento, e o de Gil Vicente. O meu é tão-somente perdão, tão-somente amor" (ibidem, p.105), reponde ela à freira, concluindo a conversa.

É evidente que a narradora do romance de Luzilá Ferreira não quer apenas tirar da escuridão a mulher assassinada pelo próprio marido. Também se propõe a reivindicar uma nova leitura do papel da mulher na sociedade colonial brasileira; vítima do poder civil (o marido que não a satisfaz e a reprime, por mais liberal que fosse, como o poeta Bento Teixeira) ou religioso (os conventos a encerrar entre seus muros toda aquela que ousasse a pensar diferente, ou apenas para manipular suas propriedades), ou pelo cânone literário, construindo obras que colocam a mulher como inspiração demoníaca, como na caso das farsas de Gil Vivente.

Da mesma forma, a intricada narrativa de Luzilá Ferreira, embora tenha Bento Teixeira e sua obra literária como protagonistas, coloca o foco em Filipa. Essa mulher, no entanto, aparece de certa forma idealizada, pois é construída a partir daquilo que o século XX espera de uma mulher. A escritora acaba por construir dessa forma uma personagem rebelde, insatisfeita sexual e intelectualmente, à qual não caberá outro fim senão aquele que a própria história lhe destinou: ser barbaramente assassinada pelo marido.

O drama do romance, no entanto, dentro das contradições barrocas que perpassam a narrativa, está no fato de que tanto a vítima Felipa como seu agressor são seres marginalizados nessa sociedade autoritária e hipócrita. Ela, apesar de ser cristã-velha e de ter recebido uma educação condizente com sua situação de elite, em razão da ruína de sua família e de seu amor por Bento, acaba sendo obrigada a se submeter a um marido pobre e ciumento, cristão-novo, enfim, que tem sempre a Inquisição nos calcanhares.

O ROMANCE HISTÓRICO BRASILEIRO CONTEMPORÂNEO (1975-2000)   193

Ele, também com sua marca de nascença, o ônus de ser cristão--novo em uma sociedade intolerante, mesmo tendo estudado com os jesuítas, não aceita enquadrar-se na pobreza intelectual imposta pela hipocrisia da Igreja. Da mesma forma, não consegue estabilizar-se na nova terra, sofrendo ali uma vida de contínua errância, sempre em busca de uma paz e de uma tranquilidade que acabará encontrando apenas na morte. Nem mesmo o fato de ter dedicado sua obra mais importante, assentada na exaltação aos donos do poder, consegue livrá-lo do triste fim há muito anunciado: os cárceres da Inquisição. E apesar de confessar crimes que não tinha cometido, pois ele havia sido educado com jesuítas, e ninguém mais dentro do cânone religioso que os filhos de Santo Inácio, Bento acaba perecendo, não na fogueira, como tantos outros de seu tempo, mas em consequência dos sofrimentos dos anos de cárcere. No romance, pode-se dizer que ele é devorado pela culpa de ter assassinado a mulher que amava, mas a quem sua formação religiosa não permitia compreender. E o faz sem muita convicção, apenas para cumprir com o que a sociedade esperava dele.

Estruturalmente, o romance tem seu núcleo central em Bento, tanto que depois do assassinato de Filipa, a narradora ainda se detém vários capítulos para dar fim à vida do poeta, praticamente meia década mais tarde. O diálogo intertextual faz-se, em primeiro lugar, com as obras de Bento Teixeira, seja a *Prosopopeia*, seja o *Memorial* que ele apresenta em sua defesa ao Santo Ofício, especialmente de acordo com o livro do historiador pernambucano José Antônio Gonsalves de Mello, a quem a escritora cita na nota com a qual abre o romance. Nessa mesma nota, ela indica outros intertextos: *Diálogo das grandezas do Brasil;* o *Valeroso Lucideno*, obras de Gil Vicente, de Camões, além de antigas canções da Península Ibérica. Ela deixa de incluir na nota, mas cita no texto, seja em epígrafes, seja no corpo do texto, versos de Ovídio, García de Rezende, Jorge de Montemayor, Fernando de Rojas, Dante, a Bíblia, doutores da Igreja, entre outros.

Desse modo, em *Os rios turvos* cumpre-se aquilo que Linda Hutcheon (1991) aponta como uma das marcas da pós-modernidade, em especial da metaficção historiográfica: o herói tradicional é desalojado de seu pedestal, os protagonistas passam a ser os marginalizados, figuras periféricas da história oficial e personagens históricos que assumem uma posição excêntrica. Nesse caso, mais que o cristão-novo que morreu nos cárceres da Inquisição, embora tenha sido canonizado pela literatura nacional, o centro é ocupado pela mulher adúltera que o denunciou e que tinha sido assassinada por ele. Em sua voz, finalmente recuperada, temos seus motivos e justificativas, que durante séculos tinham ficado soterrados pelo poder patriarcal.

A conquista do corpo e da sexualidade nos primeiros tempos da colônia

A cearense Ana Miranda ingressou na vida literária ainda no final dos anos 1970 por intermédio da poesia. Entretanto, foi a publicação do primeiro romance, *Boca do inferno*, em 1989, que a tornou famosa. Trata-se de uma recriação literária da vida cultural da Bahia do século XVII, tendo como protagonistas os escritores barrocos Gregório de Matos e Antônio Vieira. O livro agradou à crítica e ao público e permaneceu por longo tempo na lista dos mais vendidos do País, sendo traduzido posteriormente para vários idiomas. Uma vez descoberto o veio da recriação literária de importantes momentos da história brasileira, Miranda escreveu em seguida uma série de importantes romances históricos.

Desmundo (1996), no entanto, é o primeiro de seus romances a trazer para o centro da ação o protagonismo feminino. Conta a história de Oribela, uma das órfãs enviadas pela rainha de Portugal, em 1551, para casar-se com colonos radicados no Brasil a fim de garantir a pureza racial da nova colônia e, ao mesmo tempo, contribuir para a formação de famílias verdadeiramente cristãs, conforme explicitava o jesuíta Manuel da Nóbrega ao solicitar o envio das moças. Uma vez na nova terra, a jovem é obrigada a casar-se com Francisco de Albuquerque, que a leva para sua propriedade rural, onde ela deveria tornar-se a mãe de sua linhagem branca. Entretanto, Oribela, que traz uma série de traumas interiores, alimenta o desejo de voltar a Portugal, e não consegue amar Francisco. Ao longo da narrativa,

O ROMANCE HISTÓRICO BRASILEIRO CONTEMPORÂNEO (1975-2000) 195

tentará escapar diversas vezes, sempre recapturada pelo marido. Em uma dessas escapadas ela conhece Ximeno Dias, por quem acaba se apaixonando e com o qual tem um filho.

Em *Desmundo*, da mesma forma que no romance histórico tradicional do século XIX, o elemento histórico serve apenas de pano de fundo. Ao contrário dos protagonistas de outros romances, que saíram das páginas da história, Oribela é um personagem plenamente ficcional: a narradora se vale apenas da referência histórica do envio das jovens órfãs à nova terra para criá-la. Todos os protagonistas são ficcionais, aparecendo os personagens históricos apenas como elementos constitutivos do pano de fundo.

O painel da sociedade colonial é cuidadosamente reconstituído a partir de textos históricos que tratam do período. O foco da narração, no entanto, se faz a partir dos olhos de Oribela, que, ao mesmo tempo que vai descobrindo uma nova realidade, também descobre seu corpo e seus sentimentos. Da mesma forma, a autora tenta recriar o estilo da época a partir de documentos. Ela chega a usar até mesmo a língua tupi para recriar a fala das personagens indígenas, escravas da fazenda de Albuquerque. Não se trata de discutir aqui se a linguagem é autêntica do século XVI ou não, o que não teria sentido nem seria facilmente determinável. O importante é que se cria, por meio do *pastiche*, um universo linguístico verossímil, que ajuda a construir um ambiente exótico que faz que o leitor possa ingressar nesse misterioso mundo colonial em cujo interior se move a protagonista.

Os capítulos do romance são curtos, o que faz que a leitura flua, apesar da linguagem diferente, plena de arcaísmos e estrangeirismos, incrustados como pedras preciosas em uma peça de madeira fina. A narrativa estrutura-se em um imenso solilóquio da protagonista, no qual se incorporam intertextos que ajudam a desenhar um universo patriarcal e machista, que ela tenta romper a cada instante a partir de seu inconformismo. Dessa forma, o ponto de vista explicitamente feminino vai se construindo não apenas pelo conteúdo, que sempre remete a elementos telúricos, ao papel da mulher e ao primado da sensibilidade e intuição sobre a razão lógica, mas também para uma linguagem que rompe com o discurso racional, marca principal do patriarcado.

O resultado é uma linguagem plena de momentos poéticos que procuram transbordar beleza mesmo quando a situação é de extremo desespero nesse mundo que enclausurava a mulher, tolhendo-lhe a voz e o desejo. Nesse contexto, a autora procura até mesmo desconstruir duas formas discursivas usadas no controle da submissão feminina. A primeira delas é o discurso religioso, repetido não apenas pela Igreja e seus representantes masculinos, mas também pelas próprias mulheres encarregadas de velar pela ordem estabelecida. A outra é o discurso da família patriarcal, tida como esteio da sociedade, centralizando, entretanto, a maior responsabilidade da manutenção da ordem na mulher no papel de mãe. A figura da mãe que exerce o papel de guardiã da moral e dos bons costumes aparece contestada no romance pela forma como a narradora apresenta dona Branca de Albuquerque, a mãe autoritária de Francisco.

Por meio do enfrentamento entre essas duas mulheres a narradora coloca explicitamente o conflito entre a mulher do passado, aquela a quem a sociedade outorga o papel de defensora de uma ordem frágil e falsa, e a mulher do presente, acenando para o futuro, baseados na igualdade de condições. No romance, dona Branca tenta controlar Oribela e impor seus pontos de vista, embora sua autoridade fosse fraca, já que ela mantivera uma relação incestuosa com o próprio filho, fruto da qual nasceu Viliganda, uma menina deficiente mental duplamente discriminada – por ser mulher e por ser deficiente – que vive espionando Oribela. A luta entre as duas será vencida por Oribela, já que, apesar dos ataques insistentes de Francisco, instigado pela mãe, este acaba cometendo matricídio.

Oribela não consegue superar todos os traumas que traz de sua exagerada formação religiosa, mas a narrativa termina de maneira aberta. Embora ela não consiga regressar à sua terra, como desejava, uma das leituras possíveis do romance é que ela consegue salvar seu filho depois de conseguir liberar sua sexualidade. Após o fogo purificador que faz ruir o universo patriarcal de Francisco de Albuquerque, este parte de volta para a Metrópole. A narradora informa, entretanto, que ele não chegou a seu destino, pois teria perecido

O ROMANCE HISTÓRICO BRASILEIRO CONTEMPORÂNEO (1975-2000)   197

juntamente com os demais passageiros do barco no qual viajava com dom Pero Sardinha, o primeiro bispo brasileiro, que naufragou nas costas alagoanas. Segundo a tradição histórica, todos os passageiros teriam sido exterminados pelos antropófagos caetés.

Evidentemente, a narradora, dentro da estética da pós-modernidade, retoma a teoria antropofágica dos vanguardistas brasileiros dos anos 1920 para fazer valer a possibilidade da leitura antropofágica: aproveitar-se de modo ritual dos elementos bons da cultura do outro para construir seu próprio universo. Assim, a superação dos elementos patriarcais seria feita com o aproveitamento e posterior superação de vários elementos desse mesmo universo, mediante uma espécie de reversão de valores, da mesma forma como ocorre com o festim pantagruélico reabilitado por Bakhtin e já bastante referido ao longo deste trabalho. O final do romance apontando para a sobrevivência do filho bastardo, o mestiço de cabelos de fogo, fruto do amor entre a órfã Oribela e o mouro Ximeno Dias, aponta para o reconhecimento e revalorização do aspecto mais rico da cultura brasileira: a miscigenação, e não apenas a sanguínea, mas especialmente a cultural.

Nesse contexto, também é necessário assinalar um elemento que tem um significativo papel coadjuvante no aprendizado de Oribela: as mulheres indígenas, escravas da fazenda de Francisco de Albuquerque, muitas das quais violadas e possuídas por ele, mães de uma série de filhos mestiços. É por intermédio delas, dentre as quais Temericó é a mais importante, que Oribela descobre não apenas a força dos elementos naturais da nova terra, em todos os seus aspectos telúricos, mas especialmente sua própria natureza, na qual se inclui evidentemente seu corpo e sua sexualidade. As histórias que lhe conta Temericó são verdadeiros relatos de redenção não apenas do indígena na história do Brasil, mas também da mulher indígena nesse processo. E o aprendizado de Oribela deve-se em boa parte aos relatos ancestrais dessas mulheres que tinham perdido a liberdade, suas famílias, suas culturas, mas que ainda mantinham um tênue vínculo com a terra e seus elementos – a água, por exemplo –, o que as fazia continuar vivas e tentando manter vivo esse universo por meio do relato.

Escrava e prostituta: a primeira mulher negra a dominar a escrita em terras brasileiras.

Pesquisando os papéis relativos à atuação do Tribunal do Santo Ofício no Brasil, o antropólogo Luiz Mott (1993) descobriu os três volumes que tratam do processo movido contra Rosa Maria Egipcíaca da Vera Cruz, a partir do qual reconstituiu a história dessa africana trazida como escrava para o Brasil ainda criança. Oriunda da Costa da Mina, na África, ela teria desembarcado no Rio de Janeiro em 1725, sendo batizada na Igreja da Candelária por seu proprietário, um certo José de Souza Azevedo, que a desvirginou, ainda segundo os autos do processo, quando ela tinha apenas 14 anos de idade. Em seguida a jovem foi vendida para a mãe do frei José de Santa Rita Durão, tendo sido transferida então para a capitania das Minas Gerais, para a atual vila de Santa Rita Durão, próxima a Mariana. Ali, como ocorria com muitas escravas, foi destinada por seus donos à prostituição, vivendo nessa atividade cerca de 15 anos, período em que provavelmente teve oportunidade de comprar sua alforria.

Em 1748 ela decide, após uma crise mística, vender todos os seus bens, distribuindo os parcos resultados entre os pobres. Começam então os acontecimentos que a levariam aos cárceres da Inquisição e, consequentemente, à imortalidade. Em virtude de suas crises místicas, ainda em Minas Gerais conhece o padre português Francisco Gonçalves Lopes, o "Xota-Diabos", que ganhava a vida expulsando o diabo do corpo de brancos e negros. Rapidamente a dupla tornou-se famosa em Minas Gerais: o padre, com suas cerimônias de exorcismo; Rosa Maria, com as previsões que fazia enquanto estava possuída. Por essa época ela conhece o peso do braço da Igreja: presa e torturada em Mariana, acaba ficando com o corpo semiparalisado, embora tenha sido absolvida.

Decide, então, juntamente com seu benfeitor, mudar-se para o Rio de Janeiro, onde já pode ser encontrada em 1754. Ali, graças à sua vida mística, impressiona o superior dos franciscanos, passando a viver sob sua proteção. Uma de suas visões celestiais sugere que deva aprender a ler e escrever: há notícias até mesmo de que tenha

O ROMANCE HISTÓRICO BRASILEIRO CONTEMPORÂNEO (1975-2000)

escrito um livro em que conta suas visões, do qual algumas páginas teriam sobrevivido. Também por inspiração divina, cria, em 1754, uma casa de recolhimento para prostitutas que, como ela, tinham trocado o amor dos homens pelo amor de Deus.

Durante certo tempo ela vive em paz, assistida por vários religiosos, até ser denunciada ao Tribunal do Santo Ofício pelas suas visões, cada vez mais constantes e mais estranhas. Enviada para Lisboa juntamente com o padre Xota, em 1763 são ouvidos pela primeira vez. O religioso atribui a Rosa Maria as transgressões pelas quais era acusado, e é absolvido. Ela, por sua vez, apesar das prováveis sessões de tortura, cada vez em maiores transes místicos, insiste em reafirmar suas visões, revelações e êxtases.

A última notícia que se tem dela é de 1765, quando, ainda na prisão, depõe pela última vez. Seu processo é então encerrado de maneira misteriosa e sem conclusão, e Rosa Maria desaparece das páginas da história para surgir mais de dois séculos depois como personagem de ficção no romance de Heloísa Maranhão, publicado em 1997.

O romance, com um subtítulo pomposo: "A incrível história de uma escrava, prostituta e santa", toma como protagonista a bela jovem negra, em um discurso tremendamente metaficcional assentado especialmente na carnavalização em que tempo e espaço se embaralham de modo caleidoscópico.

Logo na primeira página, uma voz narrativa em primeira pessoa, que mais adiante se identifica como da própria Rosa Maria, dirige-se à escritora exigindo que esta escreva sua história. No mesmo capítulo, o foco se alterna, passando a primeira pessoa para a voz da própria escritora: "Não me lembro de ter criado nenhuma Rosa Maria Egipcíaca da Vera Cruz em nenhum dos romances que escrevi: *Lucrecia, Florinda, Dona Leonor Telles, A Rainha de Navarra* e *Adriana*" (Maranhão, 1997, p.16). Trata-se da lista de romances de Heloísa Maranhão, escritora que há várias décadas dá o protagonismo às mulheres em suas obras, algumas das quais romances históricos. Assim, partindo do antigo motivo pirandelliano do personagem que procura seu autor, Rosa Maria, acompanhada do padre Xota, se apresenta a Heloísa Maranhão, que em seguida dá a palavra à

200 ANTÔNIO R. ESTEVES

personagem e inicia uma narrativa em primeira pessoa em que a escrava conta suas aventuras. O tema já havia sido explicitado na segunda linha do romance, ao falar do tema do cardápio do almoço a que se dirigia a escritora: "cultura negra e literatura" (ibidem, p.9). De acordo com a liberdade permitida pelo gênero, há uma série de anacronismos e distorções deliberadas dos acontecimentos históricos, com a finalidade de fazer Rosa Maria circular por praticamente toda a história colonial brasileira discutindo dois temas básicos: o papel do negro nessa sociedade e o papel da mulher, especialmente da mulher negra e escrava. Rosa Maria, no romance, passa a ter uma ascendência nobre, apresentando-se como a princesa africana Xirico, neta da rainha Derumo do Benim, que é vendida como escrava e transladada ao Brasil. Da mesma forma, apesar de não aparecerem datas na narrativa, ela chega à nova terra durante o domínio holandês, no século XVII, um século antes da época em que viveu a personagem histórica. Passeia, então, pelo Nordeste, onde é amante de um poderoso senhor de engenho pernambucano com o nome apócrifo de dom Diogo Velho Cavalcanti de Albuquerque, do qual herda grande fortuna após a morte deste no conflito contra os batavos. Em seguida emigra com o padre Xota para Vila Rica.

Nesse ponto o leitor já se deu conta de que a narrativa é bastante carnavalizada, e nesse desfile de máscaras, Rosa Maria circula praticamente por toda a história do Brasil colonial, discutindo com boa parte dos personagens da história oficial, sempre do ponto de vista do oprimido, especialmente o escravo. Assim, aparecem misturados, entre outros fatos, descrições da resistência do Quilombo de Palmares; o episódio de Canudos; "o Quibungo Cabeleira que assola o sertão"; espetáculos teatrais de Antônio José, o Judeu; reuniões da conjuração mineira; a rainha Jinga; as rebeliões dos hauças e nagôs na Bahia de 1817 e 1834; Tiradentes; Aleijadinho; a Guerra do Paraguai etc.

Uma técnica utilizada com frequência é a narrativa dentro da narrativa: Rosa Maria, em suas andanças-delírio, vai cruzando pelo caminho uma infinidade de personagens africanos aos quais dá a palavra, e eles contam sua história, na maior parte das vezes em uma mistura de português e ioruba (?). Evidentemente, esse discurso-

O ROMANCE HISTÓRICO BRASILEIRO CONTEMPORÂNEO (1975-2000) 201

-desfile carnavalizado encontra sua verossimilhança em um dado tirado da vida da personagem histórica: seus delírios místicos. As orgias sexuais descritas, várias delas mescladas com banquetes pantagruélicos, também têm seu ponto de partida nas atividades que Rosa Maria exerceu por 15 anos: a prostituição. O próprio nome da protagonista aparece associado, no romance, a Santa Maria, a penitente egípcia do século V, celebrada no dia 22 de abril, protetora das prostitutas, imortalizada na tela pelo pintor espanhol barroco José Ribera, *El españoleto* (1591-1652), em 1651.

O ambiente de mistura desordenada, em outros termos metáfora da própria cultura brasileira, aparece explicitado em vários momentos, como no episódio em que a protagonista diz estar replantando a floresta na qual as árvores são "canela-amarela, pau-brasil, nogueiras, eucaliptos, palmeiras e goiabeiras" (Maranhão, 1997, p.124); uma mistura de espécies exóticas e nativas, frutíferas e produtoras de madeira de lei.

Assim, por meio de um discurso carnavalizado que tece uma imensa teia intertextual com textos históricos e literários associados à maior parte da história do Brasil, o romance de Heloísa Maranhão traz para o centro da discussão o papel do negro na formação histórica e cultural do brasileiro. Propõe, ao mesmo tempo, uma releitura do espaço reservado à mulher, especialmente da escrava, na historiografia oficial do País. Da mesma forma, rediscute uma infinidade de temas tabus que acabaram sendo relegados ao esquecimento ao longo dos séculos, entre os quais a sexualidade, a religiosidade, o componente mestiço da sociedade brasileira, as manifestações culturais e literárias e os movimentos que tentaram dar dignidade a diversos setores marginalizados na sociedade, especialmente escravos, mulheres, mestiços, pobres e populações periféricas.

Caravelas à vista (ou o festim do descobrimento)

Durante a segunda metade do século XV, içou velas uma incontável quantidade de barcos, que, zarpando especialmente de portos ibéricos, avançaram pelos ignotos mares ocidentais em busca de fantásticos paraísos, quase todos localizados, segundo o imaginário da época, em um longínquo Oriente. Em direção do pôr do sol partiam naves plenas de irrealizados desejos e vãs esperanças que deveriam concretizar-se nas terras do sol nascente/poente.

Mudavam-se os tempos, mudavam-se os costumes. Surgiam novas técnicas, novas formas de ser e de pensar. E com elas também novos territórios que permitiam às emergentes nações europeias, nesse emaranhado de novas rotas e diferentes caminhos, poder, até mesmo, encontrar-se a si mesmas. E nas brumas desse novo tempo puderam desvendar-se não apenas novos países como também novos continentes.

No espelho dos oceanos já domados, a Europa pôde melhor ver seu próprio rosto, iluminado por nova luz, adornado por joias recém-trazidas dos quatro cantos do universo, finalmente bem esquadrinhado e dominado. A África, pobre e infeliz continente, adquiriu novos contornos, perdida, de uma vez por todas, a primitiva liberdade. A Ásia já não conseguiu mais esconder-se do curioso vizinho, que, por cima de suas antigas e arrebentadas muralhas já sem sentido, avançava, impedindo qualquer privacidade. Teve de abrir seus cofres, divulgar segredos até então guardados a sete chaves, oferecer suas riquezas.

E há, além delas, terceiras e quartas partes do orbe, longínquas terras oceânicas, que miram bisbilhoteiras, entre curiosas e assustadas, o horizonte de onde surgem estranhas naves de cujo ventre saem seres igualmente exóticos, com desejos e hábitos mais esquisitos ainda. E acabam delineando-se no recém-implantado imaginário europeu uma América quase imagem de si própria e uma Oceania tão distante quanto diferente, cujos segredos custam muito para se desvendar completamente.

Encontros e desencontros acabaram marcando as relações instaladas por esses barcos que sulcaram infinitas vezes os outrora desconhecidos mares, transformados desde então em terra de ninguém, domínio de todos, lugar de intercâmbios muitas vezes forçados, mais que de mercadorias, de pessoas, de experiências, de culturas. Trocas

O ROMANCE HISTÓRICO BRASILEIRO CONTEMPORÂNEO (1975-2000) **203**

que nem sempre satisfizeram as partes envolvidas, muitas das quais foram espoliadas. Tantas vezes segurou-se o grito na garganta sob a ameaçadora lâmina.

Essa gesta, quiçá a mais grandiosa aventura já empreendida pelo ser humano, assaz decantada em prosa e verso ao longo dos últimos cinco séculos, tem a capacidade de renovar-se continuamente. Renasce das próprias cinzas, sempre suscitando novas questões; reeditando dúvidas ancestrais; respondendo perguntas tantas vezes respondidas de formas diferentes e que outras tantas vezes foram silenciadas e acabaram ficando sem resposta satisfatória.

Ao longo dos últimos quinhentos anos, os americanos tentaram encontrar sua essência em cada uma das margens desse vasto oceano, juntas ou separadamente, e mais de uma vez colocou-se em dúvida a própria essência dos europeus, tão petulantes e cheios de si, tão cheios de verdades para exportar como de perguntar sem responder.

Há épocas que são mais propícias para discussões que outras. Os homens, então, como aqueles de fins da Idade Média, que ao mesmo tempo que se aferravam a verdades nas quais já não mais acreditavam, estavam abertos às novidades, saem pelo mundo fazendo perguntas e buscando respostas, colocando em dúvida o que lhes ensinaram os avós. São momentos de crise, de dores terríveis em que as verdades faltam e é necessário reinventá-las, buscá-las na casa do vizinho, cujo modo de vida era abominado até pouco tempo atrás. Tempos de crise, tempos de tentativa de criação de algo diferente, algo novo.

Nessa busca, pode haver a ilusão de que se estão repetindo coisas já sabidas, já conhecidas. Os últimos cinco séculos dão a impressão de que o homem está apenas reeditando aquelas novidades do final do século XV e começo do século XVI. Aquelas que realmente eram novidades, de tão diferentes que eram.

E se os portugueses historicamente saíram à frente na hora dos descobrimentos, desvelando pouco a pouco a costa da África em direção ao caminho das Índias, coube ao imprevisível Colombo a surpresa máxima de apresentar à cansada Europa um verdadeiro mundo novo, capaz de reavivá-la por muitos séculos mais. Ainda hoje, o Velho Continente, autodenominado como tal, bebe nas diferentes novas fontes descobertas além do Atlântico. Com o grande Almirante genovês, Castela, pôde sobreviver nas novas terras muito depois de sua decadência europeia. Da mesma forma que, também graças a esse desconhecido continente, mesmo depois de Alcácer--Quibir, pode continuar florescendo a última flor do Lácio, cujo esvanecente perfume pode sentir-se ainda hoje.

Nesse contexto as efemérides ajudam. Assim, procurando as possíveis causas para a proliferação de romances históricos nas últimas décadas nos países de língua espanhola, o professor Seymour Menton (1993) não duvida em apontar, entre outras, a aproximação da celebração do V Centenário do Descobrimento da América como uma delas. Isso independentemente da conotação política ou ideológica que se dê a essas comemorações. Preocupado com a questão de suas raízes, o hispano-americano aproveitou-se das comemorações oficiais, nos mais diversos níveis, seja simplesmente na mídia, seja nos debates acadêmicos, seja além ou aquém Atlântico, para colocar mais lenha à fogueira. E foram escritos, publicados e lidos livros que pretendiam rediscutir a história da América. Também apareceram mais romances históricos com essa temática.

O mesmo pode-se dizer que ocorreu em nosso país. E da mesma forma que o processo do descobrimento da América em 1492 forçou Portugal a apressar suas atividades para poder chegar à Índia em 1498 e desviar a rota de Cabral para certificar-se da existência de terras já conhecidas, também no bojo das celebrações do V Centenário do Descobrimento da América, tão bem capitalizado pela Espanha comunitária, vieram as celebrações lusitanas da viagem de Vasco da Gama à Índia, da mesma forma tão imperialistas e comunitárias. No marco das comemorações dos Quinhentos Anos do Brasil, capitaneadas pela maior rede de televisão do País e pelo governo do atual estado onde se localiza a região que primeiro viu as caravelas cabralinas, surgiu também uma série de publicações que, de uma forma ou de outra, têm como tema as viagens do descobrimento e da colonização.

O primeiro romance histórico a tratar do descobrimento, no âmbito das comemorações da grande efeméride, veio à luz com quase dez anos de antecipação. Apareceu na terra de Colombo (o genovês

O ROMANCE HISTÓRICO BRASILEIRO CONTEMPORÂNEO (1975-2000) 205

descobridor); de Vespúcio (o navegante florentino que emprestou seu nome ao novo continente); de Cantino (o espião do duque de Ferrara que encomendou em Portugal um mapa-múndi, o primeiro em que aparecem as terras do Brasil); de Pigafetta (o florentino que relatou a viagem de circunavegação de Fernão de Magalhães, em 1519); dos irmãos Verrazzano (também toscanos, navegadores a serviço de armadores franceses); e dos Caboto (tradicional família de navegadores venezianos que fizeram várias viagens ao Novo Mundo a serviço das coroas inglesa e espanhola). Trata-se de *O memorial do Paraíso*, que foi publicado primeiramente em italiano, em Veneza, em 1991. Seu autor, Silvio Castro (1999), professor de cultura e literatura brasileira naquele país há mais de trinta anos, é especialista na carta de Caminha, cuja edição crítica em italiano publicou em 1984.

A edição brasileira, com prefácio do escritor Jorge Amado (1912--2001), é de 1999. O livro cujo subtítulo é "O romance do Descobrimento do Brasil" tem intenção de ser o primeiro volume de uma trilogia que deve continuar com *Os senhores singulares* e *As aventuras e desventuras do veneziano Piero Contarini entre os silvícolas brasileiros.* Segundo informam os editores na contracapa, seu "objetivo é recriar, em forma de romance, o ambiente, as incertezas e a fantástica aventura do descobrimento do Brasil".

O romance conta o descobrimento do Brasil a partir das informações da carta de Pero Vaz de Caminha, o protagonista da história. Alternam-se um diário do escrivão, dirigido à sua filha Maria, e uma peça de teatro, em nove atos. O diário abrange o período entre 9 de março, data em que Cabral parte de Lisboa, e 2 de maio, quando deixa a nova terra descoberta rumo à Índia. O mesmo acontece com a peça, praticamente um monólogo em que Caminha apresenta ao rei português, em tom laudatório, os principais acontecimentos desse período, incluindo a apresentação da nova terra.

O texto básico é a carta de Pero Vaz de Caminha, parodiada em seus elementos mais conhecidos, sejam fatos históricos, como o desaparecimento da nau de Vasco de Ataíde, no dia 23 de março, sejam as antológicas descrições dos habitantes da nova terra e seu primeiro contato com os estrangeiros que nela desembarcam.

206 ANTÔNIO R. ESTEVES

Reitera-se a ideia de se apresentar a terra recém-descoberta como o paraíso terrestre, presente em boa parte dos textos que tratam do descobrimento desde as cartas de Cristóvão Colombo. Repetem-se à exaustão, como nas cartas do Almirante, os termos "maravilha" e "maravilhoso", aplicados à nova terra e seus habitantes.

O romance termina com a conhecida fuga dos dois grumetes que decidem ficar na nova terra, considerada paraíso, onde pretendem ser felizes e viver até a velhice, amando as lindas mulheres locais e gozando os maiores prazeres da existência. Caminha segue viagem, mas está dividido, "não sabe distinguir todas essas maravilhas de um grande sonho [...] e navegar é este sonhar sem fim" (Castro, 1999, p.125).

Nenhuma ironia sequer. O romance de Silvio Castro apresenta uma vez mais, em uma linguagem ufanista, o colegial discurso já repetido à exaustão pela historiografia oficial, especialmente aquela de períodos ditatoriais. Nada que não pudesse ser depreendido da leitura direta do famoso documento de Pero Vaz de Caminha, popularizado no Brasil depois da independência.

Do lado de cá do Atlântico, no mesmo ano em que aparecia na Itália o livro de Castro, o jornalista Paulo Saab (1991), incursionando pela primeira vez pelo campo da ficção, publicou *1500 – A grande viagem*. O romance conta a viagem do descobrimento do Brasil com "detalhes sobre a fantástica viagem de Cabral que a história desconhecia até agora", como anunciam os editores na contracapa. O livro deve ter rendido, pois em 1998, Saab volta ao gênero, que chama pleonasticamente de "romance de ficção histórica", com a publicação de *Moura Louca*, ambientado no Brasil da invasão holandesa.

A narrativa, porém, que trata da viagem completa de Cabral até a Índia, incluindo a volta a Lisboa, mantém o mesmo tom do livro de Silvio Castro. Parece destinar-se apenas a laçar leitores incautos em busca de aventuras adocicadas, no intuito de escapar de um cotidiano cada vez mais opressor. Segue-se a tradicional receita do folhetim da primeira metade do século XIX, sem ousar dar um passo um pouco maior que permita ao leitor exercitar sua criatividade. Ao ler-se o volume, tem-se a impressão de que seu autor está apenas interessado

O ROMANCE HISTÓRICO BRASILEIRO CONTEMPORÂNEO (1975-2000) 207

em que sua obra seja indicada como leitura obrigatória nas aulas da escola fundamental e média. Como tempero, não faltam as exóticas cenas de antropofagia, tão repetidas por alguns cronistas, e a visão edênica, apresentada por outros.

O degredado Afonso Ribeiro, aqui deixado por Cabral, integra-se totalmente aos nativos e tem um filho com Uaricaá, a nativa que o adota e por quem se apaixona. No entanto, nem ela nem o pequeno Kayabi são suficientes para que ele abandone a ideia de regressar a Portugal na expedição que o soberano português tinha encarregado a Américo Vespúcio, em 1501, para realizar a exploração da costa da nova terra. E o romance termina, embora sem o trágico de uma *Iracema*, por exemplo, com a separação da família: o português partindo; tristonho, mas regressando à sua pátria. Na terra ficam a nativa chorosa e o filho mestiço abandonado. Poderia ter sido uma interessante imagem, não fosse o tom demasiado prosaico, sem a menor indicação de releitura por parte do narrador onisciente que conduz os fios da história em fins do século XX.

Uma única peça que tenta estabelecer um contraponto à folhetinesca aventura do degredado João Ribeiro pelo éden brasílico e das façanhas do capitão-mor Pedro Álvares Cabral na tentativa de conquistar a Índia a ferro e fogo, como Camões já o havia narrado em sua célebre epopeia, é o fragmento que fecha o volume. Depois de estampar a palavra FIM, como antanho, bem no centro da página; o narrador introduz, na página seguinte, devidamente citado, um trecho de frei Vicente do Salvador, de 1627, no qual o religioso reclama da corrupção e da falta de empenho dos habitantes da nova terra em trabalhar para o bem comum: "nesta terra nenhum homem é republico, nem zela ou trata do bem comum, senão cada um do bem particular" (Saab, 1991, p.141).

O texto poderia ter maior sentido se dialogasse diretamente com a narrativa que o antecede. Assim solto, não passa de um mero lugar-comum; uma espécie de frase de efeito para tentar causar impacto nos leitores, como quem diz estar preocupado com os destinos dessa terra que no início era um paraíso, mas pela atuação de seus habitantes, acabou ficando abandonada e se transformando em um verdadeiro caos.

208 ANTÔNIO R. ESTEVES

Fascinado pelas notícias do descobrimento da rota que leva até o paraíso, Diogo Azevedo, místico e aventureiro, constrói uma nave especial e nela navega em direção ao oeste, chegando finalmente ao Jardim das Delícias, tão comentado nos livros sagrados. *Atrás do paraíso*, romance de Ivan Jaf (1995), narra para possíveis leitores juvenis as peripécias desse português idealista em busca do paraíso. A mesma velha receita do folhetim parece continuar vigente e produzindo resultados. Quatro anos depois, o mesmo Jaf volta com o mesmo tema: o descobrimento do Brasil, já então em clima de aniversário de quinhentos anos. Em 1999 sai *O vampiro que descobriu o Brasil*, em que conta a história de Antônio Brás, um vampiro forçado a viajar para o Brasil na esquadra de Cabral perseguindo o demoníaco vampiro-mor responsável por transformá-lo nesse ser imortal. Durante os quinhentos anos da história do Brasil ele persegue seu malfeitor, sempre perto do poder, até conseguir destruí-lo, em Brasília, disfarçado de vice-presidente do País.

A ruptura com o tempo convencional introduzida pelo tema do vampiro é interessante. A narrativa, no entanto, perde-se no moralismo barato e maniqueísta dessas narrativas que pretendem atrair a atenção de adolescentes e ao mesmo tempo ajudar na manutenção de uma moral tradicional que certos escritores de plantão imaginam ser objetivo da educação escolar. Depois de obras não menos comerciais e pretensiosas, mas muito mais atraentes, como a célebre *Entrevista com o vampiro*, de 1976, *best seller* da norte-americana Anne Rice, transformada em filme em 1994, com o galã Brad Pitt no papel principal, a obra de Jaf padece de um primitivismo atávico.

Embalado pelo grande sucesso de *Chalaça* (1994), romance que revisita de forma picaresca as aventuras do secretário particular do primeiro imperador brasileiro, José Roberto Torero, desta vez em parceria com Marcus Aurelius Pimenta, resolve embarcar nas viagens do descobrimento. *Terra papagalli* (Torero & Pimenta, 1997) recria de maneira grotesca as aventuras de Cosme Fernandes, o bacharel de Cananeia, que teria sido, segundo os autores, um dos degredados deixado pela esquadra de Cabral na nova terra descoberta. O romance, paródia explícita dos escritos coloniais, compõe-se de

O ROMANCE HISTÓRICO BRASILEIRO CONTEMPORÂNEO (1975-2000) 209

uma rápida introdução (em que o agradecimento é feito aos dentes, graças aos quais ele pode sobreviver na terra bárbara), seguida de três partes: um "Diário de viagem de Cosme Fernandes"; um "Breve e sumaríssimo dicionário da língua que falam os tupiniquins"; e um "Liber monstrorum de diversis generibus", bestiário ilustrado. Cada uma dessas três partes parodia de modo bastante carnavalizado três tipos de escritos bastante comuns nos séculos XVI e XVII: os diários de navegação, dicionários ou vocabulários de línguas exóticas (indígenas ou de outros povos africanos ou asiáticos) e os "bestiários", ou seja, textos que descreviam de maneira fantástica os animais exóticos que povoavam o imaginário europeu naquele tempo.

Não faltam, sequer, espalhados ao longo da narrativa, os "Dez mandamentos para bem viver na Terra dos Papagaios", sempre satirizando os principais estereótipos da cultura brasileira. A reescrita da vida desse personagem misterioso, provavelmente cristão-novo, um dos primeiros habitantes do litoral paulista, entre São Vicente e Cananeia, que se dedicou ao comércio de escravos, ao mesmo tempo que produziu uma numerosa linhagem de mestiços, é contada de maneira bem-humorada pelos autores. O objetivo do livro, evidentemente, é discutir velhos tópicos da história colonial brasileira, bem como os falsos mitos erigidos pela história hegemônica oficializada. Valendo-se de uma linguagem paródica, extremamente carnavalizada, na maioria das vezes ao borde do humor grotesco e cáustico, Torero & Pimenta contribuem para oferecer uma versão crítica, uma espécie de contraponto para as portentosas comemorações, que já naquele momento se armavam em vários níveis, no cenário da oficialidade nacional.

Os rios inumeráveis, de Álvaro Cardoso Gomes (1997), é um romance denso, um imenso caudal narrativo, *romain fleuve*, chama-o Marilene Weinhardt (2000, p.69). Traça um amplo painel da história do Brasil por meio de nove narrativas cujo protagonista vai se metamorfoseando ao longo do tempo e do espaço. "Inscreve-se na linhagem que ficcionaliza o passado literário, mas não se restringe ao tempo de vida de uma personagem, ou a ciclo de uma época" (Weinhardt, 2000, p.68). Cobre cerca de cinco séculos: de 1500 a 1964.

O primeiro episódio, como se poderia prever, abarca os tempos do descobrimento: "A terra de Santa Cruz". Os personagens centrais são, uma vez mais, os dois misteriosos degredados aqui deixados por Cabral para observar os costumes dos habitantes da nova terra. No relato, um deles escreve a relação que deixa com o outro. Em seguida, abandona sua cultura, assimilando a dos nativos: passa a ser "Caguara, o bebedor de *cahuym*". Trata-se de uma espécie de colonização ao revés, possibilidade para a qual já assinalavam textos dos vanguardistas brasileiros de 1922. Dentro de um ponto de vista utópico, evidentemente, já que na realidade foi o português que obrigou os nativos a assimilarem sua cultura, quando sobreviveram. Em todo caso, a própria historiografia não deixa de assinalar alguns casos em que ocorreu o contrário, e o livro de Cardoso Gomes parte dessas entrelinhas, em um reconhecimento necessário do outro, caso se queira realizar um verdadeiro processo de apaziguamento com as raízes e construção de uma identidade múltipla.

O segundo episódio, "Criaturas do lodo", mostra o impacto da realidade da nova terra aos olhos europeus em uma visão deseuropeizante. Conta, a partir de uma crônica apócrifa que fala das bestas e monstros do novo mundo, a história dos manatis. O foco narrativo de uma das partes é o próprio peixe-boi. Dessa vez, como em outra faceta da mesma moeda, a valorização é a natureza edênica, destruída juntamente com os nativos.

Os outros episódios tratam de períodos considerados importantes na história do País, como o Quilombo de Palmares, a Inconfidência Mineira, Canudos, a Revolução de 30, até chegar à ditadura militar de 1964. O narrador vai construindo, pelas entrelinhas deixadas pelo discurso oficial ou pelas fissuras abertas da literatura canônica, novas aproximações possíveis à identidade brasileira, em um momento bastante propício para esse tipo de reflexão: a celebração dos cinco séculos do início do encontro de culturas ocorrido em terras brasileiras. De todas as formas, o autor, conhecido professor universitário, tece com especial destreza um entramado narrativo para o qual vai atando fios intertextuais oriundos de quase todo o cânone universal e, em especial, de textos básicos brasileiros.

O ROMANCE HISTÓRICO BRASILEIRO CONTEMPORÂNEO (1975-2000) 211

Em *Tratado da altura das estrelas*, Sinval Medina (1997) conta as fantásticas aventuras de João Carvalho, aliás Juan Carbajo, um granadino mestiço de ciganos e mouros, piloto famoso que acompanha Fernão de Magalhães em sua célebre viagem em volta do mundo. Em uma viagem anterior, náufrago, ele havia passado algum tempo em terras brasileiras, onde teve um filho com uma nativa. Ao passar pela Terra dos Papagaios a frota de Magalhães, o menino embarca seguindo os passos do pai, a quem vai perseguir até o final da história, muitos anos depois. Depois de matá-lo, para cumprir demoníaco sino, retorna à sua terra na expedição de Martim Afonso de Souza.

Uma vez mais, retornam à narrativa questões básicas da identidade americana, no caso a brasileira, urdida em um grosso tecido intertextual ao qual não faltam, como não poderia deixar de ser, os elementos constituintes da cultura ibérica que saíram rumo aos desconhecidos mares: judeus, árabes e ciganos, além dos mestiços cristãos. Ao negar a possibilidade da convivência pacífica entre os diversos povos que os constituíam, os ibéricos criaram uma vasta gama de desterrados. Os espanhóis de fins do século XV, liderados pela intransigência dos Reis Católicos e pouco depois pela dos soberanos portugueses, seus genros, por pressão direta daqueles, acabaram por instaurar a intransigência em seus reinos, obrigando uma considerável parcela da população a se refugiar nas longínquas terras brasileiras, onde era menos rígido o controle.

Bastante significativa, no plano simbólico e ideal, é a decisão do protagonista do romance, que depois de se vingar do pai que o gerou violentamente, abandonando-o em seguida, retorna à América, terra paradisíaca de sua mãe nativa, para aqui reconstruir um lugar idealizado, não de nativos, mas de mestiços, ainda que gerados a partir da violência da ocupação imperialista. Outra vez aponta-se, eliminado o pai autoritário e demoníaco, para o matriarcado pindorâmico, como já previam as vanguardas brasileiras dos anos 1920. Nesse sentido, mesmo as obras mais solidamente construídas daquelas comentadas neste capítulo seguem quase que à risca as lições do cânone das primeiras décadas do século, embora elementos pós-modernos possam ser constatados eventualmente.

"Projeto Brasil 500 anos: das origens à República" é o título do ambicioso projeto editorial do escritor piauiense Francisco de Assis Almeida Brasil, mais conhecido como Assis Brasil, que não deve ser confundido com o gaúcho Luís Antônio de Assis Brasil, também autor de romances históricos, só que bem mais sérios e muito bem escritos.

O escritor piauiense, autor de mais de uma centena de títulos, cuidadosamente elencados em todas as suas obras, já há certo tempo dedica-se a reconstituir, com sua aguada narrativa, episódios da história do Brasil. No bojo das comemorações da grande efeméride, escreveu um romance mais com uma narrativa muito próxima das narrativas históricas, *Bandeirantes – os comandos da morte* (1999), primeiro volume da coleção que pretende reeditar outros cinco romances. Com esse livro, os limites entre narrativa histórica e narrativa ficcional, já frágeis por natureza no caso do romance histórico, atenuam-se muito mais. Para se ter uma ideia, transcreve-se o subtítulo do volume: "Etnografia dos habitantes do Brasil antes de Cabral/Prática genocida de bandeirantes e jesuítas/A utopia americana vista pelos europeus/O romance de João Ramalho/O crime de Borba Gato/A morte de Fernão Dias Pais". São mais de duzentas páginas repletas de epígrafes variadas, em um estilo claramente ensaístico, que contam a história de São Paulo.

No mesmo ano, seguindo o projeto, o prolixo escritor lançou conjuntamente dois títulos já publicados anteriormente: *Paraguaçu e Caramuru: origens obscuras da Bahia* e *Villegagnon: paixão e morte na Guanabara*, narrativas que se dedicam a reiterar, em uma narrativa frouxa e sem nenhum senso crítico, uma história de manuais escolares que exalta certos mitos fundadores, muito em voga nos períodos de autoritarismo político. Em 2000, o projeto incorpora outros dois títulos, também já publicados anteriormente: *Nassau, sangue e amor nos trópicos* e *Jovita, a Joana D'Arc brasileira*.

Um dos temas que sempre despertaram curiosidade não apenas de historiadores, mas de quantos leram a famosa carta de Pero Vaz de Caminha, foi o rumo que teriam tomado os dois grumetes que fugiram da esquadra de Cabral e que ficaram na nova terra enquanto

O ROMANCE HISTÓRICO BRASILEIRO CONTEMPORÂNEO (1975-2000)   213

as naves seguiam seu caminho para a Índia. Saab, na obra comentada anteriormente, identifica-os como Carlos de Andrade e João Afonso Roque, e em seu livro eles morrem antes mesmo da partida de Cabral, sendo banqueteados pelos nativos.

Já Ângelo Machado (1999), em *Os fugitivos da esquadra de Cabral*, inventa uma narrativa mirabolante para a fuga dos dois adolescentes, que chama de Leonardo e Bartolomeu, contando depois suas fantásticas aventuras entre os nativos da nova terra, até localizá-los na corte francesa, em 1550, após reunir vários acontecimentos históricos.

Pouco confiante na capacidade do romance, Machado o enche de notas de rodapé, especialmente para traduzir as falas em tupi (provavelmente inventado) que ele coloca na boca de alguns de seus personagens nativos. Acrescenta, ainda, além de uma bibliografia, um capítulo explicativo no final do romance explicitando para o possível leitor o que é histórico e o que é ficcional em sua narrativa. É curioso observar que em sua bibliografia inclua os dois títulos do jornalista Eduardo Bueno sobre os descobrimentos, que fazem parte de uma coleção que também se insere na movimentação editorial do festim do descobrimento.

As conclusões deste capítulo são quase óbvias: como em folhetins, seguimos contando as mesmas histórias... Os gêneros uma vez mais se misturam: a narrativa histórica empresta o estilo do romance. Exemplo disso são volumes da "Coleção Terra Brasilis", de Eduardo Bueno (os dois primeiros, *A viagem do descobrimento* e *Náufragos, traficantes e degredados*, aparecem em 1998), a *História do Brasil*, do mesmo autor, publicado pela *Folha de S. Paulo*, ou *Terra à vista – Histórias de náufragos da era dos descobrimentos*, do também jornalista gaúcho Eduardo San Martin, publicado em 1998. Todos aproveitam o episódio do *Quinto Centenário do Descobrimento do Brasil* e todos bastante divulgados pela mídia.

Eduardo Bueno até mesmo chegou a ser reconhecido como importante divulgador da história do Brasil, apesar da polêmica com alguns historiadores que veem seus relatos como forma de oferecer versões superficiais dos episódios históricos de que trata. Sua narrativa não pretende ser ficção e se vale de certos componentes

214 ANTÔNIO R. ESTEVES

do texto histórico tradicional, como a citação de fontes, o uso de notas explicativas, além de rico material iconográfico. No entanto, as técnicas narrativas que utiliza são mais comuns ao romance que ao texto histórico tradicional. O grande mérito de seus escritos, não se pode negar, é divulgar, em uma linguagem acessível ao grosso de uma população escassamente escolarizada como a brasileira, importantes fatos da história do Brasil. Longe da linguagem muitas vezes labiríntica e árida, perdida em citações truncadas e notas de rodapé, o estilo jornalístico e de fácil deglutição de Bueno pretende fazer que o brasileiro médio domine sua história, para poder entender melhor seu país.

Eduardo San Martin, por sua vez, reconhece que o modelo básico para recriar os seis relatos de náufragos que constituem seu livro não é outro senão o clássico *Robinson Crusoe* (1719), do escritor britânico Daniel Defoe (1680-1731). Ele chega mesmo a lamentar que a maior parte dos relatos de náufragos, muitos dos quais transformados em folhetins ao longo do tempo, não puderam "contar com os recursos da imaginação prodigiosa de um Daniel Defoe" (San Martin, 1998, p.17). É curioso observar que o livro do jornalista gaúcho, no entanto, não pretende ser ficção. Ao contrário de vários dos exemplos anteriores, apresenta-se como relato histórico.

Não nos interessa, neste momento, a tarefa impossível de estabelecer os limites entre a narrativa histórica e a narrativa ficcional baseada em fatos históricos. As reflexões desta seção giram em torno do aproveitamento realizado pelo mercado editorial das efemérides, no caso, as festividades dos Quinhentos Anos do Descobrimento do Brasil. Aproveitando-se do fato, por si só um elemento de propaganda, escritores, tanto no âmbito da história, mas especialmente no âmbito da literatura, sentiram-se motivados a dar sua contribuição para as discussões suscitadas ou simplesmente pôr um produto novo no mercado.

É provável que a maior parte dessas obras, produto de consumo, afinal de contas, tenha uma existência curta, mesmo aquelas que, em razão de grandes campanhas publicitárias, chegaram a vender uma grande quantidade de exemplares. A preocupação estética, eviden-

O ROMANCE HISTÓRICO BRASILEIRO CONTEMPORÂNEO (1975-2000)   215

temente, é um dos fatores que contribuem para a sobrevivência da obra, mesmo quando se trata de um tema recorrente, como o motivo do descobrimento. Nesse sentido, é provável que os livros de Torero & Pimenta, Cardoso Gomes ou Sinval Medina possam ainda ser lidos dentro de algumas décadas.

A ferrovia Madeira-Mamoré revisitada pelo romance histórico

> "Uma das poucas lições objetivas que a
> história nos ensina é a lição da ambiguidade."
>
> *(Márcio Souza)*

Como se sabe, o primeiro romance de Márcio Souza, publicado em 1976, foi *Galvez, imperador do Acre,* em que recria, em um clima paródico e onírico, a trajetória amazônica do aventureiro espanhol e o episódio da fundação do Estado Independente do Acre, em 1899. O êxito da obra foi grande, tendo sido traduzida para vários idiomas e publicada em mais de vinte países. Encontrada a chave do sucesso, recriar de forma alegre e ao mesmo tempo séria um episódio da história amazônica, o escritor amazonense não abandonou mais o romance histórico. Quatro anos depois publica *Mad Maria,* obra que tem como tema episódios da construção da estrada de ferro Madeira-Mamoré, episódio histórico também associado às lutas ocorridas na região do Acre.

Após a dissolução da República Independente do Acre, com a consequente expulsão de Galvez do País, mantinha-se sem resolver a questão principal do domínio boliviano na região. Em 1902, os brasileiros que habitavam a zona voltaram a rebelar-se, dessa vez sob a liderança do gaúcho Plácido de Castro, forçando as autoridades do Rio de Janeiro a chegarem a um acordo diplomático com La Paz. A assinatura do Tratado de Petrópolis, no ano seguinte, decidia finalmente a questão com a incorporação da região ao Brasil mediante uma pesada indenização financeira ao país vizinho.

216 ANTÔNIO R. ESTEVES

Uma das cláusulas do tratado previa que os brasileiros deveriam construir uma ferrovia que superasse o trecho encachoeirado do Rio Madeira, permitindo à Bolívia escoar mais facilmente através dos rios amazônicos e do oceano Atlântico sua produção gomífera. Sem saída direta para o mar desde sua derrota ante os chilenos, em 1879, na Guerra do Pacífico, a Bolívia tinha dificuldade em escoar seus produtos, especialmente a borracha produzida ao norte do país, em sua região amazônica, distante da capital, situada no altiplano andino.

Desde a segunda metade do século XIX, os bolivianos tinham incentivado vários consórcios ingleses e norte-americanos a construírem um ramal ferroviário que vencesse mais facilmente as cerca de vinte cachoeiras existentes no Rio Madeira, entre o Mamoré e o Ji-paraná, uma distância de mais de quatrocentos quilômetros. Embora o trecho estivesse em território brasileiro, era a saída natural dos bolivianos para o rio Amazonas, descendo os rios Beni, Madre de Dios e Mamoré, todos afluentes do Madeira. E a bacia amazônica estava aberta à navegação internacional desde 1866.

Na década de 1870, duas companhias, uma inglesa e outra norte-americana, tentaram construir a ferrovia, mas acabaram abandonando a empreitada. Foram vencidas em duas frentes: a primeira delas era constituída pelas dificuldades oferecidas pela região, pouco povoada, em plena selva amazônica, com tudo o que isso significa. A segunda advinha da escassez de recursos. Os custos com o transporte da mão de obra e da matéria-prima, além das dificuldades oferecidas pelo terreno, superavam a expectativa que os construtores tinham a partir da experiência em construir ferrovias na Europa ou Estados Unidos. Quando, em 1905, o governo brasileiro, em cumprimento ao Tratado de Petrópolis, abriu a concorrência pública para a construção da estrada de ferro, já havia na região alguns quilômetros de trilhos que a selva tinha engolido, uma locomotiva abandonada e um saldo de centenas de trabalhadores mortos em virtude de enfermidades tropicais, especialmente a febre amarela e a malária. Depois de algumas negociatas na praça do Rio de Janeiro, em 1907, o grupo controlado pelo magnata norte-americano Percival Falquhar reiniciou as obras da estrada de ferro Madeira-Mamoré, inaugurada no dia 7 de setembro de 1912.

O ROMANCE HISTÓRICO BRASILEIRO CONTEMPORÂNEO (1975-2000)   217

Ao ser finalmente inaugurada, a ferrovia já tinha perdido o principal motivo de sua existência. A exploração da borracha nativa já estava em plena decadência. A riqueza da região tinha sido bastante efêmera. Em 1876, um explorador inglês mandou cerca de setenta mil sementes da *Hevea brasiliensis* para a Inglaterra, de onde partiram as mudas para o Sudeste Asiático, local em que se adaptaram com facilidade. Poucas décadas mais tarde, milhões de seringueiras estavam em plena produção, com um custo bem inferior ao das árvores nativas exploradas na Amazônia. O ano de 1910 representou o topo do preço internacional: a partir daí baixou de forma vertiginosa, tornando a produção amazônica pouco competitiva. Se naquele ano o Brasil produzia a metade da borracha de todo o planeta, em 1926, mesmo com o aumento do consumo, já contribuía com apenas 5%. A quebra começou em 1913, e em poucos anos todo o sistema ruiu. As grandes empresas que fiavam os seringalistas quiseram executar suas dívidas: a maioria deles ficou na miséria. O valor dos imóveis despencou. As firmas que escaparam da falência fecharam as portas e abandonaram a região. Nem mesmo a intervenção dos governos federal e estaduais conseguiu salvar a região, que afundou na crise. Muitos dos migrantes voltaram para suas terras, deixando para trás um território que voltou à letargia de meio século antes. Assim, os comboios da Madeira-Mamoré não cobriam sua manutenção e jamais pagariam o alto custo despendido em sua construção.

Mad Maria está dividido em 22 capítulos, que o escritor agrupa em cinco partes. O título de cada uma delas indica, por meio da ironia, a leitura que o narrador faz desse pouco conhecido episódio da história do Brasil. A narração se ocupa de duas frentes principais de ação, alternadas durante a narrativa. A primeira delas desenvolve-se no palco da construção da ferrovia, às margens do rio Madeira, atual estado de Rondônia, entre o rio Abunã e a recém-surgida Porto Velho, cidade que se formou a partir do acampamento principal dos trabalhadores da ferrovia. O segundo núcleo narrativo localiza-se na capital federal, onde Percival Falquhar, o dono da empresa construtora, move-se no cipoal burocrático da jovem república brasileira tentando aumentar o campo de atuação de seu poderoso truste com a conquista de mais concessões e benefícios.

218 ANTÔNIO R. ESTEVES

A ação transcorre em 1911, quatro anos após a retomada da construção da ferrovia, depois da tentativa frustrada da década de 70 do século XIX. Em ambos os núcleos, diversos protagonistas vivem várias histórias catalisadas pelo tema principal. Todas as histórias caminham para uma direção única, que acaba centralizando a ação na visita do magnata norte-americano ao canteiro das obras, acompanhado por uma grande comitiva de políticos brasileiros, para inaugurar o trecho entre Porto Velho e Abunã, no dia 7 de setembro de 1911. Essa visita havia sido pensada para funcionar como propaganda positiva para o grupo, que vinha enfrentando pesados ataques na imprensa carioca por parte de setores nacionalistas e da oposição ao governo do marechal Hermes da Fonseca. Dessa forma, entre os protagonistas encontramos tanto personagens fictícios quanto personagens históricos, como é usual no gênero.

A ação na selva desenvolve-se por meio de episódios relacionados com o cotidiano das obras de preparação do terreno para o assentamento dos trilhos. As dificuldades, nesse sentido, são de duas categorias. A primeira delas é como vencer o meio, o terreno pantanoso da selva no vale do Madeira e seus afluentes, pelo clima peculiar da região, com suas chuvas torrenciais e calor exagerado, pelas fauna e flora hostis à presença do branco intruso: desde insetos transmissores de enfermidades letais até animais de grande porte que assustam os trabalhadores, em sua maioria arrebanhados no exterior em troca de baixos salários e ignorando as reais condições de trabalho. Regendo essa sinfonia de adversidades temos a figura do engenheiro-chefe das obras, Collier, homem experiente e duro, para quem o mais importante é terminar a obra com o menor custo e no menor tempo possível.

Decorrentes do meio, há uma série de dificuldades sanitárias. Talvez o maior inimigo dos trabalhadores da ferrovia tenham sido as enfermidades tropicais, especialmente a malária. Nesse contexto, o segundo núcleo temático da frente de trabalho é constituído pelo serviço sanitário, criado pela companhia para tentar diminuir a mortalidade causada pelas enfermidades e por eventuais acidentes de trabalho. O personagem que catalisa esse núcleo é o dr. Finnegan,

O ROMANCE HISTÓRICO BRASILEIRO CONTEMPORÂNEO (1975-2000) 219

um médico norte-americano de origem irlandesa, idealista e recém--formado, que enfrentará, além das enfermidades, a resistência dos trabalhadores em tomar as doses preventivas de quinino e, sobretudo, o pragmatismo exagerado de Collier, para quem o mais importante é o andamento das obras.

Em torno dessa dupla de protagonistas gravitarão outros personagens, coadjuvantes e antagonistas. Merecem destaque dois deles. A boliviana Consuelo, professora de música, que se salva de um acidente em que perde seu marido quando tentava subir as cachoeiras do rio Madeira transportando um piano para Sucre, onde viviam. Encontrada na selva pelos trabalhadores da ferrovia, é levada para o hospital, onde recebe os cuidados de Finnegan, com quem terá um relacionamento amoroso mais tarde.

O segundo personagem é um indígena batizado com o nome de Joe Caripuna, que, no princípio, se dedica a praticar pequenos furtos aos trabalhadores, causando conflitos. Descoberto, ele tem as mãos amputadas pelos trabalhadores em fúria. Salvo pelo médico, é levado para o hospital, onde se recupera e começa a realizar várias atividades utilizando os dedos dos pés. Aprende a tocar piano graças ao empenho de Consuelo, e é utilizado como atração principal durante a visita dos políticos do sul. Ao final, acaba contratado pela empresa e abandona o acampamento juntamente com Consuelo.

No núcleo de poder localizado no Rio de Janeiro, todos os personagens principais são históricos: os magnatas norte-americanos Percival Farquhar e Alexander Mackenzie; o ministro de Viação e Obras, J. J. Seabra, seu antagonista; o jurista Rui Barbosa, conselheiro da companhia norte-americana e autor da ideia de levar os políticos ao cenário das obras; o presidente Hermes da Fonseca. Na disputa entre Farquhar e J. J. Seabra pela concessão de obras são criados alguns personagens secundários, como a bela amante de Seabra, conquistada por Farquhar na tentativa de chantagear o ministro baiano, entre outros.

Como muito bem aponta Francisco Foot Hardman (1988, p.233) em *Trem fantasma*, ensaio que discute o impacto da Modernidade na selva, basicamente em torno das ferrovias, o romance de Márcio

Souza é a melhor tentativa de apresentar, por meio da ficção, os fatos relacionados com a construção da Madeira-Mamoré. O romance padece, no entanto, de uma falha fundamental: o esquema simplista do narrador, que ataca de forma exagerada e com um discurso datado o imperialismo, que seria a causa de todos os males da história brasileira. Esse esquema desequilibra a narrativa graças às cores exageradas com que pinta a movimentação de políticos e empresários em torno das concessões para a construção de ferrovias e outras obras de modernização da infraestrutura viária no País durante os primeiros tempos da República.

Nesse sentido, a obra tende a mostrar Percival Farquhar de forma bastante esquemática e unilateral, transformando-o em um verdadeiro monstro, empresário frio e calculista, que não tinha nenhum escrúpulo em lançar mão dos mais sórdidos métodos, como sequestro, chantagem e suborno, plenos de violência, para conseguir seus objetivos. Esse personagem contraditório, crescido em uma família quáquer norte-americana, que desde muito jovem direcionou seus negócios para a América Latina, chegou a controlar um dos mais poderosos trustes associado aos transportes e à produção e distribuição de energia e outros serviços básicos. No Brasil, construiu uma série de ferrovias, quase sempre envolvidas pela polêmica, como a Brazilian Railway Co., que ligava São Paulo ao Rio Grande do Sul e ao cruzar vasta região entre os estados do Paraná e Santa Catarina causou o conflito agrário conhecido como Guerra do Contestado, episódio pouco estudado na história brasileira e menos explorado pela literatura, mas que por sua violência e proporções pode ter as mesmas dimensões da rebelião de Canudos, imortalizada pela pena de Euclides da Cunha. Além disso, Farquhar controlava portos, empresas de exploração madeireira e de minérios. No campo da mineração, foi um dos iniciadores da famosa Vale do Rio Doce, e na área de eletricidade foi proprietário da não menos famosa Companhia Light. Seu império desmoronou com a crise da bolsa de Nova Iorque em 1929, o que fez que a maior parte dessas empresas, incluindo a Madeira-Mamoré, fosse comprada pelo Governo Federal a partir da década de 1930.

O ROMANCE HISTÓRICO BRASILEIRO CONTEMPORÂNEO (1975-2000)   221

Talvez como reflexo do momento histórico em que se produz o romance, escrito entre 1977 e 1980 e publicado nesse ano, período que marca o ocaso da lenta agonia da ditadura militar instalada no Brasil após o golpe de 1964, Márcio Souza, munido de um nacionalismo contraditório e peculiar a setores da esquerda brasileira daquele momento, tende a atacar de forma virulenta a política liberal da Primeira República. Ao mesmo tempo, repetindo as críticas advindas especialmente de seus opositores "civilistas", o escritor carrega na tinta ao denunciar o militarismo do marechal Hermes da Fonseca. Nem mesmo nesse aspecto, no entanto, o romance é muito bem sucedido. Se por um lado denuncia, bem de acordo com o jargão de certo esquerdismo nacionalista, a entrega das riquezas nacionais ao capital estrangeiro, por outro não deixa de apresentar os liberais também como entreguistas, mostrando, por exemplo, o senador e jurista Rui Barbosa como uma espécie de eminência parda e, ao mesmo tempo, joguete dos interesses defendidos por Farquhar. Já o ministro de Viação, o político baiano J. J. Seabra, apesar de nacionalista e, no princípio, antagonista de Farquhar, é apresentado como uma espécie de caricatura do oligarca corrupto que dominava a política da Primeira República.

Deve-se notar que esses personagens, históricos todos – Rui Barbosa, o marechal Hermes da Fonseca, J. J. Seabra, Alexander Mackenzie ou Percival Farquhar –, são portadores de uma biografia muito rica, plena de contradições. Mais bem aproveitados, longe do maniqueísmo utilizado por Márcio Souza, poderiam render excelentes personagens literários, se consideradas as contradições e crises que viveram em um período especialmente rico que foram as primeiras décadas da República. Trata-se de um momento da história brasileira também marcada pelas contradições, quando o País, ao mesmo tempo que se mantinha aferrado às tradições agrárias e oligárquicas do século XIX, dava seus primeiros passos em direção à modernização e ao ingresso na economia industrial e de mercado.

Mesmo a ação desenvolvida na selva não escapa a esse maniqueísmo exagerado: trabalhadores brutalmente explorados pela companhia responsável pela obra, representante no local dos tentáculos do monstruoso capitalismo multinacional apenas interessado em lucro fácil. A rebelião dos trabalhadores alemães em defesa de melhores condições ilustra bem a situação: eles são derrotados pela força de segurança particular da empresa, e após empreender uma fuga desesperada pela selva, acabam sendo devorados pela natureza hostil.

A obra pode ser lida, dessa forma, como a epopeia dos trabalhadores anônimos que deram sua vida pela construção da ferrovia, internacionalmente conhecida como um sorvedouro de vidas. Muitos dos trabalhadores, enganados pelas promessas falsas dos agentes inescrupulosos que os arregimentavam em seus países de origem, acabaram deixando sua vida na obra, vítimas da natureza hostil, de doenças tropicais e das péssimas condições de trabalho.

Nesse contexto, pode-se dizer que um dos temas centrais do romance é o conflito que normalmente se apresenta sob o binômio "civilização" *versus* "barbárie", que dominava as letras brasileiras daqueles anos e continua sendo tema ao longo de praticamente todo o século XX. O antagonismo entre a civilização e a barbárie, apresentando a revolução industrial como uma espécie de panaceia, motor de praticamente todo o século XIX, da qual a ferrovia é seu mais ilustrativo ícone, perpassa todo o romance. A própria ideia de construir uma estrada de ferro no interior da selva amazônica faz parte dessa mentalidade.

Esse argumento é desenvolvido com certa mordacidade por parte do narrador, para quem a selva é mostrada de forma ambígua. Os relatos originais sobre a construção da ferrovia, feitos basicamente por indivíduos que participaram daquela experiência e sobre os quais se assenta a narrativa, também tendem a apresentar a selva sob o signo da contradição. No entanto, predomina nesses textos, como os de Craig (1947) e Ferreira (1981), por exemplo, uma visão da selva como espaço infernal, contra o qual o homem civilizado tem pouco poder e que acaba por minar suas forças até destruí-lo completamente. Tal visão aparece alternada por outra, até certo ponto complementar, que associa o universo amazônico a um mundo primitivo, onde permanecem vivas as forças da criação que atuam em um mundo não concluído. Esse universo, regido pela força das águas, seja de seus rios, seja das

O ROMANCE HISTÓRICO BRASILEIRO CONTEMPORÂNEO (1975-2000) **223**

fortes chuvas torrenciais, parece estar ainda em formação, em um estágio anterior à superação do caos pela ordem. Quer ensinar o narrador do romance que, nesse universo, ordem e progresso resvalam. Toda a primeira parte do romance chama a atenção, sob a perspectiva tanto de Collier quanto de Finnegan, para esse mundo caótico ainda em formação onde é necessário instaurar algum tipo de ordem. Tal ordem seria instaurada, do ponto de vista dos dois personagens, pela ação da ciência. A vertente mais técnica é defendida pelo pragmático Collier, engenheiro que confia na força das máquinas para vencer o meio, derrotando a selva e sua força primitiva. Vencer as cachoeiras do Madeira por meio dos trilhos da ferrovia faz parte desse ponto de vista. Já o dr. Finnegan, que também acredita na ciência, se vale dos avanços da medicina, aplicando de forma feroz as normas sanitárias sugeridas pelo dr. Lovelace, médico-chefe da companhia, que no romance se apropria das orientações sanitárias de Osvaldo Cruz, que visitou a região em 1910 e deixou um excelente relatório técnico. No final da história, o leitor toma conhecimento de que os princípios sanitários defendidos por Lovelace não passam de cópia das orientações do médico brasileiro.

Outra forma de explicitar o embate entre natureza e mundo civilizado aparece no episódio do piano que Alonso, o marido apaixonado de Consuelo, tentar transportar pelo Madeira acima, puxado por nativos por meio de cordas. Sem dúvida, uma das cenas mais belas do romance é o episódio em que ela acompanha o esforço dos carregadores, dirigidos pelo marido, tentando arrastar o piano corredeira acima, enquanto imagina ouvir as *"Doze variações em fá maior sobre 'Ein Mädchen oder Weibchen' da ópera 'A flauta mágica' de Mozart"* por Beethoven, observando as águas que acabam vencendo a força humana e levam para suas profundezas não apenas o piano, mas também seu marido e todas as suas esperanças. Igualmente, de especial beleza, embora de grande melancolia, é a cena em que ela, depois do desastre, se salva com suas partituras, entre as quais a da peça de Beethoven, e é quase devorada por um exército de formigas vorazes.

Nem a técnica nem a arte conseguem vencer a força bruta da selva, parece querer ensinar o narrador. Mesmo Finnegan, idealista e bastante humano no início da história, acaba sendo dominado pelo meio e perde a sensibilidade que o diferenciava. Transforma-se em um ser tão frio e calculista como o engenheiro-chefe. E o romance termina de modo circular quando ele ordena disparar em um grupo de trabalhadores barbadianos e hindus atracados em uma briga. Repete-se o mesmo ato que condenou em Collier, que no início do romance ordenara a mesma ação, em situação parecida, uma ação que tanto indignou o dr. Finnegan, recém-chegado.

Vale a pena retomar algumas das características definidas por Menton (1993) para diferenciar o romance histórico contemporâneo daquele criado por Scott no início do século XIX encontradas na obra em questão. A primeira a chamar a atenção é a representação da temporalidade. Em *Mad Maria,* a ruptura do tempo convencional não é marcante, embora o fato, já comentado antes, de o romance terminar de forma circular sugere a superaração do tempo progressivo do calendário, em benefício de uma temporalidade cíclica associada ao movimento primitivo das forças naturais, cuja manifestação mais evidente é o ciclo das águas. Em lugar do tempo histórico progressivo teríamos uma temporalidade mais próxima ao mito ou à memória. O próprio ciclo das águas, com chuvas, enchentes e vazantes, que rege o universo amazônico, dá a impressão de que os acontecimentos estão sempre se repetindo, podendo ser o indício dessa forma de conceber o caráter cíclico da história.

A ficcionalização de personagens históricos, ao contrário do que acontecia na matriz scottiana, também se faz presente na obra de Márcio Souza. No núcleo do Rio de Janeiro, conforme já vimos, todos os personagens mais importantes saem diretamente das páginas da história. No núcleo da ferrovia, no entanto, os dois protagonistas são fictícios: Collier e o dr. Finnegan. Em Collier, todavia, até mesmo pela semelhança sonora, podem-se ouvir ecos do engenheiro Collins, um dos responsáveis pelas obras no primeiro período da ferrovia, ainda no século XIX.

Da mesma forma, vários episódios estão baseados em relatos que Manuel Rodrigues Ferreira (1981) traz em *A ferrovia do diabo: história de uma estrada de ferro na Amazônia,* sem dúvida a obra mais importante escrita sobre a Madeira-Mamoré. Embora a versão mais completa dessa obra seja a segunda edição, complementada com informações relativas à desativação da ferrovia nos anos 1970, o núcleo básico do período entre 1907 e 1912 praticamente mantém-se de acordo com a primeira edição de 1960. Recentemente, em virtude do seriado apresentado pela Rede Globo de Televisão, baseado no romance de Márcio Souza, apareceu uma nova edição da obra.

É evidente que o romancista que se dedica a essa modalidade narrativa trabalha com o mesmo material que serve de fonte para o historiador. Sua pesquisa deve ser tão acurada quanto aquela realizada pelos profissionais da história. As finalidades, no entanto, são diferentes. Enquanto o historiador pretende que seu discurso seja científico, valendo-se de uma série de práticas consagradas pela historiografia ao longo dos séculos, o romancista, mesmo trabalhando com fatos históricos, procura apenas verossimilhança. Na segunda metade do século XX, a verdade pretendida pelo romancista não tem a mesma natureza daquela buscada pelo historiador, ainda que ambos se curvem sobre as mesmas fontes e usem técnicas narrativas semelhantes para construir seus relatos.

Desse procedimento advêm algumas das características dessa modalidade de romance histórico bastante em voga nas literaturas latino-americanas nos últimos cinquenta anos. A utilização da inter-textualidade em vários graus é uma delas. Desse modo, *Mad Maria* tece uma série de relações dialógicas com várias obras que falam da construção da ferrovia, em primeiro lugar, e, de forma menos direta, com obras que tratam da região amazônica como um todo. Nota-se a presença quase constante da obra já citada de Rodrigues Ferreira, que, por sua vez, tem como base vários relatos de sobreviventes da constru-ção da ferrovia, especialmente o livro do engenheiro norte-americano Neville B. Craig (1947), *Estrada de ferro Madeira-Mamoré. História trágica de uma expedição*, que conta com detalhes os episódios da pri-meira fase, frustrada, da construção da ferrovia. Muitas das descrições da paisagem da região, de seus habitantes primitivos, da fauna e da flora, têm como fonte principal esse detalhado relato escrito em 1907 que somente apareceu em português em 1947. Assentado nessas duas obras está o livro de Barros Ferreira (1963), *O romance da Madeira--Mamoré*, com nota introdutória de Manuel Rodrigues Ferreira e cujos ecos também se notam na obra de Mário Souza.

A construção do personagem Joe Caripuna, nesse sentido, é bastante ilustrativa. Um dos protagonistas do núcleo da ferrovia, ele tem um papel importante em *Mad Maria*. No início, esse indígena caripuna, que perdeu praticamente todo seu povo com a chegada dos construtores da ferrovia, sente-se profundamente atraído pela cultura dos invasores. Nos primeiros capítulos, ele, escondido na selva, observa os trabalhadores e se dedica a roubar pequenos objetos sem valor, causando um sério conflito no acampamento. Uma vez descoberto, tem as duas mãos amputadas por trabalhadores alemães a quem havia roubado. Salvo pelo dr. Finnegan, ele acaba ficando no hospital e desenvolve a habilidade de usar os pés para fazer tudo o que necessita. Mais tarde se dedica a fazer malabarismos para conseguir presentes e dinheiro, até que Consuelo lhe ensina tocar piano com os dedos dos pés. Utilizado como atração principal durante a visita dos políticos do sul ao acampamento, é um verdadeiro sucesso. Contratado pela companhia, juntamente com sua professora, abandona a selva e termina seus dias na miséria, exibindo-se como um animal exótico em circos e espetáculos populares nos Estados Unidos.

Esse personagem, utilizado por Márcio Souza para discutir o impacto da civilização nos nativos da América, tem origem em um registro fotográfico feito por Dana Merrill, quando, em torno de 1910, documentou as obras da ferrovia. A foto, reproduzida tanto no livro de Ferreira quanto no de Hardman, mostra o corpo de médicos e enfermeiros da companhia, tendo à frente o indígena mutilado. É evidente que um dos núcleos narrativos do romance surge dessa fotografia, além dos relatos de Ferreira. É interessante observar que no já referido romance de Barros Ferreira, o caripuna mutilado é coxo e, de forma mais verossímil, atua como mateiro, guiando as equipes de construção da estrada pela selva. Ao ter as mãos amputadas no romance de Souza, transforma-se em um verdadeiro animal adestrado com a função explícita de estabelecer o confronto entre o branco que invade a selva e o nativo que não entende seus motivos.

O ROMANCE HISTÓRICO BRASILEIRO CONTEMPORÂNEO (1975-2000) 227

Apesar de ser uma ideia instigante, pode-se dizer que se trata de um dos personagens mais inverossímeis do romance. Não por sua história, bastante plausível no contexto da história dos nativos americanos, mas pela técnica narrativa utilizada. No primeiro capítulo, em especial, o foco se ocupa do jovem caripuna mediante monólogos em que ele tenta entender o branco manejando uma série de conceitos particulares da antropologia do século XX. Resulta pouco convincente que um jovem caripuna dominasse o conceito de "civilizado" para expressar a alteridade. O que parece claro é que o autor, sem conhecimentos da própria alteridade representada pelo nativo, coloca em sua mente conceitos que são próprios da forma de pensar de certa intelectualidade branca, de classe média e formação que se crê progressista, sem a menor condição de imaginar o que pensa alguém que, tendo nascido e crescido na selva, tem sua cultura destruída pelo contato com o branco, por quem se sente atraído e de quem tenta se aproximar. O discurso de Joe mente não porque seus pensamentos não sejam verdadeiros de acordo com a antropologia ou segundo o politicamente correto na ciência do século XX, mas porque a forma que veicula esse discurso não convence. E para ser um discurso carnavalizado ou paródico faltam elementos formais que lhe deem sustentação.

É verdade que o romance de Márcio Souza se vale quase em sua totalidade do recurso da ironia, que muitas vezes chega a se travestir de amarga mordacidade. A linguagem do narrador é irônica, boa parte dos personagens trabalha com vários níveis de ironias. Cada uma das cinco partes da obra tem um título que dialoga de forma paródica com seu conteúdo. A primeira delas introduz o inferno das obras da ferrovia, não apenas pelo terreno pantanoso, mas também pelo calor insuportável, as condições higiênicas ruins, as enfermidades, a má alimentação, os conflitos entre os vários grupos étnicos de trabalhadores, os baixos salários, o autoritarismo do engenheiro-chefe. Titula-se, de modo significativo, "Ocidente Express", fazendo lembrar a ferrovia trans-europeia, célebre pelas fantásticas viagens empreendidas pela elite europeia mais ou menos nessa mesma época. Em alemão, o título da segunda parte, "Arbeit macht Frei", é o lema da exaltação do trabalho, básico do capitalismo protestante,

228 ANTÔNIO R. ESTEVES

imortalizado pelos letreiros dos campos de concentração nazistas. A narrativa segue apresentando as condições adversas enfrentadas pelos trabalhadores e termina com a revolta e posterior fuga dos trabalhadores alemães. O lema, no entanto, deixa de ser irônico se aplicado a Finnegan, que nessa parte explicita várias vezes sua crença no trabalho e na vitória do homem sobre a natureza. Terminará como refém dos alemães, juntamente com Consuelo.

O título da terceira parte, "Um dia ainda vamos rir disso tudo", é uma alusão direta à utilização da técnica do riso pelo narrador. Um dos episódios, bastante grotesco dessa parte, mostra os operários alemães rebelados levando, em sua fuga, Consuelo e Finnegan, como reféns, dentro de barricas de banha, carregadas por mulas roubadas do acampamento. Os animais disparam, e depois de andar em círculos, os devolvem ao acampamento.

O elemento cômico, elevado à categoria do trágico, aparece no título da quarta parte, "Quando não puder resistir, relaxe e goze". Essa frase, atribuída a um conhecido político contemporâneo, independente de sua autoria, remete a uma certa sexualização da linguagem. Um dos episódios marcantes dela é o passeio que Collier e Finnegan fazem pela degradante vila de Santo Antônio, praticamente transformada em um imenso prostíbulo onde os nativos se embebedam e as índias se prostituem. A cena em que o engenheiro joga uma cédula para duas índias, que se atracam, disputando o dinheiro, denuncia o resultado do encontro entre os civilizados e os nativos, que praticamente perecem nesse impacto, perdendo não apenas sua a cultura e seus valores.

O título da última parte, "As delícias da acumulação primitiva", já havia aparecido no primeiro romance de Márcio Souza, reiterando o pensamento do escritor, para quem o capitalismo é a desgraça da humanidade, mediante a exploração colonial e neocolonial. Essa ideia repete-se em várias de suas obras, não apenas ficção, mas também ensaio. A visão do período da exploração da borracha amazônica como uma espécie de espetáculo satírico, que Márcio Souza chama de *vaudeville*, também aparece reiterada em várias de suas obras, daí a importância dos espetáculos teatrais ou circenses e desfiles carnavalizados em seus romances. Trata-se da consagração da carnavalização,

O ROMANCE HISTÓRICO BRASILEIRO CONTEMPORÂNEO (1975-2000)   229

bastante comum nos romances históricos da segunda metade do século XX. O riso restaurador da ordem é uma das técnicas de que se valem os escritores que se dedicam a esse gênero.

O título do romance aparece associado a essa ideia: a loucura produzida na região pela apropriação das riquezas locais pelo capitalismo internacional. No romance, Mad Maria é o nome da primeira locomotiva da ferrovia, que ajuda a concluir as obras. Mad Mary, no entanto, parece que era o nome atribuído pelos trabalhadores à própria ferrovia, uma espécie de apócope de *Madeira-Mamoré Railway*. No último capítulo, ao referir-se à loucura que representou essa obra na selva, o narrador exclama: "Ah, que belo país é o nosso Brasil, onde um escritor de língua neo-latina pode fazer um romance inteirinho cheio de personagens com nomes anglo-saxões. E havia também uma locomotiva chamada Mad Mary, Marie Folle, Maria Loca, Maria Louca, Mad Maria" (Souza, 1980, p.341).

Desde o tempo em que trabalhava com um grupo teatral em Manaus, em fins dos anos 1960, Márcio Souza já se propunha a extrapolar pela ironia a dor nem sempre resolvida do homem amazônico em particular, e do homem em geral. Esse foi o caminho utilizado com maestria e grande sucesso em seu primeiro romance. O tom de exagerado didatismo presente em boa parte de *Mad Maria*, no entanto, acaba por embaçar o efeito que poderia resultar o tom paródico da obra. O narrador principal, espécie de *alter ego* do próprio autor, vale-se desse didatismo desde as primeiras linhas do romance:

> Quase tudo neste livro bem podia ter acontecido como vai descrito. No que se refere à construção da ferrovia há muito de verdadeiro. Quanto à política das altas esferas, também. E aquilo que o leitor julgar familiar, não estará enganado, o capitalismo não tem vergonha de se repetir.
> Mas este livro não passa de um romance.
> Preste atenção: (ibidem, p.11)

Ele se sente na obrigação, na contramão daquilo que se exige de um narrador pós-moderno, de ir levando seu leitor pelas mãos como se esse não tivesse condições de trilhar seu próprio caminho. Algumas vezes, gasta várias páginas explicando o processo de exploração da borracha no final do século XIX; contando a história dos percalços enfrentados durante o longo período da construção da ferrovia; descrevendo algum elemento da natureza local. Da mesma forma, mesmo após concluir a narração dos fatos de 1911, núcleo do romance, para não deixar nenhum fio solto em sua narrativa, faz grandes saltos temporais para informar a morte de Joe Caripuna em 1927, vítima de sífilis, a inauguração da ferrovia em 1912, o pagamento feito pelo governo federal à empresa de Farquhar, de um valor muito superior ao que constava no contrato inicial, em 1916, para explicitar que na demanda movida pelo consórcio norte-americano contra o governo brasileiro há um parecer de Rui Barbosa, para comentar que em 1927 o poeta Mario de Andrade, em sua visita pela região, viajou pelos vagões da Madeira-Mamoré, ou que a ferrovia foi desativada e vendida como sucata a um empresário paulista, entre outras informações. E quando o leitor pensa que a história já acabou, ele retoma a narrativa para contar o episódio, ocorrido em 1912, em que o dr. Finnegan ordena o fuzilamento dos trabalhadores indianos e barbadianos engalfinhados em uma briga.

Apesar, no entanto, do exagerado didatismo, essa obra de Márcio Souza cumpre de maneira bastante satisfatória uma das funções básicas a que se propõe o romance histórico contemporâneo: fazer uma releitura crítica da história. E ao penetrar no mundo fantástico da ficção que recria o passado, tenta indicar ao leitor os caminhos que não devem ser trilhados, sugerindo por exclusão as opções mais plausíveis para se chegar ao mundo utópico onde não haja a exploração do homem. E mesmo que o leitor prefira não seguir por essas sendas, ao regressar da viagem pelo mundo da fantasia, estará mais preparado para suportar a realidade que o cerca e que quase nunca se aproxima de seus desejos. Mais bem preparado, ele poderá, de modo mais consciente, escolher qualquer outro caminho.

Conclusão
Interrompe-se a narrativa...
(ou concluindo provisoriamente)

Pode-se afirmar, de acordo com vários estudiosos, que o romance histórico vive em crise desde suas origens, embora tenha sobrevivido e se renovado, se considerarmos sua evolução ao longo dos últimos dois séculos. As transformações pelas quais passou estão relacionadas, no fundo, com sua essência híbrida. Segundo mudam as concepções do romance e suas relações com a sociedade, também muda o romance histórico, da mesma maneira que ele se vê afetado pelas mudanças epistemológicas que se verificam na narrativa histórica. Nesse sentido, a grande reviravolta na concepção desse subgênero romanesco, advinda das vanguardas do início do século XX e as transformações do discurso histórico e das concepções do próprio saber histórico, ocorridas na primeira metade do século passado, acabaram por dar uma feição diferente à narrativa ficcional.

Bastaria, no entanto, uma observação mais atenta para se constatar o apelo produzido pelo elemento histórico. As livrarias expõem nos lugares mais visíveis uma grande quantidade de *best sellers* que tratam de fatos ou personagens históricos. Nunca se viram tantas biografias de personagens históricos recentes e nacionais ou que trazem à tona tempos longínquos ou lugares distantes e exóticos. Proliferam romances históricos, que tratam diretamente de certos episódios históricos ou que têm como protagonistas personagens

232 ANTÔNIO R. ESTEVES

que ocuparam a linha de frente na história. Abundam histórias romanceadas e obras cuja classificação como história ou ficção não oferece dúvidas, como crônicas de viagem, biografias, autobiografias, memórias, reportagens etc. Gêneros ou subgêneros narrativos que tanto quanto o romance histórico são claramente híbridos.

Analisando a relação entre história e ficção no processo literário hispano-americano, André Luiz Gonçalves Trouche (1997, 2006) defende a utilização da expressão "narrativas de extração histórica" para designar as diversas modalidades de narrativa que dialogam com a história. De uma parte, tais narrativas não se restringem ao âmbito do romance histórico propriamente dito. De outra, tampouco estão circunscritas ao que Linda Hutcheon (1991), aludindo à pós--modernidade e considerando basicamente a produção narrativa do chamado primeiro mundo, denomina metaficção historiográfica. Trata-se, como se nota, de um paradigma mais amplo, com condições de abranger "o conjunto de narrativas que se constroem e se nutrem do material histórico" (Trouche, 1997, p.53) e expressam uma ampla variedade de atitudes escriturais, narrativas que vêm conquistando, cada vez mais, a preferência do público leitor.

Embora faltem pesquisas que permitam determinar de forma mais precisa essa tendência à recriação do passado, especialmente em comparação com outros períodos, levantamentos sumários realizados em catálogos editoriais, revistas de divulgação ou cadernos culturais dos principais jornais do País permitem constatar, com pouca margem de erro, essa busca da matéria histórica como fonte artística.

É difícil estabelecer as causas de tal fenômeno. Possivelmente, a transnacionalização do capital, fenômeno genericamente conhecido como globalização, marca da economia das últimas décadas, também produziu uma hiperfragmentação da produção cultural, praticamente transformada em um objeto de consumo entre outros. A rapidez com que se produz e se divulga a informação, marca peculiar da sociedade global, também faz surgir um sujeito individualista em extremo, fechado em si mesmo, e em um mundo exclusivamente urbano, bastante alienado dos meios de produção. Sem identidade fixa, em um mundo de valores e signos em permanente movimento,

O ROMANCE HISTÓRICO BRASILEIRO CONTEMPORÂNEO (1975-2000)   233

esse indivíduo observa, com desespero, a constante mutação sofrida pelos signos, que acabam perdendo suas relações diretas com o referente. Com o predomínio do entretenimento sobre a reflexão, do efêmero e do individual sobre o monumental ou histórico, motivado pela heterogeneidade e pela multiplicidade conceptual e linguística, o indivíduo perde seus parâmetros. Nesse universo, o poder dos meios de comunicação e da propaganda consegue manter determinada maneira de pensar, determinado produto cultural ou determinada obra em evidência por algum tempo. Assim, se instala um círculo vicioso em que o mercado editorial, por exemplo, cria necessidades ao mesmo tempo em que se incrementa por meio delas.

Também é provável que o desejo de fuga de um cotidiano hostil, para a conquista de uma felicidade utópica perdida em *illo tempore*, faça que o leitor ou o espectador queira refugiar-se em um passado remoto ou mesmo próximo das conjunturas do presente. Nesse sentido, há quem defenda que o passado pode ser usado como exemplo a ser seguido ou evitado, concepção atrelada aos objetivos dos autores, do grupo a que pertencem ou às circunstâncias do próprio momento em que vivem.

É possível, ainda, que nenhuma dessas causas atue sozinha, sendo a realidade bastante mais complexa. De todos os modos, faltam pesquisas que apontem para uma resposta mais conclusiva para a questão que se coloca. Enquanto isso não ocorre, o leitor ou espectador, enfim, o consumidor desse tipo de produção artística variada, até mesmo com respeito à sua qualidade estética, continua se deleitando com as viagens às contingências históricas, bem como com as aventuras ou desventuras de seus antepassados.

REFERÊNCIAS BIBLIOGRÁFICAS

ADORNO, T. *Mínima moralia*. Reflexões a partir da vida danificada. Trad. Luiz L. Bicca. 2.ed. São Paulo: Ática, 1993.

AGUIAR, F. Um escritor na República das Bruzundangas: entrevista com João Antônio. *Movimento*, São Paulo, 14 jul. 1975, p. 26.

_____. *A palavra no purgatório*. Literatura e cultura nos anos 70. São Paulo: Boitempo, 1997.

_____. Evocação de João Antônio ou do purgatório ao inferno. *Remate de Males*, Campinas, n.19, p.105-20, 1999.

AINSA, F. El proceso de la nueva narrativa latinoamericana. De la historia y la parodia. *El Nacional*, Caracas, 17 dic. 1988, p.C7-8.

_____. La nueva novela histórica latinoamericana. *Plural*, México, n.240, p.82-5, 1991.

_____. Invención literária y "reconstrucción" literaria en la nueva narrativa latinoamericana. In: KOHUT, K. (Ed.) *La invención del pasado*. La novela histórica en el marco de la posmodernidad. Frankfurt: Vervuert Verlag, 1997.

ALONSO, A. *Ensayo sobre la novela histórica*. Madrid: Gredos, l984.

ANDERSON, P. O trajeto de uma forma literária. *Novos Estudos Cebrap*, São Paulo, n.77, p.202-20, mar. 2007.

ANTÔNIO, J. *Casa de loucos*. Rio de Janeiro: Civilização Brasileira, 1976a.

_____. Lima Barreto visto por João Antônio. *Jornal UNIBANCO*, São Paulo, n.5, p.11, dez. 1976b.

_____. *Calvário e porres do pingente Afonso Henriques de Lima Barreto*. Rio de Janeiro: Civilização Brasileira, 1977.

236 ANTÔNIO R. ESTEVES

_____. *Ô Copacabana!* Rio de Janeiro: Civilização Brasileira, 1978.

_____. Bento Teixeira, o primeiro. In: VILAR, G. *O primeiro brasileiro.* São Paulo: Marco Zero, 1995a.

_____. Conheçamos Lima Barreto, um descobridor do Brasil. In: BARRETO, A. H. L. *Crônicas escolhidas.* São Paulo: Ática; Folha de S. Paulo, 1995b.

ARIAS, M. H. de M. *O homem que enganou a província ou as peripécias de Qorpo-Santo:* uma leitura de *Cães da província,* de Luís Antônio de Assis Brasil. Assis, 2009. Tese (Doutorado) – Faculdade de Ciências e Letras, Universidade Estadual Paulista "Júlio de Mesquita Filho".

ASSIS BRASIL, L. A. de. et al. (Org.). *Pequeno dicionário da literatura do Rio Grande do Sul.* Porto Alegre: Novo Século, 1999.

_____. *Cães da província.* 8.ed. Porto Alegre: Mercado Aberto. 1999.

AZEVEDO, C. A. *Os herdeiros do medo.* Lisboa: Escritor, 1996.

AZEVEDO, M. A. A. de. *Obras completas II.* Rio de Janeiro: Zélio Valverde, 1943.

_____. *Lira dos vinte anos.* São Paulo: FTD, 1994.

AZEVEDO, V. *Cartas de Álvares de Azevedo.* São Paulo: Academia Paulista de Letras, 1976.

AZEVEDO, V. P. V. *Álvares de Azevedo.* São Paulo: Revista dos Tribunaes, 1931.

BAKHTIN, M. *A cultura popular na Idade Média e no Renascimento.* Trad. Yara Frateschi Vieira, São Paulo: Hucitec, 1987.

_____. *Questões de literatura e de estética* (A teoria do romance). Trad. Aurora F. Bernardini et al. 2.ed. São Paulo: Editora Unesp; Hucitec, 1990.

BALDERSTON, D. (Ed.). *The historical novel in Latin America:* a Symposium. Gaithersburg: Hispamérica, 1986.

BANDEIRA, M. Gonçalves Dias: esboço biográfico. In: _____. *Poesia e prosa.* Rio de Janeiro: José Aguilar, 1958. v.II.

BARBOSA, F. de A. *A vida de Lima Barreto.* Rio de Janeiro: José Olympio, 1952.

_____. *Lima Barreto.* Romance. Rio de Janeiro: Agir, 1960. (Col. Nossos Clássicos).

BARRETO, A. *A barca dos amantes.* 3.ed. Belo Horizonte: Lê, 1994.

BARRETO, A. H. L. *Recordações do escrivão Isaías Caminha.* São Paulo: O Livro de Bolso, 1943a.

_____. *Vida e morte de M. J. Gonzaga de Sá.* São Paulo: O Livro de Bolso, 1943b.

_____. *O triste fim de Policarpo Quaresma.* Rio de Janeiro: Mérito, 1948.

O ROMANCE HISTÓRICO BRASILEIRO CONTEMPORÂNEO (1975-2000) 237

_____. *Vida e morte de M. J. Gonzaga de Sá*. Rio de Janeiro: Mérito, 1949.

_____. *Histórias e sonhos*. São Paulo: Gráfica Editora Brasileira, 1951.

_____. *Bruzundangas*. Rio de Janeiro: Mérito, 1952.

_____. *Diário íntimo*. Rio de Janeiro: Mérito, 1953.

_____. *Clara dos Anjos*. São Paulo: Brasiliense, 1956.

_____. *O homem que sabia javanês*. São Paulo: Clube do Livro, 1965.

_____. *Crônicas escolhidas*. São Paulo: Ática; Folha de S. Paulo, 1995.

BARTHES, R. *O rumor da língua*. Trad. Mário Laranjeira, São Paulo: Brasiliense, 1988.

BASTOS, A. Ali e outrora, aqui e agora: romance histórico e romance político. In: LOBO, L. (Org.). *Fronteiras da literatura*. Discursos transculturais 2. Rio de Janeiro: Relume-Dumará, 1999.

_____. *Introdução ao romance histórico*. Rio de Janeiro: Eduerj, 2007.

BENJAMIN, W. O narrador. In: _____. *Obras escolhidas*: magia e técnica, arte e política. Ensaios sobre literatura e história da cultura. Trad. Sérgio P. Rouanet. 4.ed. São Paulo: Brasiliense, 1985.

BERNDT, Z.; UTÉZA, F. *O caminho do meio*: uma leitura da obra de João Ubaldo Ribeiro. Porto Alegre: Ed. Universidade, 2001.

BOSI, A. *O pré-modernismo*. São Paulo: Cultrix, 1966.

_____. *História concisa as literatura brasileira*. 2.ed. São Paulo: Cultrix, 1979.

BRASIL, A. *Bandeirantes*. Os comandos da morte. Rio de Janeiro: Imago, 1999.

BURKE, P. (Org.). *A escrita da história*: novas perspectivas. Trad. Magda Lopes. São Paulo: Editora Unesp, 1992.

_____. A invenção da história. *Folha de S. Paulo*. Mais!, 11 set. 1994, p.6-6.

CANDIDO, A. *Formação da literatura brasileira*: momentos decisivos. 4.ed. São Paulo: Martins, 1971.

CAMPOS, H. de. Uma leminskíada barrocodélica. *Folha de S.Paulo*. Caderno Letras. 2 set. 1989, p.G4.

CARPEAUX, O. M. Visão de Graciliano Ramos. In: RAMOS, G. *Angústia*. São Paulo: Martins, 1971.

_____. *História da literatura ocidental*. 3.ed. Rio de Janeiro: Alhambra, 1987. v.V.

_____. Canudos como romance histórico. In: _____. *Ensaios reunidos 1946-1971*. Rio de Janeiro: UniverCidade; Topbooks, 2005. v.II.

CASTELLO, J. Trevisan tira a identidade do exílio. *O Estado de S. Paulo*. Caderno 2, 25 jun. 1995, p.D12.

CASTELO BRANCO, L.; BRANDÃO, R. S. *A mulher escrita*. Rio de Janeiro: Casa Maria; LTC, 1989.

238 ANTÔNIO R. ESTEVES

CASTRO, R. *Bilac vê estrelas*. 2.ed. São Paulo: Cia. das Letras, 2004.

CASTRO, S. *Memorial do paraíso*. O romance do descobrimento do Brasil. Porto Alegre: L&PM, 1999.

CHIAMPI, I. *O realismo maravilhoso*. São Paulo: Perspectiva, 1980.

CONTI, M. S. Um brado retumbante. *Veja*, São Paulo, 19 dez. 1984, p.109-10.

CRAIG, N. B. *Estrada de ferro Madeira-Mamoré*. História trágica de uma expedição. Trad. Moacir N. Vasconcelos. São Paulo: Cia. Editora Nacional, 1947.

CUNHA, E. da. *Obra completa*. Org. Afrânio Coutinho. Rio de Janeiro: Aguilar, 1966. v.I

CUNHA, G. da. (Ed.). *La narrativa histórica de escritoras latinoamericanas*. Buenos Aires: Corregidor, 2004.

CUNHA, H. P. (Org.). *Desafiando o cânone*: aspectos da literatura de autoria feminina na prosa e na poesia. Rio de Janeiro: Tempo Brasileiro, 1999.

DE MARCO, V. *A perda das ilusões*. O romance histórico de José de Alencar. Campinas: Editora da Unicamp, 1993.

DUARTE, C. L. et al. *Gênero e representação*: teoria, história e crítica. Belo Horizonte: EDUFMG, 2002.

ELMORE, P. *La fábrica de la memoria*. La crisis de la representación en la novela histórica latinoamericana. Lima: FCE, 1997

ESTEVES, A. R. *A ocupação da Amazônia*. São Paulo: Brasiliense, 1993.

_____. *Lope de Aguirre*: da história para a literatura. São Paulo, 1995. Tese (Doutorado) – Faculdade de Filosofia, Ciências e Letras, Universidade de São Paulo.

_____. O novo romance histórico brasileiro: *Ana em Veneza*, de João Silvério Trevisan. In: BESSA, P. P. (Org.). *Riqueza cultural ibero-americana*. Belo Horizonte: Fapemig; Divinópolis; UEMG, 1996, p.109-111.

_____. Literatura e história: um diálogo produtivo. In: REIS, L. (Org.). *Fronteiras do literário*. Niterói: Eduff, 1997, p.65-73.

_____. O novo romance histórico brasileiro. In: ANTUNES, L. Z. (Org.). *Estudos de literatura e linguística*. Assis: Editora Unesp, 1998, p.123-58.

_____. Encontros em Veneza (Leitura comparada de *Concierto barroco*, de Alejo Carpentier, e *Ana em Veneza*, de João Silvério Trevisan). In: TROUCHE, A.; PARAQUETT, M. (Org.). *Formas & linguagens*: tecendo o hispanismo no Brasil. Rio de Janeiro: CCLS Pubblishing House, 2004, p.51-70.

_____. Das loucuras e desvaires no centro do inferno amazônico ou das fanfarronices na periferia do capitalismo (A ferrovia Madeira-Mamoré

O ROMANCE HISTÓRICO BRASILEIRO CONTEMPORÂNEO (1975-2000)   239

revisitada pelo romance histórico). In: OLIVEIRA, A. M. D. et al. (Org.) *Estudos comparados de literatura*. Assis, FCL-Unesp, 2005, p.27-46.

_____. O espelho e a máscara ou memórias de quando os ingleses atacaram o Brasil (Em torno a "H. M. S. Cormorant em Paranaguá" (1979), de Rubem Fonseca). In: CAIRO, L. R. et al. (Org.). *Nas malhas da narratividade*. Ensaios sobre literatura, história, teatro e cinema. Assis: FCL-Unesp, 2007a, p.85-92.

_____. La reconstrucción literaria de las aventuras amazónicas de Luis Gálvez en *Galvez, imperador do Acre* (1976), de Márcio Souza, y *La estrella solitaria* (2003), de Alfonso Domingo. In: MARISCAL, B.; MIAJA, M. T. (Ed.). *Actas del XV Congreso de la Asociación Internacional de Hispanistas – IV*. México: FCE; AIH; Tecnológico de Monterrey; El Colégio de México, 2007b, p.145-55.

_____. O romance histórico brasileiro no final do século XX: quatro leituras. *Letras de Hoje*, Porto Alegre, v.42, n.4, p.114-36, 2007c.

_____. Circulando pelas margens: João Antônio e o *Calvário e porres do pingente Afonso Henriques de Lima Barreto* (1977). In: OLIVEIRA, A. M. D. et al. (Org.). *Papéis de escritor*: leituras de João Antônio. Assis: FCL-Unesp, 2008a, p.61-70.

_____. Considerações sobre o romance histórico (No Brasil, no limiar do século XXI). *Revista de Literatura, História e Memória*, Cascavel, n.4, p.53-66, 2008b.

FERNÁNDEZ PRIETO, C. *Historia y novela*: poética de la novela histórica. Barañáin: Eunsa, 1998.

FERREIRA, A. C. História e literatura: fronteiras móveis e desafios disciplinares. *Pós-História*. Assis, n.4, p.23-44, 1996.

_____. *A epopeia bandeirante*: letrados, instituições, invenção histórica (1870-1940). São Paulo: Editora Unesp, 2002.

FERREIRA, B. *O romance da Madeira-Mamoré*. São Paulo: Clube do Livro, 1963.

FERREIRA, L. G. *Os rios turvos*. Rio de Janeiro: Rocco, 1993.

FERREIRA, M. R. *A ferrovia do diabo*: história de uma ferrovia na Amazônia. São Paulo: Melhoramentos; Sec. da Cultura, 1981.

FONSECA, R. *O cobrador*. Rio de Janeiro: Nova Fronteira, 1979.

FUENTES, C. *Valiente Mundo Nuevo*. México: FCE, 1992.

GÄRTNER, M. *Mulheres contando história de mulheres*: o romance histórico brasileiro contemporâneo de autoria feminina. Assis, 2006. Tese (Doutorado) – Faculdade de Ciências e Letras, Universidade Estadual Paulista "Júlio de Mesquita Filho".

GARCÍA GUAL, C. *Apología de la novela histórica*. Barcelona: Península, 2002.

GARCÍA PINTO, M. Entrevista con Abel Posse. *Revista Iberoamericana*, Pittsburg, n.(146-147), p.493-508, 1989.

GIACON, E. M. O. *Viva o povo brasileiro*: história e identidade. Assis, 2002. Dissertação (Mestrado) – Faculdade de Ciências e Letras, Universidade Estadual Paulista "Júlio de Mesquita Filho".

GOBBI, M. V. Z. Relações entre ficção e história: uma breve revisão teórica. *Itinerários: Revista de Literatura*, Araraquara, n.19, p.37-57, 2004.

GOMES, A. C. *Os rios inumeráveis*. Rio de Janeiro: Topbooks, 1997.

GONZÁLEZ, M. *O romance picaresco*. São Paulo: Ática, 1988.

_____. *A saga do anti-herói*. São Paulo: Nova Alexandria, 1994.

GONZÁLEZ ECHEVARRÍA, R. (Comp.). *Historia y ficción en la narrativa hispanoamericana* – Coloquio de Yale. Caracas: Monte Ávila, 1984.

HARDMAN, F. F. *Trem fantasma*. A modernidade na selva. São Paulo: Cia. das Letras, 1988.

HOBSBAWM, E. J. A volta da narrativa. In: _____. *Sobre história*. Trad. C. Moreira. São Paulo: Cia. das Letras, 1998.

HOLANDA, H. B. (Org.). *Tendências e impasses*: o feminismo como crítica da cultura. Rio de Janeiro: Rocco, 1994.

HUTCHEON, L. *Uma teoria da paródia*: ensinamento das formas de arte do século XX. Trad. Tereza L. Peres. Lisboa: Edições 70, 1985.

_____. *Poética do pós-modernismo*. Trad. Ricardo Cruz. Rio de Janeiro: Imago, 1991.

JAF, I. *Atrás do paraíso*. Rio de Janeiro: José Olympio, 1995.

_____. *O vampiro que descobriu o Brasil*. São Paulo: Ática, 1999.

JORNAL UNIBANCO. n.5, p.7-11, dez. 1976.

JAMESON, F. O romance histórico ainda é possível? Trad. Hugo Mader. *Novos Estudos Cebrap*, São Paulo, n.77, p.185-203, mar. de 2007.

LARIOS, M. A. Espejo de dos rostros. Modernidad y postmodernidad en el tratamiento de la historia. In: KOHUT, K. (Ed.). *La invención del pasado*. La novela histórica en el marco de la posmodernidad. Frankfurt: Vervuert Verlag, 1997.

LEENHARDT, J.; PESAVENTO, S. J. (Orgs.). *Discurso histórico & narrativa literária*. Campinas: Editora da Unicamp, 1998.

LEJEUNE, P. *O pacto autobiográfico*. De Rousseau à internet. Org. J. M. Gerheim Noronha. Trad. J. M. Gerheim Noronha e M. I. Coimbra Guedes. Belo Horizonte: Editora UFMG, 2008.

LEMINSKI, P. *Catatau*. 2.ed. Porto Alegre: Sulina, 1989.

O ROMANCE HISTÓRICO BRASILEIRO CONTEMPORÂNEO (1975-2000)   241

LEMINSKI, P. *Ensaios e anseios crípticos*. Curitiba: Polo Ed. do Paraná, 1997.

_____. Descartes com lentes. In: OLIVEIRA FILHO, J. C. *Paulo Leminski, autor e obra*: uma introdução. Londrina, 1998. Dissertação (Mestrado) – Faculdade de Letras, Universidade Estadual de Londrina.

LEONEL, M. C.; VOLOBUEF, K. Literatura e história. *Itinerários: Revista de Literatura*, Araraquara, n.22, 2004.

LIMA, L. C. Clio em questão: a narrativa na escrita da história. In: _____. *O aguarrás do tempo*. Rio Janeiro: Rocco, 1989, p.17-68.

LUKÁCS, G. *La novela histórica*. Trad. Jasmin Reuter. 3.ed. México: Era, 1977.

MACHADO, A. *Os fugitivos da esquadra de Cabral*. Rio de Janeiro: Nova Fronteira, 1999.

MALARD, L. Romance e história. *Revista Brasileira de Literatura Comparada*, n.3, p.143-50, 1996.

MARANHÃO, H. *Memorial do fim* (A morte de Machado de Assis). São Paulo: Marco Zero, 1991.

MARANHÃO, H. *Rosa Maria Egipcíaca da Vera Cruz*. Rio de Janeiro: Record; Rosa dos Ventos, 1997.

MARCARI, M. de F. A. O. *Memorial do fim*: a modernidade machadiana na pós-modernidade de Haroldo Maranhão. Assis, 2003. Dissertação (Mestrado) – Faculdade de Ciências e Letras, Universidade Estadual Paulista "Júlio de Mesquita Filho".

MÁRQUEZ RODRÍGUEZ, A. *Historia y ficción en la novela venezolana*. Caracas: Monte Ávila, 1991.

MARTÍNEZ, T. E. Ficção e história: apostas contra o futuro. *O Estado de S. Paulo*, 5 out. 1996, p.D10-11.

MARTINS, L. M. *O moderno teatro de Qorpo Santo*. Belo Horizonte: Editora da UFMG; Ouro Preto: Ufop, 1991.

MARTINS, S. *A dança da serpente*. 3.ed. Belo Horizonte: Lê, 1994.

MARTINS, W. *História da inteligência brasileira*. 2.ed. São Paulo: Cultrix, 1977, v.I (1550-1794).

_____. *História da inteligência brasileira*. 2.ed. São Paulo: Cultrix, 1978, v.II (1794-1855).

MATA INDURÁIN, C. Retrospectiva sobre la evolución de la novela histórica. In: SPANG, K. et al. (Org.). *La novela histórica*. Teoría y comentarios. Barañáin: Eunsa, 1995.

MEDINA, S. *Tratado da altura das estrelas*. Porto Alegre: EDIPUCRS; IEL, 1997.

242 ANTÔNIO R. ESTEVES

MELLO, C. J. de A. *Discurso social, história e política no romance histórico contemporâneo de língua portuguesa*: Leminski, Lobo Antunes e Pepetela. Assis, 2005. Tese (Doutorado) – Faculdade de Ciências e Letras, Universidade Estadual Paulista "Júlio de Mesquita Filho".

MELLO, C. J. de A. Diálogos entre ficção e história no Catatau. *Máthesis: Revista de Educação*, Jandaia do Sul, n.(1-2), p.79-92, jan. dez. 2002 [2004].

MENTON, S. *La nueva novela histórica de la América Latina, 1979-1992*. México: FCE, 1993.

MIGUEL-PEREIRA, L. *Prosa de ficção (de 1870 a 1920)*. 2.ed. Rio de Janeiro: José Olympio, 1957.

MILTON, H. C. *As histórias da história*: retratos literários de Cristóvão Colombo. São Paulo, 1992. Tese (Doutorado) – Faculdade de Filosofia, Letras e Ciências Humanas, Universidade de São Paulo.

_____. O romance histórico e a invenção dos signos da história. In: CUNHA, E. L.; SOUZA, E. M. de. (Orgs.). *Literatura comparada*: ensaios. Salvador: EDUFBA, 1996.

MIRANDA, A. *Boca do inferno*. São Paulo: Cia. das Letras, 1989.

_____. *A última quimera*. São Paulo: Cia. das Letras, 1995.

_____. *Desmundo*. São Paulo: Cia. das Letras, 1996.

_____. *Dias e dias*. São Paulo: Cia. das Letras, 2002.

MIRANDA, J. P. da V. *Álvares de Azevedo*. São Paulo: Revista dos Tribunaes, 1931.

MOISÉS, M. *História da literatura brasileira*. Romantismo, realismo. São Paulo: Cultrix; Edusp, 1984.

MOTT, L. *Rosa Egipcíaca*: uma santa africana no Brasil. Rio de Janeiro: Bertrand do Brasil, 1993.

NUNES, B. Narrativa histórica e narrativa ficcional. In: RIEDL, D. C. (Org.). *Narrativa: ficção e história*. Rio de Janeiro: Imago, 1988, p.9-35.

OLIVEIRA FILHO, J. C. *Paulo Leminski, autor e obra*: uma introdução. Londrina, 1998. Dissertação (Mestrado) – Faculdade de Letras, Universidade Estadual de Londrina.

ORICCHIO, L. Z. Trevisan discute a questão da identidade cultural. *O Estado de S. Paulo*, 5 fev. 1995, p.D12.

PERKOWSKA, M. *Histórias híbridas*. Madrid: Iberoamericana; Frakfurt: Vervuert, 2008.

PESAVENTO, S. J. et al. *Érico Veríssimo. O romance da história*. São Paulo: Nova Alexandria, 2001.

PESSOTTI, I. Vantagens do turismo temporal. *Folha de S.Paulo*. Mais!. 11 set. 1994, p.6-6.

O ROMANCE HISTÓRICO BRASILEIRO CONTEMPORÂNEO (1975-2000)   **243**

PITA, S. da R. *História da América portuguesa*. Belo Horizonte: Itatiaia; São Paulo: Edusp, 1976.

PONTES, E. Algumas palavras. In: BARRETO, A. F. L. *Recordações do escrivão Isaías Caminha*. São Paulo: O Livro de Bolso, 1943.

POSSE, A. La novela como nueva crónica de América. In: KOHUT, K. (Ed.) *De conquistadores y conquistados*. Frankfurt: Vervuert Verlag, 1992.

PRADO, A. A. Lima Barreto, personagem de João Antônio. *Remate de Males*, Campinas, n.19, p.147-67, 1999.

RAMA, A. La ciudad letrada. In: PIZARRO, A. (Org.). *América Latina*. Palavra, literatura e cultura. São Paulo: Memorial; Campinas: Editora da Unicamp, 1993. v.1.

RAMOS, R. Explicação final. In: RAMOS, G. *Memórias do cárcere*. 3.ed. Rio de Janeiro: José Olympio, 1954, p.215-17.

RIBEIRO, D. *O povo brasileiro*: a formação e o sentido do Brasil. 2.ed. São Paulo: Cia. das Letras, 2000.

RIBEIRO, J. U. *Viva o povo brasileiro*. Rio de Janeiro: Record, s. d. (Col. Mestres da Literatura Brasileira e Portuguesa).

RIBEIRO, J. A. P. *O romance histórico na literatura brasileira*. São Paulo: Secretaria da Cultura, Ciência e Tecnologia, 1976.

RIBEIRO, L. G. Um catatau. Felizmente. In: LEMINSKI, P. *Catatau*. 2.ed. Porto Alegre: Sulina, 1989.

RICOEUR, P. *Tempo e narrativa*. Trad. Constança M. César. Campinas: Papirus, 1994.

RIEDL, D. C. (Org.). *Narrativa: ficção e história*. Rio de Janeiro: Imago, 1988.

RISÉRIO, A. Catatau: cartesanato. In: LEMINSKI, P. *Catatau*. 2.ed. Porto Alegre: Sulina, 1989. p.217-24.

RODRÍGUEZ MONEGAL, E. La novela histórica: otra perspectiva. In: GONZÁLEZ ECHEVARRÍA, R. (Comp.). *Historia y ficción en la narrativa hispanoamericana* – Coloquio de Yale. Caracas: Monte Ávila, 1984.

SÁ, M. das G. M. de; ANASTÁCIO, V. (Coord.). *História romanceada ou ficção documentada*. Lisboa: Faculdade de Letras da Universidade de Lisboa, 2009.

SAAB, P. *1500, a grande viagem*. São Paulo: Global, 1991.

SÁENZ DE TEJADA, C. Brasil. In: CUNHA, G. da. (Ed.). *La narrativa histórica de escritoras latinoamericanas*. Buenos Aires: Corregidor, 2004, p.69-91.

SAN MARTÍN, E. *Terra à vista*. Histórias de náufragos da era dos descobrimentos. 2.ed. Porto Alegre: Artes & Ofícios, 1998.

244 ANTÔNIO R. ESTEVES

SANTIAGO, S. *Em liberdade*. Rio de Janeiro: Paz e Terra, 1981.

_____. *Nas malhas da letra*. São Paulo: Cia. das Letras, 1989.

_____. O entre-lugar do discurso latino-americano. In: _____. *Uma literatura nos trópicos*. Rio de Janeiro: Rocco, 2000.

SARDUY, S. El barroco y el neobarroco. In: FERNÁNDEZ MORENO, C. (Coord.). *América latina en su literatura*. México: Siglo XXI; Unesco, 1972.

SILVA, H. R. Entre memória e história em Paul Ricoeur. In: LOPES, M. A. (Org.). *Grandes nomes da história intelectual*. São Paulo: Contexto, 2003.

SINDER, V. A reinvenção do passado e a articulação de sentidos: o Novo Romance Histórico Brasileiro. *Estudos Históricos*, Rio de Janeiro, n.26, p.253-64, 2000.

SOUZA, G. S. de. *Tratado descritivo do Brasil em 1587*. 5.ed. São Paulo: Ed. Nacional; Brasília: INL, 1987. (Col. Brasiliana).

SOUZA, M. *Mad Maria*. São Paulo: Círculo do Livro, 1980.

_____. *Galvez, imperador do Acre*. 13.ed. Rio de Janeiro: Marco Zero, 1985.

_____. *A expressão amazonense*. São Paulo: Alfa-Ômega, 1987.

SOUZA, R. D. *La historia en la novela hispanoamericana moderna*. Bogotá: Tercer Mundo, 1988.

SPANG, K. et al. (Org.). *La novela histórica*. Teoría y comentarios. Barañáin: Eunsa, 1995.

STECA, L. C.; FLORES, M. D. *História do Paraná*. Londrina: Eduel, 2006.

STEENMEIJER, M. *Terra Nostra*: crítica utópica de la historia. *Foro Hispánico: La nueva novela hispanoamericana*, Amsterdam, n.1, p.21--33, 1991.

STRAUSS, D.; SENE, M. A. (Org.). *Julia Mann: uma vida entre duas culturas*. São Paulo: Estação Liberdade, 1997.

TORERO, J. R.; PIMENTA, M. A. *Terra papagalli*. São Paulo: Cia. das Letras, 1997.

TOCANTINS, L. *Formação histórica do Acre*. 3.ed., Rio de Janeiro: Civilização Brasileira; Brasília: INL/Conselho Federal de Cultura; Rio Branco: Governo do Estado do Acre, 1979, v.I.

TREVISAN, J. S. *Ana em Veneza*. São Paulo: Best Seller, 1994.

TROUCHE, A. L. G. *A relação entre a história e a ficção no processo literário hispano-americano*. Rio de Janeiro, 1997. Tese (Doutorado) – Faculdade de Letras, Universidade Federal do Rio de Janeiro.

_____. *América: história e ficção*. Niterói: Ed. UFF, 2006.

USLAR PIETRI, A. El mestizaje y el nuevo mundo. In: _____. *Cuarenta ensayos*. Caracas: Monte Ávila, 1990, p.345-57.

VARGAS LLOSA, M. *La verdad de las mentiras*. 2.ed. Lima: Peisa, 1996.

O ROMANCE HISTÓRICO BRASILEIRO CONTEMPORÂNEO (1975-2000) 245

VEYNE, P. *Como se escreve a história e Foucault revoluciona a história*. 4.ed. Trad. Alda Baltar e M. Auxiliadora Kneipp. Brasília: Ed. UnB, 1998.

VIANNA, I. B. *Masmorras da Inquisição*. Memórias de Antônio José da Silva, o Judeu. São Paulo: Sêfer, 1997.

VIECILI, M. C. História e ficção. *Máthesis: Revista de Educação*, Jandaia do Sul, n.1-2, p.9-42, jan. dez. 2002 [2004].

_____. *Travessias, festins, sinfonias*: o lugar da cultura brasileira em *Ana em Veneza*, de João Silvério Trevisan. Assis, 2003, Tese (Doutorado) – Faculdade de Ciências e Letras, Universidade Estadual Paulista "Júlio de Mesquita Filho".

VILAR, G. *O primeiro brasileiro*. São Paulo: Marco Zero, 1995.

VVAA. *Gêneros de fronteira*. Cruzamentos entre literatura e história. São Paulo: Xamã, 1997.

WEINHARDT, M. Considerações sobre o romance histórico. *Revista de Letras*, Curitiba, n.43, p.49-59, 1994.

_____. Quando a história literária vira ficção. In: ANTELO, R. et al. (Org.). *Declínio da arte, ascensão da cultura*. Florianópolis: Letras Contemporâneas; Abralic, 1998, p.103-9.

_____. Revisitação ficcional à cidadela literária. In: LIMA, R.; FERNANDES, R. C. (Orgs.). *O imaginário da cidade*. Brasília: Ed. UnB; São Paulo: Imprensa Oficial. 2000. p.67-87.

_____. *Mesmos crimes, outros discursos?* Algumas narrativas sobre o Contestado. Curitiba: Ed. UFPR, 2002.

_____. *Ficção histórica e regionalismo*. Curitiba: Ed. UFPR, 2004.

_____. O romance histórico na ficção brasileira recente. In: CORREA, R. H. M. A. (Org.). *Nem fruta, nem flor*. Londrina: Humanidades, 2006. p.131-72.

WHITE, H. *Meta história*: a imaginação histórica no século XIX. Trad. José L. de Melo. São Paulo: Edusp, 1990.

_____. A questão da narrativa na teoria contemporânea da história. *Revista de História*, Campinas, n.(2-3), p.47-89, 1991.

_____. *Trópicos do discurso*: ensaios sobre a crítica da cultura. Trad. Alípio C. de Franca Neto. São Paulo: Edusp, 1994.

ZANDANEL, M. A. *Los procesos de ficcionalización del discurso histórico en la leyenda de El Dorado*. Mendoza: Ed. FFL-UNCuyo, 2004.

ZILBERMAN, R. Romance histórico – História romanceada. *QVINTO IMPÉRIO. Revista de Cultura e Literaturas de Língua Portuguesa*, Salvador, n.9, p.11-27, 2º sem. 1997.

_____. O romance histórico – Teoria & prática. In: BORDINI, M. da G. (Org.). *Lukács e a literatura*. Porto Alegre: EDIPUCRS, 2003.

ANEXOS
ROMANCES HISTÓRICOS BRASILEIROS
(1949-2000)

Apresentamos em seguida uma relação de romances históricos brasileiros publicados entre 1949 e 2000. Como reiteramos ao longo deste trabalho, trata-se de uma grande variedade de livros, de diferentes autores, que abordam diversos temas ao longo de meio século. A presente relação tem sua origem na lista publicada por Seymour Menton (1993, p.12-27), que citou mais de trezentos romances históricos latino-americanos publicados entre 1949 e 1992, período a que se refere sua pesquisa. Desse total, 69 são brasileiros. Ao longo de nossa pesquisa, a lista de Menton foi ampliada de modo significativo, incluindo, assim, romances publicados no período por ele estudado que por algum motivo acabaram ficando fora de sua lista, além das obras publicadas de 1992 a 2000. Evidentemente que, dadas as dimensões do País e o período abrangido, esta lista não pretende ser definitiva.

A lista é apresentada inicialmente em ordem cronológica de publicação (Anexo 1). Em seguida, para facilitar sua consulta, a lista foi ordenada alfabeticamente por autor (Anexo 2) e por título (Anexo 3).

ANEXO 1
ROMANCES HISTÓRICOS BRASILEIROS
(1949-2000) POR ANO DE PUBLICAÇÃO

1949

– Dinah Silveira de Queiroz: *Margarida La Rocque*.
– Érico Veríssimo: *O continente*.
– Valentim Valente: *Anita Garibaldi*: heroína por amor.

1951

– Érico Veríssimo: *O retrato*.

1952

– Maria José Monteiro Dupré: *Seara de Caim*.

1953

– José Lins do Rego: *Cangaceiros*.

1954

– Jorge Carneiro: *A visão de quatro séculos*.
– Dinah Silveira de Queirós: *A muralha*.

1956

– Rolmes Barbosa: *Réquiem para os vivos*.

1957

– Agripa de Vasconcelos: *A vida em flor de dona Beija*.
– Hernani Donato: *Chão bruto*.
– Thomas Leonardos: *Dona Beija, a feiticeira do Araxá*.

1958

– João Felício dos Santos: *João Abade*.
– Tasso da Silveira: *Sombras no cais*.

1959

– Paulo Dantas: *O capitão jagunço*.

1960

– Dinah Silveira de Queirós: *A princesa dos escravos*.
– João Felício dos Santos: *Major Calabar*.

1961

– Almiro Caldeira: *Rocamaranha*.

1962

– João Felício dos Santos: *Ganga Zumba*.
– Pedro Motta Lima: *Fábrica de pedra*.

1963

– Noel Nascimento: *Casa verde*.

1964

– Boris Schnaiderman: *Guerra em surdina*.
– Guido Wilmar Sassi: *Geração do deserto*.
– Ibiapaba Martins: *Bocainas do vento sul*.
– João Felício dos Santos: *Cristo de lama*.
– Luís Marcondes Rocha: *Café e polenta*.
– Virgínia G. Tamanini: *Karina*.
– Wilson Lins: *As cabras do coronel*.

1965

– Dinah Silveira de Queirós: *Os invasores.*
– Maria Santos Teixeira: *O solar de dona Beija.*
– Paulo Jacob: *Andirá.*
– Pedro Leopoldo: *O drama de uma época.*
– Tânia Jamardo Faillace: *Adão e Eva.*
– Wilson Lins: *O reduto.*

1966

– Anajá Caetano: *Negra Efigênia. Paixão do senhor branco.*
– Agripa de Vasconcelos: *Gongo Sôco. Chica-que-manda. Chico Rei. São Chico. Gado preto e ouro verde.*
– Almiro Caldeira: *Ao encontro da manhã.*
– Dyonélio Machado: *Deuses econômicos.*
– João Alves Borges: *Os inconfidentes.*

1967

– Autran Dourado: *Ópera dos mortos.*
– Ibiapaba Martins: *Noites de relâmpagos.*
– Maria Alice Barroso: *Um nome para matar.*
– Octavio Mello Alvarenga: *Judeu Nuquin.*
– Wilson Lins: *O remanso da valentia.*

1968

– Gilvan Lemos: *Emissários do diabo.*
– João Felício dos Santos: *Bendito Torreão da sangueira desatada. Carlota Joaquina, a rainha devassa.*

1969

– Antônio Olinto: *A casa da água.*
– Hilda César Marcondes da Silva: *O cruzeiro dos Cataguazes.*
– Paulo Jacob: *Dos ditos passados nos acercados do Cassianã.*

1970

– Ariano Suassuna: *A pedra do reino.*

– Luís Carlos P.: *Recordações de um cosmógrafo de Cabeza de Vaca*.

1971

– David Carneiro: *Rastros de sangue*.
– Masslowa Gomes Venturi: *Trilha perdida*.

1972

– Hernani Donato: *O rio do tempo:* o romance do Aleijadinho.
– Josué Guimarães: *A ferro e fogo I* – Tempo de solidão.

1973

– Ledo Ivo: *Ninho de cobras*.

1974

– Autran Dourado: *Os sinos da agonia*.
– Dinah Silveira de Queirós: *Eu venho*: Memorial do Cristo.

1975

– Josué Guimarães: *A ferro e fogo II* – Tempo de guerra.
– Lausimar Laus: *O guarda-roupa alemão*.
– Paulo Jacob: *Vila Rica das Queimadas*.
– Paulo Lemisnki: *Catatau*.

1976

– Gilberto Martins: *Cidadela de Deus:* a saga de Canudos.
– João Felício dos Santos: *Xica da Silva*.
– Josué Montello: *Os tambores de São Luís*.
– Luís Antônio de Assis Brasil: *Um quarto de légua em quadrado*.
– Márcio Souza: *Galvez, imperador do Acre*.

1977

– Ariano Suassuna: *História D'O rei degolado nas caatingas do sertão*.
– João Antônio: *Calvário e porres do pingente Afonso Henriques de Lima Barreto*.

O ROMANCE HISTÓRICO BRASILEIRO CONTEMPORÂNEO (1975-2000)   253

- Luiz Guilherme dos Santos Neves: *Queimados*.
- Moacyr Scliar: *O ciclo das águas*.

1978

- Ana Elisa Gregori: *Barões de Candeias*.
- Alcy J. V. Cheuiche: *Sepé de Tiaraju:* o romance dos setes povos das missões.
- Fredericindo Marés de Souza: *Eles não acreditavam na morte. Romance dos tempos dos fanáticos do Contestado*.
- Luís Antônio de Assis Brasil: *A prole do corvo*.

1979

- Barbosa Lessa: *República das carretas* (1979?).
- Cyro Martins: *Sombras na correnteza*.
- Heloisa Maranhão: *Lucrecia*.
- João Felício dos Santos: *A guerrilheira:* romance da vida de Anita Garibaldi.
- Urda Alice Kluegler: *Verde vale*.

1980

- Antônio Olinto: *O rei do Keto*.
- Carlos de Oliveira Gomes: *A solidão segundo Solano López*.
- Dyonélio Machado: *Prodígios*.
- Eduardo Maffei: *Vidas sem norte:* romance do tenentismo.
- Francisco Marins: *A aldeia sagrada*.
- Hernani Donato: *O caçador de esmeraldas*.
- Márcio Souza: *Mad Maria*.

1981

- Roberto Bittencourt Martins: *Ibiamoré:* o trem fantasma.
- Cláudio Aguiar: *Caldeirão* – A guerra dos beatos.
- Dyonélio Machado: *Sol subterrâneo*.
- Luís Antônio Assis Brasil: *Bacia das almas*.
- Silviano Santiago: *Em liberdade*.
- Valêncio Xavier: *O mez da grippe*.

1982

– Haroldo Maranhão: *O tetraneto del-Rei* (1982).
– Heloisa Maranhão: *Florinda*.
– Josué Montello: *Aleluia*.
– Júlio José Chiavenatto: *Coronéis e carcamanos* .
– Luiz Guilherme dos Santos Neves: *A nau decapitada*.
– Paulo Dantas: *Joana imaginária*.
– Renato Castelo Branco: *Rio da liberdade*.
– Urda Alice Kluegler: *As brumas dançam sobre o espelho do rio*.

1983

– Lausimar Laus: *Ofélia dos navios*.
– Luís Antônio Assis Brasil: *Manhã transfigurada*.
– Renato Castelo Branco: *A conquista dos sertões de dentro. Senhores e escravos: a balada*.
– Sinval Medina: *Memorial de Santa Cruz*.

1984

– Almiro Caldeira: *Arca açoriana*.
– Autran Dourado: *A serviço del-Rei. Lucas Procópio*.
– Cyro Martins: *Gaúchos no obelisco*.
– Herberto Salles: *Os pareceres do tempo*.
– Ivan Bichara: *Carcará*.
– João Ubaldo Ribeiro: *Viva o povo brasileiro*.
– Jorge Amado: *Tocaia grande*.
– Nélida Piñón: *A república dos sonhos*.
– Rui Nedel: *Essa terra teve dono*.
– Urda Alice Kluegler: *No tempo das tangerinas*.

1985

– Adão Voloch: *O colono judeu açu*.
– Alcy J. V. Cheuiche: *A guerra dos farrapos*.
– Chermont de Brito: *Villegaignon, o rei do Brasil*.
– Gastão de Holanda: *A breve jornada de D. Cristóbal*.

O ROMANCE HISTÓRICO BRASILEIRO CONTEMPORÂNEO (1975-2000)   **255**

– Heloisa Maranhão: *Dona Leonor Telles.*
– Luís Antônio de Assis Brasil: *As virtudes da casa.*
– José Clemente Pozenato: *O quatrilho* (1985?).
– Renato Castelo Branco: *O planalto:* romance de São Paulo.
– Tabajara Ruas: *Os varões assinalados:* o romance da Guerra dos Farrapos.
– Zulmira Ribeiro Tavares: *Em nome do bispo.*

1986

– Alcy J. V. Cheuiche: *O mestiço de São Borja* (1986?).
– Almiro Caldeira: *A esperança, talvez.*
– Carlos de Oliveira Gomes: *Caminho de Santiago.*
– Deonízio da Silva: *A cidade dos padres.*
– Heloisa Maranhão: *A rainha de Navarra.*
– Jesuíno Ramos: *A guerra dos seringueiros.*
– Josué Guimarães: *Amor de perdição.*
– Laury Maciel: *Noites no sobrado.*
– Luiz Guilherme dos Santos Neves: *As chamas na missa.*
– Márcio Souza: *O brasileiro voador.*
– Rui Nedel: *Te arranca, alemão batata.*

1987

– Antônio Olinto: *O trono de vidro.*
– Bernardo Élis: *Chegou o governador.*
– Eloy Laçava: *Vinho amargo.*
– Emil Farhat: *Dinheiro na estrada:* uma saga de imigrantes.
– Luís Antônio de Assis Brasil: *Cães da província.*
– Maria José de Queirós: *Joaquina, a filha de Tiradentes.*
– Paulo Jacob: *O gaiola tirante rumo ao rio da borracha.*

1988

– Almiro Caldeira: *Uma cantiga para Jurerê.*
– Edson Canário: *Cativos da terra.*
– Geraldo França de Lima: *Naquele Natal.*
– Júlio José Chiavenato: *A expedição Axuí.*

1989

- Ana Miranda: *Boca do inferno*.
- José J. Veiga: *A casca da serpente*.
- Milton Hatoum: *Relato de um certo Oriente*.
- Renato Modernell: *Sonata da última cidade*.

1990

- Antônio Barreto: *A barca dos amantes*.
- Ary Quintella: *Amor que faz o mundo girar*.
- Assis Brasil: *Nassau:* sangue e amor nos trópicos.
- Autran Dourado: *Monte da alegria*.
- Haroldo Maranhão: *Cabelos no coração*.
- Luís Antônio de Assis Brasil: *Videiras de cristal*.
- Maria C. Cavalcanti de Albuquerque: *Magnificat*: memórias diacrônicas de dona Isabel Cavalcanti.
- Paulo Amador: *Rei branco, rainha negra*.
- Rubem Fonseca: *Agosto*.
- Sebastião Martins: *A dança da serpente*.
- Tabajara Ruas: *Perseguição e cerco a Juvêncio Gutiérrez*.
- Zulmira Ribeiro Tavares: *Joias de família*.

1991

- Adson da Silva Costa: *Mocororô:* romance do garimpo.
- Ana Miranda: *O retrato do rei*.
- Assis Brasil: *Villegaignon, paixão e guerra na Guanabara*.
- Carlos Diegues e Everardo Rocha: *Palmares*.
- Duílio Gomes: *Fogo verde*.
- Francisco Dantas: *Coivara da memória*.
- Haroldo Maranhão: *Memorial do fim* (A morte de Machado de Assis).
- Izaias Almada: *O medo por trás das janelas*.
- Joel Rufino dos Santos: *Crônica de indomáveis delírios*.
- Luiz Carlos Lessa: *Arariboia. O cobra da tempestade*.
- Margarida de Aguiar Patriota: *Mafalda Amazona*: novela a-histórica.

O ROMANCE HISTÓRICO BRASILEIRO CONTEMPORÂNEO (1975-2000) **257**

– Nélson de Araújo: *1591. A Santa Inquisição na Bahia e outras estórias* .
– Paschoal Motta: *Eu, Tiradentes* (1991?).
– Paulo Saab: *1500: a grande viagem.*
– Rui Mourão: *Boca de chafariz* (1991?).
– Sérgio Augusto de Andrade: *Pinto calçudo ou Os últimos dias de Serafim Ponte Grande.*
– Vera Telles: *Josefa Furquim* (1991?).

1992

– Almiro Caldeira: *Em busca da Terra Firme.*
– Ângelo D'Ávila: *Dona Beija nua e crua.*
– Antônio Hohlfeldt: *O exílio na terra dos muitos.*
– Autran Dourado: *Um cavalheiro de antigamente.*
– Deonísio da Silva: *Avante soldados para trás. Teresa.*
– Ivanir Callado: *Amélia, a imperatriz do fim do mundo.*
– Luís Antônio de Assis Brasil: *Perversas famílias.*
– Luiz Cláudio de Castro: *Gogó-de-sola:* um romance na Amazônia (1992?)
– Luzilá Gonçalves Ferreira: *Os rios turvos.*
– Moacyr Scliar: *Sonhos tropicais.*
– Rachel de Queiroz: *Memorial de Maria Moura.*
– Urda Alice Kluegler: *Cruzeiro do sul.*

1993

– Assis Brasil: *Tiradentes, o poder oculto o livrou da forca.*
– Edilberto Coutinho: *Piguara, o senhor do caminho.*
– Esther Largman: *As jovens polacas.*
– Francisco Dantas: *Os desvalidos.*
– Isaías Pessotti: *Aqueles cães malditos de Arquelau.*
– José Endoença Martins: *Enquanto isso em Dom Casmurro.*
– Júlio José Chiavenatto: *As meninas de Belo Monte.*
– Luís Antônio de Assis Brasil: *Pedra da memória.*
– Pedro Correia Cabral: *Xambioá* – Guerrilha no Araguaia.

- Rachel de Queiroz: *O memorial de Maria Moura*.
- Raimundo C. Caruso: *Noturno, 1894*.

1994

- Assis Brasil: *Jovita, a Joana D'Arc brasileira*.
- Cristina Agostinho: *Luz del fuego, a bailarina do povo*.
- Donaldo Schüler: *Império caboclo*.
- João Silvério Trevisan: *Ana em Veneza*.
- José Roberto Torero: *Galantes memórias e admiráveis aventuras do virtuoso Conselheiro Gomes, o Chalaça*.
- Júlio José Chiavenatto: *Curumim cabano* (1994?).
- Luís Antônio de Assis Brasil: *Os senhores do século*.
- Rubem Fonseca: *O selvagem da ópera*.
- Vergílio Moretzsohn: *Treliças:* balas e gozos na corte de Nassau.

1995

- Ana Miranda: *A última quimera*.
- Ângela Abreu: *Mil anos menos cinquenta*.
- Assis Brasil: *Paraguaçu e Caramuru:* origens obscuras da Bahia.
- Carlos Heitor Cony: *Quase memória*.
- Carlos Nascimento Silva: *A casa da palma*.
- Gilberto Vilar: *O primeiro brasileiro*.
- Ivan Bichara: *Joana dos Santos*.
- Ivan Jaf: *Atrás do paraíso*.
- Luis Carlos Santana: *A noite dos cristais*.
- Luzilá Gonçalves Ferreira: *A garça mal ferida:* a história de Anna Paes D'Altro no Brasil holandês.
- Jô Soares: *O xangô de Baker Street*.
- Roberto de Mello e Souza: *O pão de cará*.
- Rodrigo Lacerda: *O mistério de Leão Rampante*.
- Silviano Santiago: *Viagem ao México*.
- Tabajara Ruas: *Netto perde a sua alma*.
- Tânia Jamardo Fallace: *Adão e Eva*.
- Tarcísio José Martins: *Quilombo do Campo Grande*.
- Zulmira Ribeiro Tavares: *Café pequeno*.

1996

- Almiro Caldeira: *Taberna do Brigue*.
- Ana Miranda: *Clarice. Desmundo*.
- Isaías Pessotti: *O manuscrito de Mediavilla*.
- Carlos A. Azevedo: *Os herdeiros do medo*.
- Décio Orlandi: *O santo*.
- Domingos Pellegrini: *Questão de honra*. Romance intertextual com A retirada da Laguna do Visconde de Taunay.
- Esther Largman: *Jan e Nassau:* Trajetória de um índio cariri na corte holandesa.
- Fausto Wolff: *A mão esquerda*.
- Flávio Moreira da Costa: *O equilibrista do arame farpado*.
- Gofredo de Oliveira Neto: *O bruxo do Contestado*.
- Hermes Leal: *Coronel Fawcett:* A verdadeira história do Indiana Jones.
- Lustosa da Costa: *Vida, paixão e morte de Evelino Soares*.
- Paulo Coelho: *O monte quinto*.

1997

- Alexandre Raposo: *O inca:* a saga da América pré-colombiana.
- Almiro Caldeira: *Arrastão*.
- Álvaro Cardoso Gomes: *Os rios inumeráveis*.
- Ana Miranda: *Amrik*.
- Ângela Abreu: *Santa Sofia*.
- Antônio Olinto: *Alcácer-Kibir*.
- Deonísio da Silva: *Teresa*.
- Edson Canário: *Os mal-aventurados do Belo Monte:* a tragédia de Canudos.
- Francisco Dantas: *Cartilha do silêncio*.
- Georges Bourdoukan: *A incrível e fascinante história do Capitão Mouro*.
- Geraldo França de Lima: *Sob a curva do sol*.
- Helena Moura: *O ouro da liberdade:* história de Chico Rei.
- Heloisa Maranhão: *Rosa Maria Egipcíaca da Vera Cruz*.
- Isaías Pessotti: *A lua de verdade*.

- Isolina Brasolin Vianna: *Masmorras da inquisição*: memórias de Antônio José da Silva, O Judeu.
- João Ubaldo Ribeiro: *O feitiço da ilha do pavão.*
- Joaquim Carvalho da Silva: *Terra roxa de sangue*: a guerra de Porecatu.
- José Roberto Torero e Marcus Aurelius Pimenta: *Terra Papagalli.*
- Luís Antônio de Assis Brasil: *Concerto campestre. Breviário das terras do Brasil.*
- Luzilá Gonçalves Ferreira: *No tempo frágil das horas* (1997?).
- Márcio Souza: *Lealdade.*
- Moacyr Scliar: *A majestade do Xingu.*
- Sinval Medina: *Tratado da altura das estrelas.*
- Tabajara Ruas e Elmar Bones: *A cabeça de Gumercindo Saraiva.*
- Vera de Vives: *Descobertas e extravios:* história de Maria I e Mão de Luva.

1998

- A. Sanford de Vasconcelos: *O dragão do Contestado.*
- Alcy J. V. Cheuiche: *Nos céus de Paris.*
- Aydano Roriz: *Os diamantes não são eternos.*
- Carlos Marchi: *Fera de Macabu:* a história e o romance de um condenado à morte.
- Carmen L. Oliveira: *Trilhos e quintais.*
- Helena Whately: *Os seios de Eva.*
- Jô Soares: *O homem que matou Getúlio Vargas.*
- Judith Grossman: *Nascida no Brasil.*
- Luís Antônio Giron: *Ensaio de ponto.*
- Luiz Renato de Souza Pinto: *Matrinchã do Telles Pires.*
- Modesto Carone: *Resumo de Ana.*
- Paulo Saab: *Moura louca.*
- Telmo Flores: *Glória até o fim:* espionagem militar na Guerra do Contestado.

1999

- Adelino Brandão: *Os invasores.*
- Adelto Gonçalves: *Barcelona brasileira.*

O ROMANCE HISTÓRICO BRASILEIRO CONTEMPORÂNEO (1975-2000) **261**

– Adriana Lisboa: *Os fios da memória.*
– Alberto Mussa: *O trono da rainha Jinga.*
– Ângelo Machado: *Os fugitivos da esquadra de Cabral.*
– Antônio Santos: *A lenda do centauro.*
– Assis Brasil: *Bandeirantes, os comandos da morte.*
– Carlos Heitor Cony: *Romance sem palavras.*
– Christina Baumgarten: *O espírito de uma época.*
– Esther Largman: *Tio Kuba nos trópicos.*
– Flávio Aguiar: *Anita.*
– Georges Bourdoukan: *O peregrino.*
– Ivan Jaf: *O vampiro que descobriu o Brasil.*
– Leilah de Abreu: *Frei Luiz:* o lyrio do valle.
– Luiz Guilherme dos Santos Neves: *O templo e a forca.*
– Maria José de Queirós: *Vlasdav Ostrov:* príncipe do Juruena.
– Sílvio Castro: *Memorial do Paraíso* – O romance do descobrimento do Brasil.

2000

– A. Sanford de Vasconcelos: *Chica Pelada:* a guerra do Taquarussu.
– Alberto R. Mosa: *O último diamante de Segóvia.*
– Almiro Caldeira: *O vento que veio do sul.*
– Bernardo de Carvalho: *Medo de Sade.*
– José Clemente Pozenato: *A cocanha.*
– Leandro Konder: *A morte de Rimbaud.*
– Luís Fernando Veríssimo: *Borges e os orangotangos eternos.*
– Milton Hatoum: *Dois irmãos.*
– Moacir C. Lopes: *O almirante negro:* Revolta da Chibata, a vingança.
– Moacyr Scliar: *Os leopardos de Kafka.*
– Rubem Fonseca: *O doente Molière.*
– Ruy Castro: *Bilac vê estrelas.*
– Sônia Sant'Anna: *Inconfidências mineiras:* a vida privada da Inconfidência.

ANEXO 2
ROMANCES HISTÓRICOS BRASILEIROS
(1949-2000) POR AUTOR

– ABREU, Ângela: *Mil anos menos cinquenta* (1995).
– ABREU, Ângela: *Santa Sofia* (1997).
– ABREU, Leilah de: *Frei Luiz: o lyrio do Valle* (1999).
– AGOSTINHO, Cristina: *Luz del fuego, a bailarina do povo* (1994).
– AGUIAR, Cláudio: *Caldeirão – A guerra dos beatos* (1981).
– AGUIAR, Flávio: *Anita* (1999).
– ALBUQUERQUE, Maria C. Cavalcanti de: *Magnificat*: memórias diacrônicas de dona Isabel Cavalcanti (1990).
– ALMADA, Izaias: *O medo por trás das janelas* (1991).
– ALVARENGA, Octavio Mello: *Judeu Nuquin* (1967).
– AMADO, Jorge: *Tocaia grande* (1984).
– AMADOR, Paulo: *Rei branco, rainha negra* (1990).
– ANDRADE, Sérgio Augusto de: *Pinto calçudo ou Os últimos dias de Serafim Ponte Grande* (1991).
– ANTÔNIO, João: *Calvário e porres do pingente Afonso Henriques de Lima Barreto* (1977).
– ARAÚJO, Nélson de: *1591. A Santa Inquisição na Bahia e outras estórias* (1991).
– ASSIS BRASIL, Luís Antônio de: *A prole do corvo* (1978).
– ASSIS BRASIL, Luís Antônio de: *As virtudes da casa* (1985).

– ASSIS BRASIL, Luís Antônio de: *Bacia das almas* (1981).
– ASSIS BRASIL, Luís Antônio de: *Breviário das terras do Brasil* (1997).
– ASSIS BRASIL, Luís Antônio de: *Cães da província* (1987).
– ASSIS BRASIL, Luís Antônio de: *Concerto campestre* (1997).
– ASSIS BRASIL, Luís Antôniode: *Manhã transfigurada* (1983).
– ASSIS BRASIL, Luís Antônio de: *Os senhores do século* (1994).
– ASSIS BRASIL, Luís Antônio de: *Pedra da memória* (1993).
– ASSIS BRASIL, Luís Antônio de: *Perversas famílias* (1992).
– ASSIS BRASIL, Luís Antônio de: *Um quarto de légua em quadrado* (1976).
– ASSIS BRASIL, Luís Antônio de: *Videiras de cristal* (1990).
– AZEVEDO, Carlos A.: *Os herdeiros do medo* (1996).
– BARBOSA, Rolmes: *Réquiem para os vivos* (1956).
– BARRETO, Antônio: *A barca dos amantes* (1990).
– BARROSO, Maria Alice: *Um nome para matar* (1967).
– BAUMGARTEN, Christina: *O espírito de uma época* (1999).
– BICHARA, Ivan: *Carcará* (1984).
– BICHARA, Ivan: *Joana dos Santos* (1995).
– BORGES, João Alves: *Os inconfidentes* (1966).
– BOURDOUKAN, Georges: *A incrível e fascinante história do Capitão Mouro* (1997).
– BOURDOUKAN, Georges: *O peregrino* (1999).
– BRANDÃO, Adelino: *Os invasores* (1999).
– BRASIL, Assis l: *Jovita, a Joana D'Arc brasileira* (1994).
– BRASIL, Assis l: *Paraguaçu e Caramuru:* origens obscuras da Bahia (1995).
– BRASIL, Assis: *Bandeirantes, os comandos da morte* (1999).
– BRASIL, Assis: *Nassau:* sangue e amor nos trópicos (1990).
– BRASIL, Assis: *Tiradentes, o poder oculto o livrou da forca* (1993).
– BRASIL, Assis: *Villegaignon, paixão e guerra na Guanabara* (1991).
– BRITO, Chermont de: *Villegaignon, o rei do Brasil* (1985).
– CABRAL, Pedro Correia: *Xambioá:* Guerrilha no Araguaia (1993).

O ROMANCE HISTÓRICO BRASILEIRO CONTEMPORÂNEO (1975-2000) **265**

- CAETANO, Anajá: *Negra Efigênia*. Paixão do Senhor branco (1966).
- CALDEIRA, Almiro: *A esperança, talvez* (1986).
- CALDEIRA, Almiro: *Ao encontro da manhã* (1966).
- CALDEIRA, Almiro: *Arca açoriana* (1984).
- CALDEIRA, Almiro: *Arrastão* (1997).
- CALDEIRA, Almiro: *Em busca da Terra Firme* (1992)
- CALDEIRA, Almiro: *O vento que veio do sul* (2000).
- CALDEIRA, Almiro: *Rocamaranha* (1961).
- CALDEIRA, Almiro: *Taberna do Brigue* (1996).
- CALDEIRA, Almiro: *Uma cantiga para Jurerê* (1988).
- CALLADO, Ivanir: *Amélia, a imperatriz do fim do mundo* (1992).
- CANÁRIO, Edson: *Cativos da terra* (1988).
- CANÁRIO, Edson: *Os mal-aventurados do Belo Monte:* a tragédia de Canudos (1997).
- CARNEIRO, David: *Rastros de sangue* (1971).
- CARNEIRO, Jorge: *A visão de quatro séculos* (1954).
- CARONE, Modesto: *Resumo de Ana* (1998).
- CARUSO, Raimundo C.: *Noturno, 1894* (1993).
- CARVALHO, Bernardo de: *Medo de Sade* (2000).
- CASTELO BRANCO, Renato: *A conquista dos sertões de dentro* (1983). *Senhores e escravos: a balada* (1983).
- CASTELO BRANCO, Renato: *O planalto: romance de São Paulo* (1985).
- CASTELO BRANCO, Renato: *Rio da liberdade* (1982).
- CASTELO BRANCO, Renato: *Senhores e escravos: a balada* (1983).
- CASTRO, Luiz Cláudio de: *Gogó-de-sola:* um romance na Amazônia (1992?)
- CASTRO, Ruy: *Bilac vê estrelas* (2000).
- CASTRO, Sílvio: *Memorial do Paraíso* – O romance do descobrimento do Brasil (1999).
- CHEUICHE, Alcy J. V.: *Nos céus de Paris* (1998).
- CHEUICHE, Alcy J. V.: *O mestiço de São Borja* (1986?).

- CHEUICHE, Alcy J. V.: *Sepé de Tiaraju: o romance dos setes povos das missões* (1978).
- CHEUICHE, Alcy J. V.: *A guerra dos farrapos* (1985).
- CHIAVENATTO, Júlio José: *A expedição Axuí* (1988).
- CHIAVENATTO, Júlio José: *As meninas de Belo Monte* (1993).
- CHIAVENATTO, Júlio José: *Coronéis e carcamanos* (1982).
- CHIAVENATTO, Júlio José: *Curumim cabano* (1994?).
- COELHO, Paulo: *O monte quinto* (1996).
- CONY, Carlos Heitor: *Quase memória* (1995).
- CONY, Carlos Heitor: *Romance sem palavras* (1999).
- COSTA, Adson da Silva: *Mocororô*: romance do garimpo (1991).
- COSTA, Flávio Moreira da: *O equilibrista do arame farpado* (1996).
- COSTA, Lustosa da: *Vida, paixão e morte de Evelino Soares* (1996).
- COUTINHO, Edilberto: *Piguara, o senhor do caminho* (1993).
- D'ÁVILA, Ângelo: *Dona Beija nua e crua* (1992).
- DANTAS, Francisco: *Cartilha do silêncio* (1997).
- DANTAS, Francisco: *Coivara da memória* (1991).
- DANTAS, Francisco: *Os desvalidos* (1993).
- DANTAS, Paulo: *Joana imaginária* (1982).
- DANTAS, Paulo: *O capitão jagunço* (1959).
- DIEGUES, Carlos e ROCHA, Everardo: *Palmares* (1991).
- DONATO, Hernani: *Chão bruto* (1957).
- DONATO, Hernani: *O caçador de esmeraldas* (1980).
- DONATO, Hernani: *O rio do tempo: o romance do Aleijadinho* (1972).
- DOURADO, Autran: *A serviço del-Rei. Lucas Procópio* (1984).
- DOURADO, Autran: *Monte da Alegria* (1990).
- DOURADO, Autran: *Ópera dos mortos* (1967).
- DOURADO, Autran: *Os sinos da agonia* (1974).
- DOURADO, Autran: *Um cavalheiro de antigamente* (1992).
- DUPRÉ, Maria José Monteiro: *Seara de Caim* (1952).

O ROMANCE HISTÓRICO BRASILEIRO CONTEMPORÂNEO (1975-2000)

- ÉLIS, Bernardo: *Chegou o governador* (1987.
- FAILLACE, Tânia Jamardo: *Adão e Eva* (1965).
- FARHAT, Emil: *Dinheiro na estrada:* uma saga de imigrantes (1987).
- FERREIRA, Luzilá Gonçalves: *A garça mal ferida:* a história de Anna Paes D'Altro no Brasil holandês (1995).
- FERREIRA, Luzilá Gonçalves: *No tempo frágil das horas* (1997?).
- FERREIRA, Luzilá Gonçalves: *Os rios turvos* (1992).
- FLORES, Telmo: *Glória até o fim:* espionagem militar na Guerra do Contestado (1998).
- FONSECA, Rubem: *Agosto* (1990).
- FONSECA, Rubem: *O doente Molière* (2000).
- FONSECA, Rubem: *O selvagem da ópera* (1994).
- GIRON, Luís Antônio: *Ensaio de ponto* (1998).
- GOMES, Álvaro Cardoso: *Os rios inumeráveis* (1997).
- GOMES, Carlos de Oliveira: *A solidão segundo Solano López* (1980).
- GOMES, Carlos de Oliveira: *Caminho de Santiago* (1986).
- GOMES, Duílio: *Fogo verde* (1991).
- GONÇALVES, Adelto: *Barcelona brasileira* (1999).
- GREGORI, Ana Elisa: *Barões de Candeias* (1978).
- GROSSMAN, Judith: *Nascida no Brasil* (1998).
- GUIMARÃES, Josué: *A ferro e fogo I – Tempo de solidão* (1972).
- GUIMARÃES, Josué: *A ferro e fogo II – Tempo de Guerra* (1975).
- GUIMARÃES, Josué: *Amor de perdição* (1986).
- HATOUM, Milton: *Dois irmãos* (2000).
- HATOUM, Milton: *Relato de um certo Oriente* (1989).
- HOHLFELDT, Antônio: *O exílio na terra dos muitos* (1992).
- HOLANDA, Gastão de: *A breve jornada de D. Cristóbal* (1985).
- IVO, Ledo: *Ninho de cobras* (1973).
- JACOB, Paulo: *Andirá* (1965).
- JACOB, Paulo: *Dos ditos passados nos acercados do Cassianã* (1969).

– JACOB, Paulo: *O gaiola tirante rumo ao rio da borracha* (1987).
– JACOB, Paulo: *Vila Rica das Queimadas* (1975).
– JAF, Ivan: *Atrás do paraíso* (1995).
– JAF, Ivan: *O vampiro que descobriu o Brasil* (1999).
– KLUEGLER, Urda Alice: *As brumas dançam sobre o espelho do rio* (1982).
– KLUEGLER, Urda Alice: *Cruzeiro do sul* (1992).
– KLUEGLER, Urda Alice: *No tempo das tangerinas* (1984).
– KLUEGLER, Urda Alice: *Verde vale* (1979).
– KONDER, Leandro: *A morte de Rimbaud* (2000).
– LAÇAVA, Eloy: *Vinho amargo* (1987).
– LACERDA, Rodrigo: *O mistério de Leão Rampante* (1995).
– LARGMAN, Esther: *As jovens polacas* (1993).
– LARGMAN, Esther: *Jan e Nassau:* trajetória de um índio cariri na corte holandesa (1996).
– LARGMAN, Esther: *Tio Kuba nos trópicos* (1999).
– LAUS, Lausimar: *O guarda-roupa alemão* (1975).
– LAUS, Lausimar: *Ofélia dos navios* (1983).
– LEAL, Hermes: *Coronel Fawcett:* a verdadeira história do Indiana Jones (1996).
– LEMISNKI, Paulo: *Catatau* (1975).
– LEMOS, Gilvan: *Emissários do diabo* (1968).
– LEONARDOS, Thomas: *Dona Beija, a feiticeira do Araxá* (1957).
– LEOPOLDO, Pedro: *O drama de uma época* (1965).
– LESSA, Barbosa: *República das carretas* (1979?).
– LESSA, Luiz Carlos: *Arariboia. O cobra da tempestade* (1991).
– LIMA, Geraldo França de: *Naquele Natal* (1988).
– LIMA, Geraldo França de: *Sob a curva do sol* (1997).
– LIMA, Pedro Motta: *Fábrica de pedra* (1962).
– LINS, Wilson: *As cabras do coronel* (1964).
– LINS, Wilson: *O reduto* (1965).
– LINS, Wilson: *O remanso da valentia* (1967).
– LISBOA, Adriana: *Os fios da memória* (1999).
– LOPES, Moacir C.: *O almirante negro:* Revolta da Chibata, a vingança (2000).

O ROMANCE HISTÓRICO BRASILEIRO CONTEMPORÂNEO (1975-2000) **269**

- MACHADO, Ângelo: *Os fugitivos da esquadra de Cabral* (1999).
- MACHADO, Dyonélio: *Deuses econômicos* (1966).
- MACHADO, Dyonélio: *Prodígios* (1980).
- MACHADO, Dyonélio: *Sol subterrâneo* (1981).
- MACIEL, Laury: *Noites no sobrado* (1986).
- MAFFEI, Eduardo: *Vidas sem norte:* romance do tenentismo (1980).
- MARANHÃO, Haroldo: *Cabelos no coração* (1990).
- MARANHÃO, Haroldo: *Memorial do fim* (A morte de Machado de Assis) (1991).
- MARANHÃO, Haroldo: *O tetraneto del-Rei* (1982).
- MARANHÃO, Heloisa: *A rainha de Navarra* (1986).
- MARANHÃO, Heloisa: *Dona Leonor Telles* (1985).
- MARANHÃO, Heloisa: *Florinda* (1982).
- MARANHÃO, Heloisa: *Lucrecia* (1979).
- MARANHÃO, Heloisa: *Rosa Maria Egipcíaca da Vera Cruz* (1997).
- MARCHI, Carlos: *Fera de Macabu:* a história e o romance de um condenado à morte (1998).
- MARINS, Francisco: *A aldeia sagrada* (1980).
- MARTINS, Cyro: *Gaúchos no obelisco* (1984).
- MARTINS, Cyro: *Sombras na correnteza* (1979).
- MARTINS, Gilberto: *Cidadela de Deus:* a saga de Canudos (1976).
- MARTINS, Ibiapaba: *Bocainas do vento sul* (1964).
- MARTINS, Ibiapaba: *Noites de relâmpagos* (1967).
- MARTINS, José Endoença: *Enquanto isso em Dom Casmurro* (1993).
- MARTINS, Roberto Bittencourt: *Ibiamoré:* o trem fantasma (1981).
- MARTINS, Sebastião: *A dança da serpente* (1990).
- MARTINS, Tarcísio José: *Quilombo do Campo Grande* (1995).
- VENTURI, Masslowa Gomes: *Trilha perdida* (1971).
- MEDINA, Sinval: *Memorial de Santa Cruz* (1983).

- MEDINA, Sinval: *Tratado da altura das estrelas* (1997).
- MIRANDA, Ana: *A última quimera* (1995).
- MIRANDA, Ana: *Amrik* (1997).
- MIRANDA, Ana: *Boca do inferno* (1989).
- MIRANDA, Ana: *Clarice* (1996).
- MIRANDA, Ana: *Desmundo* (1996).
- MIRANDA, Ana: *O retrato do rei* (1991).
- MODERNELL, Renato: *Sonata da última cidade* (1989).
- MONTELLO, Josué: *Aleluia* (1982).
- MONTELLO, Josué: *Os tambores de São Luís* (1976).
- MORETZSOHN, Vergílio: *Treliças:* balas e gozos na corte de Nassau (1994).
- MOSA, Alberto R.: *O último diamante de Segóvia* (2000).
- MOTTA, Paschoal: *Eu, Tiradentes* (1991?).
- MOURA, Helena: *O ouro da liberdade:* história de Chico Rei (1997).
- MOURÃO, Rui: *Boca de chafariz* (1991).
- MUSSA, Alberto: *O trono da rainha Jinga* (1999).
- NASCIMENTO, Noel: *Casa verde* (1963).
- NEDEL, Rui: *Essa terra teve dono* (1984).
- NEDEL, Rui: *Te arranca, alemão batata* (1986).
- NEVES, Luiz Guilherme dos Santos: *A nau decapitada* (1982).
- NEVES, Luiz Guilherme dos Santos: *As chamas na missa* (1986).
- NEVES, Luiz Guilherme dos Santos: *O templo e a forca* (1999).
- NEVES, Luiz Guilherme dos Santos: *Queimados* (1977).
- OLINTO, Antônio: *A casa da água* (1969.
- OLINTO, Antônio: *Alcácer-Kibir* (1997).
- OLINTO, Antônio: *O rei do Keto* (1980).
- OLINTO, Antônio: *O trono de vidro* (1987).
- OLIVEIRA NETO, Gofredo de: *O bruxo do Contestado* (1996).
- OLIVEIRA, Carmen L.: *Trilhos e quintais* (1998).
- ORLANDI, Décio: *O santo* (1996).
- PATRIOTA, Margarida de Aguiar: *Mafalda Amazona*: novela a-histórica (1991).

O ROMANCE HISTÓRICO BRASILEIRO CONTEMPORÂNEO (1975-2000) **271**

– PELLEGRINI, Domingos: *Questão de honra*. Romance intertextual com A retirada da Laguna do Visconde de Taunay (1996).
– PESSOTTI, Isaías: *A lua de verdade* (1997).
– PESSOTTI, Isaías: *Aqueles cães malditos de Arquelau* (1993).
– PESSOTTI, Isaías: *O manuscrito de Mediavilla* (1996).
– PIÑON, Nélida: *A república dos sonhos* (1984).
– PINTO, Luiz Renato de Souza: *Matrinchã do Telles Pires* (1998).
– POZENATO, José Clemente: *A cocanha* (2000).
– POZENATO, José Clemente: *O quatrilho* (1985).
– QUEIRÓS, Dinah Silveira de: *A muralha* (1954).
– QUEIRÓS, Dinah Silveira de: *Os invasores* (1965).
– QUEIRÓS, Dinah Silveira de: *A princesa dos escravos* (1960).
– QUEIRÓS, Dinah Silveira de: *Eu venho*: Memorial do Cristo (1974).
– QUEIRÓS, Dinah Silveira de: *Margarida La Rocque* (1949).
– QUEIRÓS, Maria José de: *Joaquina, a filha de Tiradentes* (1987).
– QUEIRÓS, Maria José de: *Vlasdav Ostrov*: Príncipe do Juruena (1999).
– QUEIRÓS, Rachel de: *Memorial de Maria Moura* (1992).
– QUINTELLA, Ary: *Amor que faz o mundo girar* (1990).
– RAMOS, Jesuíno: *A guerra dos seringueiros* (1986).
– RAPOSO, Alexandre: *O inca:* a saga da América pré-colombiana (1997).
– REGO, José Lins do: *Cangaceiros* (1953).
– RIBEIRO, João Ubaldo: *O feitiço da ilha do pavão* (1997).
– RIBEIRO, João Ubaldo: *Viva o povo brasileiro* (1984).
– ROCHA, Luís Marcondes: *Café e polenta* (1964).
– RORIZ, Aydano: *Os diamantes não são eternos* (1998).
– RUAS, Tabajara e BONES, Elmar: *A cabeça de Gumercindo Saraiva* (1997).
– RUAS, Tabajara: *Netto perde a sua alma* (1995).
– RUAS, Tabajara: *Os varões assinalados:* o romance da Guerra dos Farrapos (1985).
– RUAS, Tabajara: *Perseguição e cerco a Juvêncio Gutiérrez* (1990).
– SAAB, Paulo: *1500: a grande viagem* (1991).

- SAAB, Paulo: *Moura louca* (1998).
- SALLES, Herberto: *Os pareceres do tempo* (1984).
- SANT'ANNA, Sônia: *Inconfidências mineiras:* a vida privada da Inconfidência (2000).
- SANTANA, Luis Carlos: *A noite dos cristais* (1995).
- SANTIAGO, Silviano: *Em liberdade* (1981).
- SANTIAGO, Silviano: *Viagem ao México* (1995).
- SANTOS, Antônio: *A lenda do centauro* (1999).
- SANTOS, João Felício dos: *A guerrilheira:* romance da vida de Anita Garibaldi (1979).
- SANTOS, João Felício dos: *Bendito Torreão da sangueira desatada* (1968).
- SANTOS, João Felício dos: *Carlota Joaquina, a rainha devassa* (1968).
- SANTOS, João Felício dos: *Cristo de lama* (1964).
- SANTOS, João Felício dos: *Ganga Zumba* (1962).
- SANTOS, João Felício dos: *João Abade* (1958).
- SANTOS, João Felício dos: *Major Calabar* (1960).
- SANTOS, João Felício dos: *Xica da Silva* (1976).
- SANTOS, Joel Rufino dos: *Crônica de indomáveis delírios* (1991).
- SASSI, Guido Wilmar: *Geração do deserto* (1964)
- SCHANAIDERMAN, Boris: *Guerra em surdina* (1964).
- SCHÜLER, Donaldo: *Império caboclo* (1994).
- SCLIAR, Moacyr: *Os leopardos de Kafka* (2000).
- SCLIAR, Moacyr: *A majestade do Xingu* (1997).
- SCLIAR, Moacyr: *O ciclo das águas* (1977).
- SCLIAR, Moacyr: *Sonhos tropicais* (1992).
- SILVA, Carlos Nascimento: *A casa da palma* (1995).
- SILVA, Deonísio da: *Avante soldados para trás* (1992).
- SILVA, Deonísio da: *A cidade dos padres* (1986).
- SILVA, Deonísio da: *Teresa* (1997).
- SILVA, Hilda César Marcondes da: *O cruzeiro dos Cataguazes* (1969).
- SILVA, Joaquim Carvalho da: *Terra roxa de sangue*: a guerra de Porecatu (1997).

O ROMANCE HISTÓRICO BRASILEIRO CONTEMPORÂNEO (1975-2000) **273**

- SILVEIRA, Tasso da: *Sombras no cais* (1958).
- SOARES, Jô: *O homem que matou Getúlio Vargas* (1998).
- SOARES, Jô: *O xangô de Baker Street* (1995).
- SOUZA, Fredericindo Marés de: *Eles não acreditavam na morte*. Romance dos tempos dos fanáticos do Contestado (1978).
- SOUZA, Márcio: *Galvez, imperador do Acre* (1976).
- SOUZA, Márcio: *Lealdade* (1997).
- SOUZA, Márcio: *Mad Maria* (1980).
- SOUZA, Márcio: *O brasileiro voador* (1986).
- SOUZA, Roberto de Mello e: *O pão de cará* (1995).
- SUASSUNA, Ariano: *A pedra do reino* (1970).
- SUASSUNA, Ariano: *História D'O rei degolado nas caatingas do sertão* (1977).
- TAMANINI, Virgínia G.: *Karina* (1964).
- TAVARES, Zulmira Ribeiro: *Café pequeno* (1995).
- TAVARES, Zulmira Ribeiro: *Em nome do bispo* (1985).
- TAVARES, Zulmira Ribeiro: *Joias de família* (1990).
- TEIXEIRA, Maria Santos: *O solar de dona Beija* (1965).
- TELLES, Vera: *Josefa Furquim* (1991?).
- TORERO, José Roberto e PIMENTA, Marcus Aurelius: *Terra Papagalli* (1997).
- TORERO, José Roberto: *Galantes memórias e admiráveis aventuras do virtuoso Conselheiro Gomes, o Chalaça* (1994).
- TOURINHO, Luís Carlos P.: *Recordações de um cosmógrafo de Cabeza de Vaca* (1970).
- TREVISAN, João Silvério: *Ana em Veneza* (1994).
- VALENTE, Valentim: *Anita Garibaldi*: heroína por amor (1949).
- VASCONCELOS, A. Sanford de: *Chica Pelada*: a guerra do Taquarussu (2000).
- VASCONCELOS, A. Sanford de: *O dragão do Contestado* (1998).
- VASCONCELOS, Agripa de: *A vida em flor de dona Beija* (1957).
- VASCONCELOS, Agripa de: *Chica-que-manda* (1966).

– VASCONCELOS, Agripa de: *Chico Rei* (1966).
– VASCONCELOS, Agripa de: *Gado preto e ouro verde* (1966).
– VASCONCELOS, Agripa de: *Gongo Sôco* (1966).
– VASCONCELOS, Agripa de: *São Chico* (1966).
– VEIGA, José J.: *A casca da serpente* (1989).
– VERÍSSIMO, Érico: *O continente* (1949).
– VERÍSSIMO, Érico: *O retrato* (1951).
– VERÍSSIMO, Luís Fernando: *Borges e os orangotangos eternos* (2000).
– VIANNA, Isolina Brasolin: *Masmorras da inquisição*: memórias de Antônio José da Silva, O Judeu (1997).
– VILAR, Gilberto: *O primeiro brasileiro* (1995).
– VIVES, Vera de: *Descobertas e extravios:* história de Maria I e Mão de Luva (1997).
– VOLOCH, Adão: *O colono judeu açu* (1985).
– WHATELY, Helena: *Os seios de Eva* (1998).
– WOLFF, Fausto: *A mão esquerda* (1996).
– XAVIER, Valêncio: *O mez da grippe* (1981).

Anexo 3
Romances históricos brasileiros
(1949-2000), por título

- *1500: a grande viagem* (1991), Paulo Saab.
- *1591. A Santa Inquisição na Bahia e outras estórias* (1991), Nélson de Araújo.
- *A aldeia sagrada* (1980), Francisco Marins.
- *A barca dos amantes* (1990), Antônio Barreto.
- *A breve jornada de D. Cristóbal* (1985), Gastão de Holanda.
- *A cabeça de Gumercindo Saraiva* (1997), Tabajara Ruas e Elmar Bones.
- *A casa da água* (1969, Antônio Olinto.
- *A casa da palma* (1995), Carlos Nascimento Silva.
- *A casca da serpente* (1989), José J. Veiga.
- *A cidade dos padres* (1986), Deonízio da Silva.
- *A cocanha* (2000), José Clemente Pozenato.
- *A conquista dos sertões de dentro* (1983), Renato Castelo Branco.
- *A dança da serpente* (1990), Sebastião Martins.
- *A esperança, talvez* (1986), Almiro Caldeira.
- *A expedição Axuí* (1988), Júlio José Chiavenato.
- *A ferro e fogo I – Tempo de solidão* (1972), Josué Guimarães.
- *A ferro e fogo II – Tempo de Guerra* (1975), Josué Guimarães.
- *A garça mal ferida:* a história de Anna Paes D'Altro no Brasil holandês (1995), Luzilá Gonçalves Ferreira.

276 ANTÔNIO R. ESTEVES

- *A guerra dos farrapos* (1985), Alcy José de Vargas Cheuiche.
- *A guerra dos seringueiros* (1986), Jesuíno Ramos.
- *A guerrilheira*: romance da vida de Anita Garibaldi (1979), João Felício dos Santos.
- *A incrível e fascinante história do Capitão Mouro* (1997), Georges Bourdoukan.
- *A lenda do centauro* (1999), Antônio Santos.
- *A lua de verdade* (1997), Isaías Pessotti.
- *A majestade do Xingu* (1997), Moacyr Scliar.
- *A mão esquerda* (1996), Fausto Wolff.
- *A morte de Rimbaud* (2000), Leandro Konder.
- *A muralha* (1954), Dinah Silveira de Queirós.
- *A nau decapitada* (1982), Luiz Guilherme dos Santos Neves.
- *A noite dos cristais* (1995), Luís Carlos Santana.
- *A pedra do reino* (1970), Ariano Suassuna.
- *A princesa dos escravos* (1960), Dinah Silveira de Queirós.
- *A prole do corvo* (1978), Luís Antônio de Assis Brasil.
- *A rainha de Navarra* (1986), Heloisa Maranhão.
- *A república dos sonhos* (1984), Nélida Piñón.
- *A serviço del-Rei* (1984), Autran Dourado.
- *A solidão segundo Solano López* (1980), Carlos de Oliveira Gomes.
- *A última quimera* (1995), Ana Miranda.
- *A vida em flor de dona Beija* (1957), Agripa de Vasconcelos.
- *A visão de quatro séculos* (1954), Jorge Carneiro.
- *Adão e Eva* (1965), Tânia Jamardo Faillace.
- *Agosto* (1990), Rubem Fonseca.
- *Alcácer-Kibir* (1997), Antônio Olinto.
- *Aleluia* (1982), Josué Montello.
- *Amélia, a imperatriz do fim do mundo* (1992), Ivanir Callado.
- *Amor de perdição* (1986), Josué Guimarães.
- *Amor que faz o mundo girar* (1990), Ary Quintella.
- *Amrik* (1997), Ana Miranda.
- *Ana em Veneza* (1994), João Silvério Trevisan.
- *Andirá* (1965), Paulo Jacob.

O ROMANCE HISTÓRICO BRASILEIRO CONTEMPORÂNEO (1975-2000) **277**

- *Anita* (1999), Flávio Aguiar.
- *Anita Garibaldi: heroína por amor* (1949), Valentim Valente.
- *Ao encontro da manhã* (1966), Almiro Caldeira.
- *Aqueles cães malditos de Arquelau* (1993), Isaías Pessotti.
- *Arariboia. O cobra da tempestade* (1991), Luiz Carlos Lessa.
- *Arca açoriana* (1984), Almiro Caldeira.
- *Arrastão* (1997), Almiro Caldeira.
- *As brumas dançam sobre o espelho do rio* (1982), Urda Alice Kluegler.
- *As cabras do coronel* (1964), Wilson Lins.
- *As chamas na missa* (1986), Luiz Guilherme dos Santos Neves.
- *As jovens polacas* (1993), Esther Largman.
- *As meninas de Belo Monte* (1993), Júlio José Chiavenatto.
- *As virtudes da casa* (1985), Luís Antônio de Assis Brasil.
- *Atrás do paraíso* (1995), Ivan Jaf.
- *Avante soldados para trás* (1992), Deonísio da Silva.
- *Bacia das almas* (1981), Luís Antônio Assis Brasil.
- *Bandeirantes, os comandos da morte* (1999), Assis Brasil.
- *Barcelona brasileira* (1999), Adelto Gonçalves.
- *Barões de Candeias* (1978), Ana Elisa Gregori.
- *Bendito Torreão da sangueira desatada* (1968), João Felício dos Santos.
- *Bilac vê estrelas* (2000), Ruy Castro.
- *Boca de chafariz* (1991), Rui Mourão.
- *Boca do inferno* (1989), Ana Miranda.
- *Bocainas do vento sul* (1964), Ibiapaba Martins.
- *Borges e os orangotangos eternos* (2000), Luís Fernando Veríssimo.
- *Breviário das terras do Brasil* (1997), Luís Antônio de Assis Brasil.
- *Cabelos no coração* (1990), Haroldo Maranhão.
- *Cães da província* (1987), Luís Antônio de Assis Brasil.
- *Café e polenta* (1964), Luís Marcondes Rocha.
- *Café pequeno* (1995), Zulmira Ribeiro Tavares.
- *Caldeirão* – A guerra dos beatos (1981), Cláudio Aguiar.

- *Calvário e porres do pingente Afonso Henriques de Lima Barreto* (1977), João Antônio.
- *Caminho de Santiago* (1986), Carlos de Oliveira Gomes.
- *Cangaceiros* (1953), José Lins do Rego.
- *Carcará* (1984), Ivan Bichara.
- *Carlota Joaquina, a rainha devassa* (1968), João Felício dos Santos.
- *Cartilha do silêncio* (1997), Francisco Dantas.
- *Casa verde* (1963), Noel Nascimento.
- *Catatau* (1975), Paulo Lemisnki.
- *Cativos da terra* (1988), Edson Canário.
- *Chão bruto* (1957), Hernani Donato.
- *Chegou o governador* (1987), Bernardo Élis.
- *Chica Pelada:* a guerra do Taquarussu (2000), A. Sanford de Vasconcelos.
- *Chica-que-manda* (1966), Agripa de Vasconcelos.
- *Chico Rei* (1966), Agripa de Vasconcelos.
- *Cidadela de Deus:* a saga de Canudos (1976), Gilberto Martins.
- *Clarice* (1996), Ana Miranda.
- *Coivara da memória* (1991), Francisco Dantas.
- *Concerto campestre* (1997), Luís Antônio de Assis Brasil.
- *Coronéis e carcamanos* (1982), Júlio José Chiavenatto.
- *Coronel Fawcett:* a verdadeira história do Indiana Jones (1996), Hermes Leal.
- *Cristo de lama* (1964), João Felício dos Santos.
- *Crônica de indomáveis delírios* (1991), Joel Rufino dos Santos.
- *Cruzeiro do sul* (1992), Urda Alice Kluegler.
- *Curumim cabano* (1994?), Júlio José Chiavenatto.
- *Descobertas e extravios:* história de Maria I e Mão de Luva (1997), Vera de Vives.
- *Desmundo* (1996), Ana Miranda.
- *Deuses econômicos* (1966), Dyonélio Machado.
- *Dinheiro na estrada:* uma saga de imigrantes (1987), Emil Farhat.
- *Dona Beija nua e crua* (1992), Ângelo D'Ávila.

O ROMANCE HISTÓRICO BRASILEIRO CONTEMPORÂNEO (1975-2000) **279**

– *Dona Beija, a feiticeira do Araxá* (1957), Thomas Leonardos.
– *Dona Leonor Telles* (1985), Heloisa Maranhão.
– *Dois irmãos* (2000), Milton Hatoum.
– *Dos ditos passados nos acercados do Cassianã* (1969), Paulo Jacob.
– *Eles não acreditavam na morte.* Romance dos tempos dos fanáticos do Contestado (1978), Fredericindo Marés de Souza.
– *Em busca da Terra Firme* (1992), Almiro Caldeira.
– *Em liberdade* (1981), Silviano Santiago.
– *Em nome do bispo* (1985), Zulmira Ribeiro Tavares.
– *Emissários do diabo* (1968), Gilvan Lemos.
– *Enquanto isso em Dom Casmurro* (1993), José Endoença Martins.
– *Ensaio de ponto* (1998), Luís Antonio Giron.
– *Essa terra teve dono* (1984), Rui Nedel.
– *Eu venho*: Memorial do Cristo (1974), Dinah Silveira de Queirós.
– *Eu, Tiradentes* (1991?), Paschoal Motta.
– *Fábrica de pedra* (1962), Pedro Motta Lima.
– *Fera de Macabu:* a história e o romance de um condenado à morte (1998), Carlos Marchi.
– *Florinda* (1982), Heloisa Maranhão.
– *Fogo verde* (1991), Duílio Gomes.
– *Frei Luiz:* O lyrio do Valle (1999), Leilah de Abreu.
– *Gado preto e ouro verde* (1966), Agripa de Vasconcelos.
– *Galantes memórias e admiráveis aventuras do virtuoso Conselheiro Gomes, o Chalaça* (1994), José Roberto Torero.
– *Galvez, imperador do Acre* (1976), Márcio Souza.
– *Ganga Zumba* (1962), João Felício dos Santos.
– *Gaúchos no obelisco* (1984), Cyro Martins.
– *Geração do deserto* (1964), Guido Wilmar Sassi.
– *Glória até o fim:* espionagem militar na Guerra do Contestado (1998), Telmo Flores.
– *Gogó-de-sola:* um romance na Amazônia (1992?), Luiz Cláudio de Castro.
– *Gongo Sôco* (1966), Agripa de Vasconcelos.
– *Guerra em surdina* (1964), Boris Schnaiderman.

- *História D'O rei degolado nas caatingas do sertão* (1977), Ariano Suassuna.
- *Ibiamoré:* o trem fantasma (1981), Roberto Bittencourt Martins.
- *Império caboclo* (1994), Donaldo Schüler.
- *Inconfidências mineiras:* a vida privada da Inconfidência (2000), Sônia Sant'Anna.
- *Jan e Nassau:* trajetória de um índio cariri na corte holandesa (1996), Esther Largman.
- *Joana dos Santos* (1995), Ivan Bichara.
- *Joana imaginária* (1982), Paulo Dantas.
- *João Abade* (1958), João Felício dos Santos.
- *Joaquina, a filha de Tiradentes* (1987), Maria José de Queirós.
- *Jóias de família* (1990), Zulmira Ribeiro Tavares.
- *Josefa Furquim* (1991?), Vera Telles.
- *Jovita, a Joana D'Arc brasileira* (1994), Assis Brasil.
- *Judeu Nuquin* (1967), Octavio Mello Alvarenga.
- *Karina* (1964), Virgínia G. Tamanini.
- *Lealdade* (1997), Márcio Souza.
- *Lucas Procópio* (1984), Autran Dourado.
- *Lucrecia* (1979), Heloisa Maranhão.
- *Luz del fuego, a bailarina do povo* (1994), Cristina Agostinho.
- *Mad Maria* (1980), Márcio Souza.
- *Mafalda Amazona*: novela a-histórica (1991), Margarida de Aguiar Patriota.
- *Magnificat*: memórias diacrônicas de dona Isabel Cavalcanti (1990), Maria C. Cavalcanti de Albuquerque.
- *Major Calabar* (1960), João Felício dos Santos.
- *Manhã transfigurada* (1983), Luís Antônio Assis Brasil.
- *Margarida La Rocque* (1949), Dinah Silveira de Queirós.
- *Um nome para matar* (1967), Maria Alice Barroso.
- *Masmorras da inquisição*: memórias de Antônio José da Silva, O Judeu (1997), Isolina Brasolin Vianna.
- *Matrinchã do Telles Pires* (1998), Luiz Renato de Souza Pinto.
- *Medo de Sade* (2000), Bernardo de Carvalho.
- *Memorial de Maria Moura* (1992), Rachel de Queirós.

O ROMANCE HISTÓRICO BRASILEIRO CONTEMPORÂNEO (1975-2000) **281**

– *Memorial de Santa Cruz* (1983), Sinval Medina.

– *Memorial do fim* (A morte de Machado de Assis) (1991), Haroldo Maranhão.

– *Memorial do Paraíso* – O romance do descobrimento do Brasil (1999), Sílvio Castro.

– *Mil anos menos cinquenta* (1995), Ângela Abreu.

– *Mocororô:* romance do garimpo (1991), Adson da Silva Costa.

– *Monte da alegria* (1990), Autran Dourado.

– *Moura louca* (1998), Paulo Saab.

– *Naquele Natal* (1988), Geraldo França de Lima.

– *Nascida no Brasil* (1998), Judith Grossman.

– *Nassau:* sangue e amor nos trópicos (1990), Assis Brasil.

– *Negra Efigênia.* Paixão do senhor branco (1966), Anajá Caetano.

– *Netto perde a sua alma* (1995), Tabajara Ruas.

– *Ninho de cobras* (1973), Ledo Ivo.

– *No tempo das tangerinas* (1984), Urda Alice Kluegler.

– *No tempo frágil das horas* (1997?), Luzilá Gonçalves Ferreira.

– *Noites de relâmpagos* (1967), Ibiapaba Martins:.

– *Noites no sobrado* (1986), Laury Maciel.

– *Nos céus de Paris* (1998), Alcy J. V. Cheuiche.

– *Noturno, 1894* (1993), Raimundo C. Caruso.

– *O almirante negro:* Revolta da Chibata, a vingança (2000), Moacir C. Lopes.

– *O brasileiro voador* (1986), Márcio Souza.

– *O bruxo do Contestado* (1996), Gofredo de Oliveira Neto.

– *O caçador de esmeraldas* (1980), Hernani Donato.

– *O capitão jagunço* (1959), Paulo Dantas.

– *O ciclo das águas* (1977), Moacyr Scliar.

– *O colono judeu Açu* (1985), Adão Voloch.

– *O continente* (1949), Érico Veríssimo.

– *O cruzeiro dos Cataguazes* (1969), Hilda César Marcondes da Silva.

– *O doente Molière* (2000), Rubem Fonseca.

– *O dragão do Contestado* (1998), A. Sanford de Vasconcelos.

– *O drama de uma época* (1965), Pedro Leopoldo.

– *O equilibrista do arame farpado* (1996), Flávio Moreira da Costa.

ANTÔNIO R. ESTEVES

- *O espírito de uma época* (1999), Christina Baumgarten.
- *O exílio na terra dos muitos* (1992), Antônio Hohlfeldt.
- *O feitiço da ilha do pavão* (1997), João Ubaldo Ribeiro.
- *O gaiola tirante rumo ao rio da borracha* (1987), Paulo Jacob.
- *O guarda-roupa alemão* (1975), Lausimar Laus.
- *O homem que matou Getúlio Vargas* (1998), Jô Soares.
- *O inca:* a saga da América pré-colombiana (1997), Alexandre Raposo.
- *O manuscrito de Mediavilla* (1996), Isaías Pessotti.
- *O medo por trás das janelas* (1991), Izaias Almada.
- *O mestiço de São Borja* (1986?), Alcy J. V. Cheuiche.
- *O mez da grippe* (1981), Valêncio Xavier.
- *O mistério de Leão Rampante* (1995), Rodrigo Lacerda.
- *O monte quinto* (1996), Paulo Coelho.
- *O ouro da liberdade:* história de Chico Rei (1997), Helena Moura.
- *O pão de cará* (1995), Roberto de Mello e Souza.
- *O peregrino* (1999), Georges Bourdoukan.
- *O planalto:* romance de São Paulo (1985), Renato Castelo Branco.
- *O primeiro brasileiro* (1995), Gilberto Vilar.
- *O quatrilho* (1985), José Clemente Pozenato.
- *O reduto* (1965), Wilson Lins.
- *O rei do Keto* (1980), Antônio Olinto.
- *O remanso da valentia* (1967), Wilson Lins.
- *O retrato* (1951), Érico Veríssimo.
- *O retrato do rei* (1991), Ana Miranda.
- *O rio do tempo:* o romance do Aleijadinho (1972), Hernani Donato.
- *O santo* (1996), Décio Orlandi.
- *O selvagem da ópera* (1994), Rubem Fonseca.
- *O solar de dona Beija* (1965), Maria Santos Teixeira.
- *O templo e a forca* (1999), Luiz Guilherme dos Santos Neves.
- *O tetraneto del-Rei* (1982), Haroldo Maranhão.
- *O trono da rainha Jinga* (1999), Alberto Mussa.
- *O trono de vidro* (1987), Antônio Olinto.

O ROMANCE HISTÓRICO BRASILEIRO CONTEMPORÂNEO (1975-2000) **283**

– *O último diamante de Segóvia* (2000), Alberto R. Mos.
– *O vampiro que descobriu o Brasil* (1999), Ivan Jaf.
– *O vento que veio do sul* (2000), Almiro Caldeira.
– *O xangô de Baker Street* (1995), Jô Soares.
– *Ofélia dos navios* (1983), Lausimar Laus.
– *Ópera dos mortos* (1967), Autran Dourado.
– *Os desvalidos* (1993), Francisco Dantas.
– *Os diamantes não são eternos* (1998), Aydano Roriz.
– *Os fios da memória* (1999), Adriana Lisboa.
– *Os fugitivos da esquadra de Cabral* (1999), Ângelo Machado.
– *Os herdeiros do medo* (1996), Carlos A. Azevedo.
– *Os inconfidentes* (1966), João Alves Borges.
– *Os invasores* (1965), Dinah Silveira de Queirós.
– *Os invasores* (1999). Adelino Brandão.
– *Os leopardos de Kafka* (2000), Moacyr Scliar.
– *Os mal-aventurados do Belo Monte:* a tragédia de Canudos (1997), Edson Canário.
– *Os pareceres do tempo* (1984), Herberto Salles.
– *Os rios inumeráveis* (1997), Álvaro Cardoso Gomes.
– *Os rios turvos* (1992), Luzilá Gonçalves Ferreira.
– *Os seios de Eva* (1998), Helena Whately.
– *Os senhores do século* (1994), Luís Antônio de Assis Brasil.
– *Os sinos da agonia* (1974), Autran Dourado.
– *Os tambores de São Luís* (1976), Josué Montello.
– *Os varões assinalados:* o romance da Guerra dos Farrapos (1985), Tabajara Ruas.
– *Palmares* (1991), Carlos Diegues e Everardo Rocha.
– *Paraguaçu e Caramuru:* origens obscuras da Bahia (1995), Assis Brasil.
– *Pedra da memória* (1993), Luis Antônio de Assis Brasil.
– *Perseguição e cerco a Juvêncio Gutiérrez* (1990), Tabajara Ruas.
– *Perversas famílias* (1992), Luís Antônio de Assis Brasil.
– *Piguara, o senhor do caminho* (1993), Edilberto Coutinho.
– *Pinto calçudo ou Os últimos dias de Serafim Ponte Grande* (1991), Sérgio Augusto de Andrade.

284 ANTÔNIO R. ESTEVES

- *Prodígios* (1980), Dyonélio Machado.
- *Quase memória* (1995), Carlos Heitor Cony.
- *Queimados* (1977), Luiz Guilherme dos Santos Neves.
- *Questão de honra*. Romance intertextual com A retirada da Laguna do Visconde de Taunay (1996), Domingos Pellegrini.
- *Quilombo do Campo Grande* (1995), Tarcísio José Martins.
- *Rastros de sangue* (1971), David Carneiro.
- *Relato de um certo Oriente* (1989), Milton Hatoum.
- *Recordações de um cosmógrafo de Cabeza de Vaca* (1970), Luís Carlos P. Tourinho.
- *Rei branco, rainha negra* (1990), Paulo Amador.
- *República das carretas* (1979?), Barbosa Lessa.
- *Réquiem para os vivos* (1956), Rolmes Barbosa.
- *Resumo de Ana* (1998), Modesto Carone.
- *Rio da liberdade* (1982), Renato Castelo Branco.
- *Rocamaranha* (1961), Almiro Caldeira.
- *Romance sem palavras* (1999), Carlos Heitor Cony.
- *Rosa Maria Egipcíaca da Vera Cruz* (1997), Heloisa Maranhão.
- *Santa Sofia* (1997), Ângela Abreu.
- *São Chico* (1966), Agripa de Vasconcelos.
- *Seara de Caim* (1952), Maria José Monteiro Dupré.
- *Senhores e escravos: a balada* (1983), Renato Castelo Branco.
- *Sepé de Tiaraju*: o romance dos setes povos das missões (1978), Alcy J. V. Cheuiche.
- *Sob a curva do sol* (1997), Geraldo França de Lima.
- *Sol subterrâneo* (1981), Dyonélio Machado.
- *Sombras na correnteza* (1979), Cyro Martins.
- *Sombras no cais* (1958), Tasso da Silveira.
- *Sonata da última cidade* (1989), Renato Modernell.
- *Sonhos tropicais* (1992), Moacyr Scliar.
- *Taberna do Brigue* (1996), Almiro Caldeira.
- *Te arranca, alemão batata* (1986), Rui Nedel.
- *Teresa* (1997), Deonísio da Silva.
- *Terra Papagalli* (1997), José Roberto Torero e Marcus Aurelius Pimenta.

O ROMANCE HISTÓRICO BRASILEIRO CONTEMPORÂNEO (1975-2000) **285**

- *Terra roxa de sangue*: a guerra de Porecatu (1997), Joaquim Carvalho da Silva.
- *Tio Kuba nos trópicos* (1999), Esther Largman.
- *Tiradentes, o poder oculto o livrou da forca* (1993), Assis Brasil.
- *Tocaia grande* (1984), Jorge Amado.
- *Tratado da altura das estrelas* (1997), Sinval Medina.
- *Treliças*: balas e gozos na corte de Nassau (1994), Vergílio Moretzsohn.
- *Trilha perdida* (1971), Masslowa Gomes Venturi.
- *Trilhos e quintais* (1998), Carmen L. Oliveira.
- *Um cavalheiro de antigamente* (1992), Autran Dourado.
- *Um quarto de légua em quadrado* (1976), Luís Antônio de Assis Brasil.
- *Uma cantiga para Jurerê* (1988), Almiro Caldeira.
- *Verde vale* (1979), Urda Alice Kluegler.
- *Viagem ao México* (1995), Silviano Santiago.
- *Vida, paixão e morte de Evelino Soares* (1996), Lustosa da Costa.
- *Vidas sem norte*: romance do tenentismo (1980), Eduardo Maffei.
- *Videiras de cristal* (1990), Luís Antônio de Assis Brasil.
- *Vila Rica das Queimadas* (1975), Paulo Jacob.
- *Villegaignon, o rei do Brasil* (1985), Chermont de Brito.
- *Villegaignon, paixão e guerra na Guanabara* (1991), Assis Brasil.
- *Vinho amargo* (1987), Eloy Laçava.
- *Viva o povo brasileiro* (1984), João Ubaldo Ribeiro.
- *Vlasdav Ostrov*: Príncipe do Juruena (1999), Maria José de Queirós.
- *Xambioá* – Guerrilha no Araguaia (1993), Pedro Correia Cabral.
- *Xica da Silva* (1976), João Felício dos Santos.

Nota sobre o texto

Conforme já se disse, o presente ensaio é resultado de um projeto de pesquisa desenvolvido ao longo de quase uma década. Resultados parciais foram apresentados em diversas reuniões científicas ao longo desse período. Da mesma forma, foram publicados em diversas ocasiões, em várias versões, resumidas umas, praticamente idênticas outras, conforme constam nas referências. Enumero tais publicações, em ordem de aparecimento.

– O novo romance histórico brasileiro: *Ana em Veneza*, de João Silvério Trevisan. In: BESSA, Pedro P. (Org.). *Riqueza cultural ibero-americana*. Belo Horizonte: Fapemig; Divinópolis. UEMG, 1996, p.109-11.

– Literatura e história: um diálogo produtivo. In: REIS, Lívia (Org.). *Fronteiras do literário*. Niterói: Eduff, 1997, p.65-73.

– O novo romance histórico brasileiro. In: ANTUNES, Letizia. Z. (Org.). *Estudos de Literatura e Linguística*. Assis: Unesp, 1998, p.123-58.

– Encontros em Veneza (Leitura comparada de *Concierto barroco*, de Alejo Carpentier, e *Ana em Veneza*, de João Silvério Trevisan) In: TROUCHE, André; PARAQUETT, Márcia. (Org.). *Formas & Linguagens: tecendo o hispanismo no Brasil*. Rio de Janeiro: CCLS Pubblishing House, 2004, p.51-70.

288 ANTÔNIO R. ESTEVES

– Das loucuras e desvaires no centro do inferno amazônico ou das fanfarronices na periferia do capitalismo (A ferrovia Madeira--Mamoré revisitada pelo romance histórico). In OLIVEIRA, Ana Maria D. et al. (Org.). *Estudos comparados de literatura.* Assis: FCL-Unesp, 2005, p.27-46.

– O espelho e a máscara ou memórias de quando os ingleses atacaram o Brasil (Em torno a "H. M. S. Cormorant em Paranaguá" (1979), de Rubem Fonseca). In: CAIRO, Luiz Roberto et al. (Org.). *Nas malhas da narratividade.* Ensaios sobre literatura, história, teatro e cinema. Assis: FCL-Unesp, 2007, p.85-92.

– La reconstrucción literaria de las aventuras amazónicas de Luis Gálvez en *Galvez, imperador do Acre* (1976), de Márcio Souza y *La estrella solitaria* (2003), de Alfonso Domingo. In: MARISCAL, Beatriz; MIAJA, María T. (Eds.). *Actas del XV Congreso de la Asociación Internacional de Hispanistas* – IV. México: FCE. AIH. Tecnológico de Monterrey. El Colégio de México, 2007, p.145-55.

– O romance histórico brasileiro no final do século XX: quatro leituras. *Letras de Hoje.* Porto Alegre, v.42, n.4, p.114-36, 2007.

– Circulando pelas margens: João Antônio e o *Calvário e porres do pingente Afonso Henriques de Lima Barreto* (1977). In: OLIVEIRA, Ana Maria D. et al. (Orgs.). *Papéis de escritor:* leituras de João Antônio. Assis: FCL-Unesp, 2008, p.61-70.

– Considerações sobre o romance histórico (No Brasil, no limiar do século XXI). *Revista de Literatura, História e Memória,* Cascavel, n.4, p.53-66, 2008.

SOBRE O LIVRO

Formato: 14 x 21 cm
Mancha: 23,7 x 42,5 paicas
Tipologia: Horley Old Style 10,5/14
Papel: Offset 75 g/m^2 (miolo)
Cartão Supremo 250 g/m^2 (capa)
1ª edição: 2010

EQUIPE DE REALIZAÇÃO

Coordenação Geral
Marcos Keith Takahashi

Impressão e acabamento